农业经理人工作手册

吴一平 俞洋 主编

中原农民出版社
·郑州·

图书在版编目（CIP）数据

农业经理人工作手册/吴一平，俞洋主编.—郑州：中原农民出版社，2023.12
ISBN 978-7-5542-2742-8

Ⅰ.①农… Ⅱ.①吴…②俞… Ⅲ.①农业经济管理-手册 Ⅳ.①F302-62

中国国家版本馆CIP数据核字（2023）第253371号

农业经理人工作手册
NONGYE JINGLIREN GONGZUO SHOUCE

出 版 人	刘宏伟
策划编辑	朱相师
责任编辑	肖攀锋
责任校对	王艳红
责任印制	孙　瑞
美术编辑	杨　柳
特约设计	陆跃天

出版发行	中原农民出版社
	地址：郑州市郑东新区祥盛街27号7层　　邮编：450016
	电话：0371－65788150（编辑部）　0371－65788199（发行部）
经　　销	全国新华书店
印　　刷	新乡市豫北印务有限公司
开　　本	787 mm×1092 mm　　1/16
印　　张	21.5
字　　数	327千字
版　　次	2023年12月第1版
印　　次	2023年12月第1次印刷
定　　价	68.00元

如发现印装质量问题，影响阅读，请与印刷公司联系调换。

《农业经理人工作手册》编委会名单

主编：

  吴一平 河南农业大学经济与管理学院 二级教授、博导

  俞　洋 河南农业大学经济与管理学院 讲师、博士

编委：

  苗　欣 河南牧业经济学院经济与贸易学院 讲师、博士

  常彬彬 河南牧业经济学院金融与会计学院 讲师、博士研究生

  骆　歌 中原农民出版社

  吴　潇 哈尔滨工业大学（深圳）理学院 助教、硕士

目 录

第一章 农业经理人的职业素质提升 …………………………… 1
第一讲 农业经理人的职业常识 …………………………… 2
第二讲 农业经理人的职业素质 …………………………… 25
第三讲 国家公益性的农业经理人培训计划与要求 ……… 34

第二章 农业生产经营组织的目标管理 …………………… 39
第一讲 目标管理 ………………………………………… 40
第二讲 经营目标 ………………………………………… 43
第三讲 经营决策 ………………………………………… 45
第四讲 经营计划 ………………………………………… 49
第五讲 农业生产经营组织认证 ………………………… 53
第六讲 农业生产经营组织扶持政策 …………………… 60

第三章 农业生产的组织与管理 …………………………… 77
第一讲 农业生产的组织 ………………………………… 78
第二讲 农业生产的经营与管理 ………………………… 97

第四章 农产品市场营销与品牌建设 ……………………… 111
第一讲 农产品市场营销 ………………………………… 112

第二讲　农产品电商与物流 …………………………………… 149

　　第三讲　农产品品牌建设 ………………………………………… 160

第五章　农业生产经营组织的资金与财务管理 …………………………… 169

　　第一讲　农业资金管理 …………………………………………… 170

　　第二讲　农业项目筹资 …………………………………………… 180

　　第三讲　农业项目投资 …………………………………………… 183

　　第四讲　农业成本管理 …………………………………………… 185

　　第五讲　农业项目的可行性研究 ………………………………… 189

第六章　农业生产组织的人力资源管理 …………………………………… 193

　　第一讲　人力资源规划 …………………………………………… 194

　　第二讲　职位分析 ………………………………………………… 196

　　第三讲　人员招聘 ………………………………………………… 200

　　第四讲　员工培训与开发 ………………………………………… 206

　　第五讲　绩效考核 ………………………………………………… 211

　　第六讲　薪酬管理 ………………………………………………… 213

第七章　农业生产经营组织的内外关系协调 ……………………………… 219

　　第一讲　内部关系协调 …………………………………………… 220

　　第二讲　外部关系协调 …………………………………………… 232

　　第三讲　企业文化建设 …………………………………………… 248

第八章　农业风险与防控 …………………………………………………… 263

　　第一讲　农业风险的分类与特征 ………………………………… 264

　　第二讲　农业风险管理 …………………………………………… 268

　　第三讲　国家农业补贴政策 ……………………………………… 277

第四讲　农业保险 ………………………………………………… 287

第九章　农业发展案例与点评 ……………………………………… 295
　　案例一：持证技能培训，助推乡村振兴 ………………………… 296
　　案例二：创新强种业，深度融"三链" …………………………… 301
　　案例三：蔬菜产业好"丰"景，产销两旺效益高 ………………… 307
　　案例四：从"土里刨金"到"载誉乘云" …………………………… 320
　　案例五：争当农业社会化服务排头兵 …………………………… 324
　　案例六：企业文化建设助推仲景宛西制药再创辉煌 …………… 327
　　案例七：财政金融协同支农，助力种业高质量发展 …………… 331

第一章
农业经理人的职业素质提升

第一讲　农业经理人的职业常识

一、乡村振兴战略的总体要求

实施乡村振兴战略是立足于社会主义初级阶段基本国情，着眼于确保实现全面小康和基本实现现代化、实现国家长治久安做出的重大决策部署。实施好这一战略，必须科学制定规划，强化制度供给，按照"产业兴旺、生态宜居、乡风文明、治理有效、生活富裕"的总要求，统筹推进农村经济建设、政治建设、文化建设、社会建设、生态文明建设和党的建设，加快推进农业农村现代化，让亿万农民过上更加幸福美好的新生活。

1. 产业兴旺

产业兴旺是解决农村一切问题的前提。要发展现代农业及其相关的二三产业，调整优化农业结构，加快构建现代农业产业体系、生产体系、经营体系，确保国家粮食安全和重要农产品的有效供给。同时实现农村一二三产业深度融合，实行全产业链经营，不断提高农产品附加值，增强农村产业的竞争力。

2. 生态宜居

生态宜居是乡村振兴的内在要求。要扎实实施人居环境整治提升行动，推进"厕所革命"，改造提升农村水、电、路、气、讯等基础设施，打造农民安居乐业的美丽和谐家园，让良好生态成为乡村振兴的支撑点。

3. 乡风文明

乡风文明是乡村振兴的紧迫任务。要加强农村思想道德建设和公共文化建设，发挥红白理事会、村规民约的积极作用，推动婚丧嫁娶等方面的移风易俗，培育文明乡风、良好家风、纯朴民风，提高乡村社会文明程度。

4. 治理有效

治理有效是乡村振兴的重要保障。要加强和创新乡村治理工作，健全自治、德治、法治相结合的乡村治理体系，让农村社会既充满活力又和谐有序。

5. 生活富裕

生活富裕是乡村振兴的主要目的。要构建促进农民收入稳定增长的长效机制，通过发展农村经济、引导农村剩余劳动力转移就业、增加农民财产性收入等多种途径增加农民收入，不断缩小城乡居民的收入差距，带动广大农民尽快富裕起来。

二、现代农业与传统农业的区别

1. 传统农业

传统农业是在自然经济条件下，以人力畜力、手工工具等为主的手工劳动方式，靠世代传承积累的传统经验发展，以自给自足的自然经济居主导地位的农业。传统农业是一种生计农业，其产出的农产品有限，由家庭成员参加生产劳动并进行家庭内部分工，农业生产多靠经验积累，生产方式较为稳定。传统农业的生产水平低、剩余少、积累慢，产量受自然环境条件影响大。传统农业主要有旱作农业、水稻农业、游牧业等。

2. 现代农业

现代农业是在现代工业和现代科学技术基础上发展起来的农业，是萌发于资本主义工业化时期，而在第二次世界大战以后才形成的发达农业。其主要特征是广泛运用现代科学技术，由顺应自然变为自觉利用自然和改造自然；由凭借传统经验变为依靠科学，并建立在科学高度发展的基础之上，成为科学化的农业；把工业部门生产的大量物质和能量投入农业生产中，以换取大量农产品，成为工业化的农业；农业生产走上区域化、专业化的道路，转变为高度发达的市场经济，成为商品化、社会化的农业。

3. 现代农业与传统农业的区别

（1）性质不同。传统农业是生计农业，是以满足自身需求为目的、自给自足的自然经济；现代农业则是商品农业，是以满足他人需求为目的、获取利润的商品经济。

（2）条件不同。传统农业主要是以人力畜力、手工工具为主的手工劳动，农业生产多靠经验积累，生产劳动主要依靠家庭成员，劳动分工主要是家庭内部的自然分工，生产投入主要是传统的自然资源，如土地、劳动力、畜力、有机肥等。现代农业则是以广泛运用现代化的燃料电力、机器设备为主，且人工控制机械劳动，农业生产主要依靠现代科学技术，生产劳动主要依靠外聘成员或服务外包，劳动分工主要是社会化的专业分工，生产投入主要是现代化的生产要素，如资本、技术、信息、化肥、农药、农机等。

（3）影响因素不同。传统农业的经营规模小、种类全、生产技术落后，受自然环境条件影响大、抗御自然灾害能力差，产量低、剩余少、积累慢。现代农业经营规模大，讲究规模效益，多采用机器体系为主的机械化、自动化、智能化生产，通过良种化、工程化、设施化、数字化、精准化、气象农业、水肥一体化、生长条件可控化等，有效提高农业减灾抗灾能力，不断提高农产品的产量和质量，有效满足农产品多样化的市场需求。

三、农业规模经营与规模效益

1. 农业经营规模

农业经营规模是指农业经营主体种植农作物的土地面积或生产的农产品产量，养殖畜禽的存栏或出栏数量。衡量它的主要指标是农业经营主体从事该种农业经营项目所拥有的最主要的生产资料或劳动资料的数量，如种植业的土地规模、畜牧业的畜禽养殖规模，或农畜产品的生产规模。

2. 农业规模经营

农业规模经营是指农业经营主体为了节本增效、增加利润，在现有技术等客观条件下，实行土地、劳动、资本等生产要素的集中、扩张和组合，主要表现为种植土地连片、面积增加，养殖畜禽数量增多、农产品产量提高。衡量它的主要指标是生产要素的数量增加，单位土地面积生产要素的集约和数量增加、结构比例的组合和优化，以及农畜产品的生产规模扩张。

3. 农业规模效益

农业规模效益是指农业经营主体的经营规模与经济效益之间的关系。通常农业经营规模与经济效益的变化呈"S"形曲线状。农业经营规模（生产要素投入）比较小的阶段，农产品产出及其价值的增量始终大于生产要素投入及其费用的增量，直至农产品产出及其价值的增量达到最大，规模总效益为凹形上升曲线，该阶段称为规模效益递增阶段。如果农业经营规模（生产要素投入）在上述基础上再继续增加，则农产品产出及其价值的增量开始递减；前期农产品产出及其价值的增量大于生产要素投入及其费用的增量，后期农产品产出及其价值的增量小于生产要素投入及其费用的增量，直至农产品产出及其价值的增量为0，规模效益为凸形上升曲线，该阶段为规模效益递减阶段。如果农业经营规模（生产要素投入）在上述基础上再继续增加，则农产品产出及其价值的增量为负值并逐渐增大，规模效益为凹形下降曲线，该阶段为负规模效益阶段。

4. 农业适度规模经营

农业适度规模经营就是在合适的自然环境和一定的社会经济条件下，农业经营主体能对生产要素（土地、劳动力、资金、技术、信息等）进行最优组合和有效运行，并取得最佳经济效益的土地经营规模。农业经营主体不同，如小农户、种养大户、家庭农场、农民专业合作社、农业企业等，则各自的适度规模经营不同；各类农业经营主体的个体条件、所处发展阶段和实际情况不同，其各自的适度规模经营也不同。农业适度规模经营主要与下列因素密切相关：

（1）农业剩余劳动力顺利转移是农业规模经营的必要前提。只有农业剩余劳动力能顺利转移出去，并获得相对稳定的工作和比较满意的工资收入，农业劳均土地面积才能增加，农业经营规模的扩大才有可能。

（2）完善的土地流转机制是农业规模经营的重要条件。我国农村土地是集体所有、家庭承包经营的，农村集体土地实行所有权、承包权、经营权"三权分置"，经营权流转。只有建立尊重农民意愿且能确保农民利益的土地流转机制，才能实现土地向农业经营主体的流转和集中，进而实现农业的规模化经营。

（3）城乡一体化的社保体系是农业规模经营的最终保障。土地是农民的基本生活资料，具有重要的社会保障功能。只有建立和完善城乡一体的社会保障、养老、医疗保障体系，才能逐步改变农民眷念土地的传统观念，降低农民对土地的依恋程度，使老、病、伤、残的农民愿意退出承包地的经营，为实现农业规模化经营提供所需要的土地。

（4）农业经营者的经营素质和管理能力是农业规模经营的关键核心。只有农业经营者具备与其经营规模相匹配的经营素质，如文化和科技知识、心理素质，以及拥有优化要素配置，科学组织产供销，充分调动员工的积极性、主动性、创造性等方面的能力，才能确保农业规模经营获得最大的经济效益。

（5）农业科技进步和良好的农机装备是农业规模经营的物质基础。科学技术是第一生产力，农业科技进步可以为农业规模化经营提供农业增效、农产品增值的源泉和动力，而完善的农机和智能化装备能够为农业规模化经营提供功能强大、经济高效的物质技术条件，使少量农业劳动力从事更大规模的土地经营。

（6）完善的社会化服务体系是农业规模经营的重要保证。完善的社会化服务体系能为从事规模经营的农业经营主体提供高效、节本和必要的产前、产中、产后一系列服务，从而为其进一步扩大经营规模，获取最佳规模效益解除后顾之忧，并提供便利和多样化的选择。

通常来讲，农业生产经营需要多种生产要素聚集、匹配、组合和共同协作，才能形成一定的生产能力。当农业生产规模扩大时，由于生产要素的规模集聚效应，再加上分工合作、技术创新、管理提升和社会化服务等，常常会节约各项费用，降低生产成本，提高经济效益。土地是农业生产不可替代的、最重要的生产资料，农业是利用动植物生长发育规律，通过人工干预获得农产品的产业，其对自然环境具有高度依赖：一是在时间上要不违农时、顺应季节变化规律；二是在空间上要因地制宜、适应特定的自然环境条件，才能减灾抗灾、免灾消灾，获得丰收增收、实现节本增效。因此，农业经营主体的经营规模扩张会受到严重制约，它根本不能像工业生产那样进行相对比较自由的大规模扩张，故农业的经营规模相对较小，加上农业比较效益偏低，农业经营主体更讲究适度规模经营。

四、农业高质量发展

1. 农业高质量发展的内涵

农业高质量发展是指能够更好满足人们和经济社会对农业不断增长的物质和精神需要的发展方式、产业结构、发展动力和状态。其对农业的需求主要包括生产农产品、保护生态、美化环境、休闲观光、旅游度假、科普教育、社会就业、农民增收等。农业高质量发展既与农业本质属性密切相关，又与经济发展规律紧密相连。一方面，农业高质量发展要与农业本质规定性协同。我国农业高质量发展要以产品质量、生态环境、有效供给安全和可持续发展为核心，在产品供给和产业发展的基础上，逐步拓展其生态、康养、人文与社会四大功能。因此，农业高质量发展不仅是新形势下生产能力的综合反映，是农业永续发展的具体体现，还是农村社会稳定的重要支撑。另一方面，农业高质量发展要与经济高质量发展的基本规律一致。从这个意义上讲，农业高质量发展是从为经济增长而生产转向为社会福利增加而生产转型，并在扎实推进共同富裕的目标任务下，转化为满足人民群众日益增长的多方面美好生活需要的发展。

2. 农业高质量发展的路径

推动农业高质量发展，必须按照全面推进乡村振兴的部署要求，以提质增效为目标，以科技进步和管理创新为驱动，以深化改革为手段，强化消费培育、要素激活、标准规范与执法监管，推动我国从农业大国向农业强国转变。具体发展路径主要有：

（1）转变生产方式，调整生产结构。推动农业高质量发展，需要加快构建高质量的供给体系、生产体系和投入体系，坚持绿色发展导向，落实功能分区制度，实施布局再平衡战略，实现绿色安全清洁生产。一是坚持品种多样化。加大种质资源保护力度，培育筛选品质优良、功能多元、形态多样的个性化品种，不断丰富农产品市场供给。二是加快推进农业标准化。加快农业标准的修订完善，推进不同标准之间的衔接、配套、集成与转化，形成统一规划、左右互通的标准体系。加快农业生产标准化和规模化，以此简化生产流程与管理，降低生产成本，提高农业生产效率。三是完善农业投入品支持体系。开展种业自主创新、协同创新、整体创新，支持研发推广绿色高效化肥、农药，鼓励发展数字化、智能化农业装备，提高绿色安全农资投入的补贴力度。四是强化农业绿色技术集成推广。加大对绿色高效农业的政策支持力度，分区域、分作物集成一批化肥、农药减量增效的技术模式，推广集节水、节肥、节药于一体的农技农艺结合新技术。

推动农业高质量发展，需要推动农业转型升级，加快构建与资源承载力、环境容纳力相匹配的农业生产布局。一是调减市场剩余的低端供给。重点调减非优势区和非优势品种生产，减少品质低、效益差、资源消耗多、生态代价大的农产品。二是调增适销对路的优质农产品。尽快改变片面追求产量的"短线思维"，扩大绿色生态优质农产品供给，推动农业由增产导向向提质导向转变，提升农产品的质量档次。三是加强特色品种和产地保护。加强老工艺、老字号、老品种的保护与传承，发展本乡本土的乡村产业，培育一批家庭车间、手工作坊，深挖地方土特产和小品种的发展潜力，把特色小产品做成农民增收的大产业。四是调优农业区域布局。依托各地资源禀赋，积极推进"五区"和"三园"建设，不断优化农业产业结构和区域布局。五是调整优化乡村产业结构。充分挖掘农业的生态、文化、休闲、康养等多重价值，推动平面农业向立体农业转变，实现乡村经济多元化融合发展。

（2）培育主体品牌，强化监督管理。推动农业高质量发展，需要重视培育经营主体和品牌，以主体促品牌，以品牌带主体，实现主体发展能力和品牌公信力"双提升"。一是加大新型职业农民培育力度。实施新型职业农民培育工程，强化现场培训、职业教育和实践养成，重视挖掘乡土人才，就地培养造就一支新型职业农民队伍。二是加快培育各类新型农业经营主体。加快发展家庭农场、农民合作社等，培育发展新型农业服务主体，吸引"新农人"返乡务农，引导各类主体开展横向联合与纵向合作。三是提升农产品品牌公信力。以市场需求为导向，夯实品牌根基，推进区域公用品牌建设，提升品牌整体形象，保护一批"特"字牌，改造一批"老"字牌，培育一批"土"字牌，提升一批"优"字牌，创建一批"名"品牌。

推动农业高质量发展，需要加快提升农业执法能力，建立农产品质量和食品安全联动激励和约束机制，形成"依法者受益、违法者受罚"的发展环境。一是大力推进新的"三品一标"认证和监管。提高认证门槛和标准，加大对认证机构的整治力度，改变认证机构和认证品种多、杂、乱的局面，强化认证后的监管措施，真正建立起有公信力的认证体系，提升认证的权威性和影响力。二是加强农产品质量安全监管。推进农产品质量安全追溯体系建设，强化风险评估预警和应急处置，激励生产经营主体积极参与溯源管理。三是严格农业投入品监管。建立生产者信用档案、黑名单制度、诚信分级制度，进行生产全过程质量控制，引导农业生产者和投入品供应商自觉遵守限用禁用有关法律法规和技术规范。

（3）"三链"同构、"三产"融合，实现农业全产业链式发展。"三链"同构是以培育新型农业经营主体为切入点、以"三链"联动打造以优势主导产业为立足点、以绿色生态优质助力品牌增值为突破点、以股份合作构建农企利益共同体为承接点的乡村产业发展新路径。产业链、供应链、价值链，链链都牵动着农民的钱袋子，是可复制、可借鉴、可推广的促进乡村振兴的重大战略部署安排。产业链延伸：改造升级第一产业，培育壮大第二产业，创新拉动第三产业；做好产业链相加，推动各产业向其他产业延伸融合。供应链重组：着力打通供应链，实现产销直接对接；设立产品流通产业引导基金，打造物流配送中心，覆盖所有乡镇的行政村，以减少流通环节，节约流通成本。价值链提升：通过"三产"融合、供应链精准对接，筑牢价值链各环节的增值基础；从种养到精深加工到休闲旅游，实现农民收入成倍数增长。

"三产"融合是指农村一二三产业融合，以农业为基本依托，通过产业集聚、"三产"联动、技术渗透、机制创新等方式，将资本、技术以及资源要素进行跨界集约化配置，使农业生产、农产品加工及农产品市场、社会化服务进行有机整合，创新生产方式、经营方式和资源利用方式，最终实现农业产业链延伸、产业范围扩展和农民收入增加。从农村"三产"融合发展的实践来看，已涌现了4种主要的发展模式：一是农业内部整合型融合，即在农业产业内部如种植业、养殖业、水产业等各子产业之间的相互融合，建立起上下游之间的有机联系，有效整合各类资源，推动农业产业内部各子产业间的融合发展，达到保护环境、节约资源、促进农民增收的目的。二是农业产业链延伸型融合，即以农业生产为中心向前向后延伸产业链条，将农业生产资料供应、农产品加工与农业生产连接起来，形成农业"供、产、加、销"一条龙服务。在实践中，许多企业通过多年探索形成了多样化的农业产业链延伸型融合模式，向上游延伸至农资供应，向下游延伸至销售、加工、服务等环节，完全或部分实现了农业"供、产、加、销"的内部化，节约了交易成本，提高了农业的经济效益。三是农业与他业交叉型融合，即以农业为基础，同时植入文化、休闲、旅游等理念，形成交叉型融合模式。如农业与文化、旅游业的融合形成了休闲农业，形成高效、绿色、生态的现代化农业发展新业态，将利润留在农村，可以有效促进农民增收和农村发展。四是先进技术对农业的渗透型融合，如通过先进的信息、生物、航天、互联网等技术对农业进行有机渗透，形成信息农业、生物农业、太空农业、互联网+农业等新兴业态。

农业全产业链是农业研发、供应、生产、加工、储运、销售、品牌、体验、消费、服务等环节和主体紧密关联、有效衔接、耦合配套、协同发展的有机整体。乡村产业，是根植于县域，以农业农村资源为依托，以农民为主体，以农村一二三产业融合发展为路径，地域特色鲜明、创新创业活跃、业态类型丰富、利益联结紧密，提升农业、繁荣农村、富裕农民的产业。其实质是将以农业农村资源为依托的二三产业尽量留在农村，把农业产业链增值收益和就业岗位尽量留给农民。而农业全产业链正是围绕区域农业主导产业，将农业的各个环节、各个主体整合成紧密关联、有效衔接、耦合配套、协同发展的有机整体，推动农业从抓生产向抓链条、从抓产品向抓产业、从抓环节向抓体系转变。因此，农业全产业链是乡村产业高质量发展的产物，是构建现代乡村产业体系的前提，能为全面推进乡村振兴和农业农村现代化提供强力支撑。

五、现代农业建设的示范与探索

为促进农业和农村现代化发展，优化农村产业结构，促进"三产"深度融合，2017年我国推动"三区、三园和一体"现代农业平台建设。其中，"三区"是指按照农业功能区划分的粮食生产功能区、重要农产品生产保护区和特色农产品优势区。其目的是保障国家的粮食安全，并使大豆、棉花、油菜籽、糖料蔗、天然橡胶等重要农产品能够保持基本自给，同时满足市场的多样化需求，提高我国农业的综合效益和竞争力。通过"三区"建设，推动生产要素向优势产区聚集，切实将区域资源优势变成产品优势、产业优势和竞争优势。所谓农业功能区划是指在分析农产品供给、就业和生存保障、生态调节、文化传承和观光休闲等农业基本功能的地域差异特征的基础上，综合考虑各项功能的重要程度和空间尺度特征，按照农业功能结构和功能实现外部制约因素的相对一致性原则，划分农业功能区，研究区域主导功能及其实现途径。"三园"即现代农业产业园、科技园、创业园，以此形成现代农业产业集群，打造现代农业的创新高地，为回乡、下乡、返乡创业的人才提供创业创新的平台。"一体"则是指田园综合体，支持有条件的乡村建设以农业合作社为主要载体，让农民充分参与和获得收益，建设集循环农业、创意农业、农事体验于一体的田园综合体。

1. 现代农业产业园

现代农业产业园是我国传统农业向现代农业转型发展的桥接，不仅可以促进土地流转，还可以提高我国的农业科技水平，是实现农业经济增长、提高农民自身素质、改善农民生活水平的现代化工程。国家现代农业产业园申报创建的条件如下：

（1）主导产业特色优势明显。主导产业为本县（市、区）特色优势产业和支柱产业，在本省区乃至全国具有较强的竞争优势。主导产业集中度高，上下游衔接紧密，产业间关联度强，原则上数量为1~2个，产值占产业园总产值的比重达50%以上。主导产业符合"生产+加工+科技"的发展要求，种养规模化、加工集群化、科技集成化、营销品牌化的全产业链开发的格局已经形成，实现了一二三产业融合发展。

（2）规划布局科学合理。产业园专项规划已经制定，并经所在地县级或以上政府批准同意，明确了产业园发展布局和区域范围。产业园种养、加工、物流、研发、服务等一二三产业板块已经形成，且相对集中、联系紧密。产业园专项规划与村镇建设、土地利用等相关规划相衔接，产业发展与村庄建设、生态宜居统筹谋划、同步推进，形成园村一体、产村融合的格局。

（3）区域建设水平领先。产业园生产设施条件良好，高标准农田占比较高，主要农作物耕种收综合机械化率高于本省平均水平，生产经营信息化水平高。现代要素集聚能力强，技术集成应用水平较高，职业农民和专业人才队伍初步建立，吸引人才创新创业的机制健全。生产经营体系完善，规模经营显著，新型经营主体成为园区建设的主导力量。

（4）绿色发展成效突出。种养结合紧密，农业生产清洁，农业环境突出问题得到有效治理，"一控两减三基本"全面推行并取得实效。生产标准化、经营品牌化，质量可追溯，产品优质安全，绿色食品认证比重较高。农业绿色、低碳、循环发展长效机制基本建立。

（5）带动农民作用显著。产业园积极创新联农带农激励机制，推动发展合作制、股份制、订单农业等多种利益联结方式，推进资源变资产、资金变股金、农民变股东，使农民分享二三产业增值收益有保障。在帮助小农户节本增效、对接市场、抵御风险、拓展增收空间等方面，采取了有针对性的措施，促进小农户和现代农业发展有机衔接。园区农民的可支配收入，原则上应高于当地平均水平的30%。

（6）政策支持措施有力。地方政府支持力度大，统筹整合财政专项、基本建设投资等资金用于产业园建设，并在用地保障、财政扶持、金融服务、科技创新应用、人才支撑等方面有明确的政策措施，政策含金量高，有针对性和可操作性。水、电、路、讯、网络等基础设施完备。

（7）组织管理健全完善。产业园运行管理机制有活力、方式有创新，有适应发展要求的管理机制和开发运行机制。政府引导有力，充分调动多企业、多主体建设产业园的积极性，形成了产业园持续发展的动力机制。

2. 田园综合体

田园综合体是集现代农业、休闲旅游、田园社区为一体的乡村综合发展模式，是以通过旅游助力农业发展、促进"三产"融合为目的的一种可持续性模式。国家级或省级田园综合体申报立项的条件如下：

（1）功能定位准确。围绕有基础、有优势、有特色、有规模、有潜力的乡村和产业，按照农田田园化、产业融合化、城乡一体化的发展路径，以自然村落、特色片区为开发单元,全域统筹开发,全面完善基础设施建设。突出农业为基础的产业融合、辐射带动等主体功能,具备循环农业、创意农业、农事体验一体化发展的基础和前景。明确农村集体组织在建设田园综合体中的功能定位,充分发挥其在开发集体资源、发展集体经济、服务集体成员等方面的作用。

(2)基础条件较优。区域范围内农业基础设施较为完备,农村特色优势产业基础较好,区位条件优越,核心区集中连片,发展潜力较大;已自筹资金投入较大且有持续投入能力,建设规划能积极引入先进生产要素和社会资本,发展思路清晰;农民合作组织比较健全,规模经营显著,龙头企业带动力强,能与村集体组织、农民及农民合作社建立比较密切的利益联结机制。

(3)生态环境友好。能落实绿色发展理念,保留青山绿水,积极推进山水田林湖的整体保护和综合治理,践行看得见山、望得到水、记得住乡愁的生产生活方式。农业清洁生产基础较好,农业环境突出问题得到有效治理。

(4)政策措施有力。地方政府积极性高,在用地保障、财政扶持、金融服务、科技创新应用、人才支撑等方面有明确的举措,水、电、路、网络等基础设施完备。建设主体清晰,管理方式新颖,搭建政府引导、市场主导的建设格局。积极在田园综合体建设用地保障机制等方面做出探索,为产业发展和田园综合体建设提供条件。

(5)投融资机制明确。积极创新财政投入使用方式,探索推广政府和社会资本合作,综合考虑运用先建后补、贴息、以奖代补、担保补贴、风险补偿金等方式,撬动金融和社会资本投向田园综合体建设。鼓励各类金融机构加大支持田园综合体建设力度,积极统筹各渠道支农资金支持田园综合体建设。严控政府债务风险和村级组织债务风险,不新增债务负担。

(6)带动作用显著。以农村集体组织、农民合作社为主要载体,组织引导农民参与建设管理,保障原住农民的参与权和受益权,实现田园综合体的共建共享。通过构建股份合作、财政资金股权量化等模式,创新农民利益共享机制,让农民分享产业增值收益。

(7)运行管理顺畅。根据当地主导产业规划和新型经营主体发展培育水平,因地制宜探索田园综合体的建设模式和运营管理模式。可采取村集体组织、合作组织、龙头企业等共同参与建设田园综合体的方式，盘活存量资源、调动各方积极性，通过创新机制激发田园综合体建设和运行的内生动力。

3. 农村产业融合发展示范园

国家农村产业融合发展示范园是指在一定区域范围内，农村一二三产业融合特色鲜明、融合模式清晰、产业集聚发展、利益联结紧密、配套服务完善、组织管理高效，具有较强的示范作用，发展经验具备复制推广价值，且经国家认定的园区。国家支持建设农村产业融合发展示范园，目的是加快延伸农业产业链、提升农业价值链、拓展农业多种功能、培育农村新产业新业态，促进园区健康、快速和可持续发展以及管理科学化、规范化，让农民更多分享农村产业融合发展红利。国家农村产业融合发展示范园认定评审标准包括通用考核指标、特色考核指标两大类，主要用于五种融合模式，即农业内部融合型、延伸农业产业链型、农业功能拓展型、多业态复合型、新技术渗透型、产城融合型的考核和评价。农村产业融合发展示范园申报评审条件中通用和不同融合模式的评审、考核指标如下：

（1）通用考核标准。①示范园区基础设施条件，包括水、电、路、讯、房等基础设施条件：配套设施条件基本完善（附建设前后对比照片）；现代农业生产设施和农业技术应用：现代农业生产、服务手段和技术广泛应用；农业生态环境：生态环境良好，农业源污染得到较好控制；现代能源支撑：电网改造升级、绿色能源开发利用、清洁能源消费比重（具体数据）。②示范园产业基础条件，包括与当地土地利用总体规划及产业发展规划的吻合度：符合当地土地利用总体规划与产业规划；依法依规使用土地：依法依规办理相关土地利用手续，未发现违法违规占用耕地特别是永久基本农田，对占用永久基本农田的，一票否决；示范园空间布局：示范园有明确边界，且功能分区基本合理；示范园内产业链条完整度：现代农业产业链条基本完整，一二三产业协同发展、融合紧密；示范园内农业产业生命力：示范园产品的市场表现好，且有发展潜力（主要产品销售增长情况）。③示范园功能定位及产业融合发展，包括园区示范类型及功能定位：示范类型明确、功能定位明确；示范园创建目标：严格按照创建方案开展创建、创建目标体系清晰（建设前后主要目标完成情况详尽对比数据）；

产业融合发展与农业农村紧密结合：示范园以农业农村为基本依托，与乡村产业振兴和农业农村现代化紧密结合（说明示范园依托的主要农业产业和农村资源）；产业融合模式：产业融合发展与本地资源禀赋结合紧密，已经探索形成适合本地特点的产业融合模式，且发展思路清晰、路径明确；融合方式创新：融合发展路径中包含独特的制度、技术和商业模式创新做法，具有新颖性及推广价值（具体案例）；示范园内龙头带动能力：带动农户和其他主体的数量（具体数据）；利益联结机制：紧密、新颖，具备可复制、可推广的价值，有利于发挥对农业提质增效、农民增收致富的积极促进作用（具体案例）。④政策支持，包括新型主体支持政策：鼓励新型经营主体发展的政策体系完善，对主体给予用地、水电、金融等方面的优惠政策（附政策文件）；支持政策落到实处：示范园内合作社、家庭农场、新型职业农民是否承担过政府涉农项目，或得到政府以奖代补资金（政策文件、具体案例）；农村产业融合土地保障：支持农村产业融合发展土地政策明确（政策文件、具体案例）；引导资金投入：按规定统筹整合相关资金予以支持（政策文件、具体资料）；金融服务：具有支持示范园发展的金融政策，如设立产业发展基金、风险担保基金或成立融资担保、再担保机构等（具体资料）；支持农业人口转移就业、返乡创业：出台示范园吸纳农业人口转移就业、支持返乡创业人员的政策措施（具体政策文件）。⑤组织保障，包括领导重视：已成立由本级政府主要领导挂帅的领导小组（成立领导小组文件）；机构健全：已经明确管委会（或其他机构）负责园区建设运行具体事务（相关文件）；产业融合信息服务：搭建农村产业融合发展公共服务信息平台（具体资料）；产权流转服务：已经搭建农村集体产权流转市场（具体资料）；科技机构参与：有固定科研机构服务园区建设（具体资料）；督促考核措施：建立健全推动园区创建执行、监督检查、绩效考核的措施（具体文件等）。

（2）农业内部融合型。①农业产业结构优化，包括"三品一标"农产品生产比例：各类农产品认证面积占示范园比例（具体数据）；土地适度规模化经营比例：土地流转、托管等规模化经营占示范园比例（具体数据）；龙头企业实力：示范园内规模以上（年产值1 000万元以上）企业或其他新型经营主体数量（具体数据）；农业内部循环经济建设：种、养、加一体化产值占示范园总产值的比例（具体数据）；农业废弃物资源化利用：农业废弃物（如畜禽粪污、秸秆等）资源化利用比例（具体数据）；产业链建设：示范园内涉及种植业、养殖业、农产品加工、农产品物流、农产品电子商务、乡村旅游、乡村文化、小城镇开发建设等（具体案例）。②主体示范带动，包括龙头企业辐射带动能力：新型职业农民、合作社、家庭农场、龙头企业经营的农业生产基地占比（具体数据）；返乡创业新型经营主体：年度新增本地大中专学生、务工经商返乡创业人员兴办合作社或兴办家庭农场、开办乡村旅游数量（具体数据）；基地生产标准化：年度龙头企业自建或带动原料基地标准化生产比例（具体数据）；基地生产品牌化：品牌化产品产值占示范园农产品总产值的比例（具体数据）；基地生产组织化：示范园内是否有行业协会或产业联盟，并对农业生产进行指导（具体案例）。③利益联结，包括利益联结机制构建：示范园内订单农业或保底分红等方式的生产产值占全部农产品比重（具体数据）；带动农民增收：示范园建设带动农民增收情况（前后数据对比）；农户资产性收益：以土地、林地入股参与合作社或龙头企业经营的数量（具体数据）；政府投入资产性收益：以政府投资项目或财政资金折股量化，支持农民参与保底收益或分红的情况（具体佐证资料）；龙头企业融资担保服务：为农户贷款提供信贷担保或融资服务（具体案例）；龙头企业或合作社技术服务：为农户提供技术或市场培训，提供统一品牌服务（具体案例）。

（3）延伸农业产业链型。①农业产业结构优化，包括"三品一标"农产品生产比例：各类农产品认证面积占示范园比例（具体数据）；土地适度规模化经营比例：土地流转、托管等规模化经营占示范园比例（具体数据）；龙头企业实力：示范园内规模以上（年产值 1 000 万元以上）企业或其他新型经营主体数量（具体数据）；农产品加工或过腹转化比例：农产品加工产值占园区总产值的比例或过腹转化产值占园区总产值的比例（具体数据）；农业循环发展：种养加一体化产值占示范园总产值的比例（具体数据）；产业链建设：示范园内产业涉及乡村旅游、共享农业、认养农业、体验农业、特色民宿、生态康养、乡村文化、小城镇开发建设等（具体案例）。②主体示范带动，包括龙头企业辐射带动能力：新型职业农民、合作社、家庭农场、龙头企业经营的农业生产基地占比（具体数据）；新产业新业态带动就业能力：示范园内年度新增本地大中专学生、务工经商返乡创业人员兴办合作社或兴办家庭农场、开办乡村旅游等数量（具体数据）；基地生产标准化：龙头企业自建或带动原料基地标准化生产比例（具体数据）；基地生产品牌化：品牌化产品产值占示范园农产品总产值的比例（具体数据）；基地生产组织化：示范园内是否有行业协会或产业联盟，并对农业生产进行指导（具体案例）。③利益联结，包括利益联结机制构建：示范园内订单农业或保底分红占全部农产品比重（具体数据）；带动农民增收：示范园建设带动农民增收情况（前后数据对比）；农户资产性收益：以土地、林地入股参与合作社或龙头企业经营的数量（具体数据）；政府投入资产性收益：以政府投资项目或财政资金折股量化，支持农民参与保底收益或分红的情况（具体佐证资料）；龙头企业融资担保服务：为农户贷款提供信贷担保或融资服务（具体佐证资料）；龙头企业或合作社技术服务：为农户提供技术或市场培训，提供统一品牌服务（具体案例）。

（4）农业功能拓展型。①农业产业结构优化升级，包括"三品一标"农产品生产比例：各类农产品认证面积占示范园比例（具体数据）；土地适度规模化经营比例：土地流转、托管等规模化经营占示范园比例（具体数据）；新产业新业态带动：农村电商、乡村旅游等新产业新业态促进现代农业发展（具体佐证资料）；特色旅游景点、旅游村镇数量：示范园内旅游景点及旅游村镇个数（具体数据）；村镇文化保护及地域文化开发利用：对古村落或地域文化保护有明确的举措（具体资料）；多功能拓展建设：示范园内农事体验、旅游商品开发，共享农业、认养农业、农家乐、民俗文化展示（演绎）、文化商品开发、农产品电子商务、特色农业展会、特色小镇、村镇建设城镇开发建设等（具体案例）。②主体示范带动，包括带动本地农产品或特色民俗产品销售增长：旅游、展会、民宿等经营带动示范园农产品或特色民俗产品销售增长比率（具体数据）；吸引消费者：农业与旅游、教育、文化、健康养老等产业深度融合发展，吸引外地游客数量（前后数据对比）；基地生产标准化：龙头企业自建或带动原料基地标准化生产比例（具体数据）；基地生产品牌化：品牌化产品产值占示范园农产品总产值的比例（具体数据）；基地生产组织化：示范园内是否有行业协会或产业联盟,并对农业生产进行指导(具体佐证资料)。③利益联结,包括带动就业增长:新型经营主体发展旅游、展会、民宿等,带动本地农民就业人数增加情况(具体数据);带动农民增收:示范园内旅游、展会、民宿以及订单农业等带动农民增收情况(前后数据对比);农户资产性收益:以土地、林地入股参与合作社或龙头企业经营的数量(具体数据);政府投入资产性收益:以政府投资项目或财政资金折股量化,支持农民参与保底收益或分红的情况(具体佐证资料);龙头企业融资担保服务:为农户贷款提供信贷担保或融资服务(具体佐证资料);龙头企业技术服务:包括龙头企业或合作社,为农户提供技术或市场培训,提供统一品牌服务(具体佐证资料)。

(5)多业态复合型。①农业产业结构优化升级,包括"三品一标"农产品生产比例:各类农产品认证面积占示范园比例(具体数据);农业内部循环经济发展:种养加一体化产值占园区总产值的比例(具体数据);农业多功能拓展带动农民就业:带动当地农民参与旅游、展会、民宿等就业人数情况(具体数据);农产品加工或过腹转化比例:农产品加工产值占园区总产值的比例或过腹转化产值占园区总产值的比例(具体数据);电子商务带动特色农产品销售:通过互联网订单销售产品占示范园农产品比例(具体数据);多功能拓展建设:示范园内农事体验、旅游商品开发,农家乐、民俗文化展示(演绎)、文化商品开发、农产品电子商务、特色小镇等(具体案例)。②主体示范带动,包括龙头企业辐射带动能力:新型职业农民、合作社、家庭农场、龙头企业经营的农业生产基地占比(具体数据);返乡下乡人员就业能力增长:年度新增本地大中专学生、务工经商返乡创业人员兴办合作社或兴办家庭农场、开办乡村旅游数量(具体数据);基地生产标准化:龙头企业自建或带动原料基地标准化生产比例(具体数据);基地生产品牌化:品牌化产品产值占示范园农产品总产值的比例(具体数据);基地生产组织化:示范园内是否有行业协会或产业联盟,并对农业生产进行指导(具体佐证资料)。③利益联结,包括利益联结机制构建:示范园内订单农业或保底分红占全部农产品比重(具体数据);带动农民增收:示范园建设带动农民增收情况(前后数据对比);农户资产性收益:以土地、林地入股参与合作社或龙头企业经营的数量(具体数据);政府投入资产性收益：以政府投资项目或财政资金折股量化，支持农民参与保底收益或分红的情况（具体佐证资料）；龙头企业融资担保服务：为农户贷款提供信贷担保或融资服务（具体案例和数据）；龙头企业或合作社技术服务：为农户提供技术或市场培训，提供统一品牌服务（具体佐证资料）。

（6）新技术渗透型。①农业产业结构优化升级，包括"三品一标"农产品生产比例：各类农产品认证面积占示范园比例（具体数据）；农业高新技术在示范园内运用：农业高新技术、设备、品种运用广泛（具体佐证资料）；智慧农业技术运用：远程监控、在线诊断、物联网、大数据、在线信息发布等技术运用情况（具体佐证资料）；农产品电子商务基础建设：电子商务交易园（区）基础设施建设完备（具体佐证资料）；电子商务配送网络：示范园内电子商务物流、配送体系健全（组织架构体系说明）；电子商务带动特色农产品销售：通过互联网订单销售占示范园农产品产值比例（具体数据）。②主体示范带动，包括电商龙头企业和新型主体：电商龙头企业或新型经营主体数量（具体数据）；电子商务龙头带动就业能力增长：电子商务带动本地就业人数较上一年增加比例（具体数据）；科技支撑：示范园内至少要入住1家市级以上科研机构，建立科技研发推广平台和产业基地（具体案例）；品牌化建设：通过电商推动示范园产品品牌化建设和发展（具体案例和数据）；生产组织化：示范园内是否有行业协会或产业联盟，并对农业生产进行指导（具体佐证资料）。③利益联结，包括利益联结机制构建：示范园内订单农业或保底分红等占全部农产品比重（具体数据）；农户通过现代农业生产技术提高劳动生产率：通过新品种、新技术运用提高农业产出值（前后数据对比）；新技术带动农民增收：电子商务等新技术带动农民增收情况（前后数据对比）；政府支持平台建设或高技术投入：以政府投资项目或其他财政资金投入方式带动农业信息技术运用、高新技术运用（具体案例和数据）；龙头企业为农业生产者提供融资担保服务：为农户贷款提供信贷担保或融资服务（具体案例和资金数额）；电子商务或农业技术公司或合作社提供技术服务：为农户提供技术或市场培训，提供统一品牌服务（具体案例）。

（7）产城融合型。①农业产业结构优化升级，包括示范园区内农产品加工企业发展：示范园内农产品加工业产值占当地农产品加工业总产值的比重以及农产品加工业产值增加幅度（具体数据）；示范园区产业发展与城镇化融合紧密：示范园产业发展与当地城镇化规划紧密衔接（具体案例）；示范园区内土地市场城乡一体化：城乡土地市场一体化水平较高（具体数据和案例）；城乡居民社会保障体系一体化：示范园内农民与城镇居民社会保障体系一体化程度高（具体数据）；水电路等基础设施和上学、就医等公共服务一体化：示范园基础设施和城乡公共服务均等化水平较高（具体数据和案例）；农村居民非农就业比例：示范园内农村居民务农比例低于本地区平均水平（具体数据）。②融合发展能力，包括示范园区对本地劳动力就业吸纳能力：示范园吸纳本地农业转移人口就业数量（前后对比数据）；主导产业对本地城镇化支撑能力强：示范园主导产业能够对城镇化形成有力支撑（具体案例和数据）；农村发展为城市提供休闲养生服务场所：农村为城镇人口提供服务能力强（具体案例和数据）；基地生产标准化：龙头企业自建或带动原料基地标准化生产比例（具体数据）；基地生产品牌化：品牌化产品产值占示范园农产品总产值的比例（具体数据）。③利益联结，包括利益联结机制构建：示范园内订单农业或保底分红等占全部农产品比重（具体数据）；农民收入增加：示范园内农民收入增幅超过当地平均收入增幅（具体数据）；政府支持平台建设或高技术投入：以政府投资项目或其他财政资金投入方式带动农业信息技术运用、高新技术运用（具体案例和数据）；政府支持农业转移人口专业技术培训：政府提供技术培训（具体案例和数据）；龙头企业为农业生产者提供融资担保服务：为农户贷款提供信贷担保或融资服务（具体案例和资金数额）；龙头企业或合作社提供技术服务：为农户提供技术或市场培训，提供统一品牌服务（具体案例）。

六、国内外现代农业的经典模式

放眼全球农业发展趋势，几乎各个国家和地区都在致力于现代农业建设。所不同的是发达国家更着眼于抢占"制高点"，争取继续引领世界农业发展趋势潮流，而广大发展中国家更多的是立足国情，学习借鉴已有的成功经验，努力加快现代农业发展步伐，争取迎头赶上。

1. 国外现代农业发展模式

（1）美国：现代化大农场模式。大面积、机械化种植单一的作物，然后通过长途运输将所生产的农产品调往全国乃至世界各地。

（2）日本：精细农业模式。日本地处东太平洋，四面环海，山多地少，而且耕地比较分散。其与中国南方农业比较相似，规模较小。小型农业机械在日本比较盛行，其操作方便，成本低，并且完全可以满足需求。2003年起，日本政府就开始执行"下一代农业机械紧急发展计划"。大力推行46种高性能农业机械，其中有全自动插秧机、驾驶式蔬菜耕种机、收割机、红外线烘干机、带式打包机、农药喷洒器等。

（3）德国：数字农业模式。德国作为一个高度发达的工业国，其农业生产效率非常高。德国农民联合会的统计数据显示，德国1个农民就可以养活150人，未来，还要达到300人的目标。这个目标就需要更系统和先进的技术作为支撑，这正是德国农业从机械农业向"数字农业"转型的重点。在数字农业推进中，德国农业对从业者素质也有具体的要求。在德国，成为农民并不是件简单的事，农民必须接受农业教育，执证上岗，特殊岗位还需要去国外进修。德国推出"数字农业"解决方案，能在电脑上实时显示多种生产信息，如某块土地上种植何种作物、作物接受光照强度如何、土壤中水分和肥料的分布情况，农民可据此优化生产，实现增产增收。大数据和云技术可将一块田地的天气、土壤、降水、温度、地理位置等数据上传到云端，在云平台上进行处理，然后将处理好的数据发送到智能化的大型农业机械上，指挥它们进行精细作业。

（4）荷兰：高科技农业模式。荷兰国土面积只有我国重庆市的一半。但是这个欧洲小国农产品和食品出口额仅次于美国、法国，进出口总量为世界第三，净出口量为全球第一。花卉生产居世界首位。20世纪50年代，在政府的大力支持下，荷兰农业开始了它的蓬勃发展之路，历经半个多世纪的发展沉淀，形成了如今的高科技农业面貌，主要体现在玻璃温室农业、园艺花卉、生物防控技术、电子信息技术等方面。据统计，荷兰玻璃温室面积约占全世界温室总面积的1/4。荷兰西部是温室最集中的地区，玻璃温室约60%用于花卉生产，另40%主要用于果蔬类作物（主要是番茄、甜椒和黄瓜）生产。除了温室技术之外，荷兰还有生物防控、检测技术、大数据运用等"高精尖"技术，这些技术帮助荷兰农业成为世界农业中的佼佼者。

（5）以色列：精准农业模式。以色列的资源非常稀少，有一半的土地是沙漠，可耕地面积非常小，水资源非常缺乏。但以色列的农业非常发达，农民收入相当高，人均年收入1.8万美元，一个农业人口可养活90~100人。而且农民对补贴依赖程度很低。以色列的劳动生产率为日本的3倍、中国的12倍、美国的60%（含季节性农场工人），耕地生产率世界最高，达到了美国的近5倍，比以精耕细作著称的日本还高1/3以上，其精准农业技术水平足可以与美国并驾齐驱。

（6）法国：合作社服务模式。法国自然气候条件优越，适宜多种农作物生长，它是欧盟最大的农业生产国，也是世界第二大农业食品出口国。其农业专业化与科技化程度处于世界领先地位。有蓝皮书指出：法国有1.3万个农业合作社，有3 800家农业合作企业，90%的农民都参加了合作社。法国的农业合作组织形式多样，数目繁杂，但各组织均有清晰的职能定位，并带有半官方色彩。由于农业合作组织形式灵活，多数处在与农民交流的"第一线"，在法国农业发展中起到了不可或缺的作用。目前，农业合作社已经融入法国农业和食品行业的产前、产中和产后的各个环节，不仅是法国农业和食品行业的重要组成部分，而且在农业生产、农产品加工与流通、农业技术与农业机械推广、农村社会化服务等方面均起着决定性作用，在农业教育与培训、农业信贷与农业保险、农民社会保险等方面也扮演着重要角色。

2. 国内现代农业发展模式

（1）绿色农业。就是灵活利用生态环境的物质循环系统，实践农药安全管理技术、营养物综合管理技术、生物学技术和轮耕技术等，确保农产品质量安全、生态环境质量安全、资源可持续利用，使农业生产与生态环境相协调，通过农产品绿色、优质、高效生产，实现农业增效、农民增收。绿色农业主要分为有机农业和低投入农业。

（2）特色农业。就是将区域内独特的农业资源（地理、气候、资源、产业基础）开发成特有的名优产品，转化为特色商品。其"特色"在于产品能够得到消费者的青睐和倾慕，在本地市场上具有不可替代的地位，在外地市场上具有绝对优势，在国际市场上具有相对优势甚至绝对优势。

（3）生态农业。就是按照生态学和经济学原理，运用系统工程方法和现代科学技术、现代管理手段以及传统农业的有效经验，进行集约化经营和资源循环利用，以获得良好的经济效益、生态效益和社会效益。它要求把发展粮食生产与经济作物、饲料作物生产相结合，种植业与林牧渔业、农业与二三产业相结合，利用传统农业精华和现代科技成果，通过因地制宜、设计组装、调整管理，协调农业发展与生态环境之间、资源利用与保护之间的矛盾，形成生态与经济两个良性循环，实现经济、生态、社会三大效益统一。常见的有：农林牧结合、种养沼结合、种养加结合、粮桑渔结合；林粮、林果、林药间作，稻田养殖；粮豆间作、轮作，混种牧草，混合放牧；增施有机肥，采用生物防治，实行少耕免耕等。

（4）工厂化农业。就是利用机械化、自动化、智能化、智慧化、互联网等技术，采用工业化设备设施、工艺流程、管理体制的生产方式，为动植物生长发育人工创造一个良好的环境，从而能像工厂一样有计划、大规模、连续、均衡地进行生产，并使农产品像工业产品一样具有质量稳定、生产稳定、价格稳定等特点，成功摆脱土地、空间、自然灾害等对农业生产的制约。一旦农业完全实现了工厂化，农民就能在一定生产场所或反应器中有效地控制环境因素，从而做到一年四季不断地生产出市场所需要的各种农副产品。所以，工厂化农业是设施农业的高级层次，主要是利用成套设施或综合技术使种养业生产摆脱自然环境的束缚，实现全天候、反季节的企业化规模生产，实现集约高效及可持续发展的现代化生产方式。目前蔬菜育苗、水稻育秧和叶菜类、高档花卉、食用菌等已经做到了工厂化生产。

（5）物理农业。就是将物理技术和农业生产有机结合，利用具有生物效应的电、磁、声、光、热、核等物理因子操控动植物的生长发育及其生活环境，促使现代农业逐步摆脱对化学肥料、化学农药、抗生素等化学品的依赖以及自然环境的束缚，最终获取高产、优质、无毒农产品的环境调控型农业。它是典型且极具物理特色的工厂化农业，属于高投入高产出的设备型、设施型、工艺型的农业产业，是一个新的生产技术体系。它要求技术、设备、动植物三者高度相关，并以生物物理因子作为操控对象，最大限度地提高产量和品质，并杜绝使用农药和其他有害于人类的化学品。其核心是环境安全型农业，即环境安全型温室、畜禽舍、菇房等。

（6）休闲观光农业。又称旅游农业，主要是利用当地特殊或有利的自然条件和农业生产，通过多样化种养、创新创意，建设相关设施，开辟活动场所，为消费者提供休闲观光、游乐娱乐、餐饮住宿、康养度假的场所，以招揽游客，增加收入。游客不仅可以观光、采果、垂钓，还可以愉悦身心、体验农作，接受科普教育，了解农民生活，享受乡间情趣，放慢生活节奏。

（7）订单农业。是指农业生产经营主体根据其产前与买方客户所签订的农产品购买合同，组织安排该种农产品生产的农业产销模式。该订单一般要对买卖双方的责、权、利，特别是生产的产品种类、品种、数量、质量、规格、包装、保鲜，交货方式、产品计价、货款结算，甚至生产方式、服务方式等做出具体规定。订单农业相当于一种期货贸易，能有效规避市场风险，促进生产标准化，有效利用农业资源，促进农民增收，是一种比较有效、市场化的产销模式，可以避免盲目生产，同时保障农户收益。但是订单农业的风险就是农户与企业都有可能违约，因此要发展订单农业，需要买卖双方有良好的契约精神、规范的合同行为、严格的执法环境。实践中，农户、合作社可以与龙头企业、经纪人、加工厂商、批发零售商等在产前签订产销合同；也可以利用线上资源，提供"三品一标"、生态绿色等农产品的私人订制服务，让顾客通过认购的方式提前下订单，等农产品生产完成再通过快递送到顾客手中；还可以与农业科研机构签订科研合作服务订单，如种子、农药、化肥等农资由对方提供，并提供相关技术培训，按照订单价格规定回收产品，农户和合作社则负责按照种植方案进行标准化种植并收集、记录相关数据，这样不仅能够大大降低生产成本，也能有效提高农户的种植技能和经济收益。

第二讲　农业经理人的职业素质

一、农业经理人及相关概念

1. 职业经理人

职业经理人是指在一个所有权、法人财产权和经营权分离的企业中承担法人财产的保值增值责任，全面负责企业经营管理，对法人财产拥有绝对经营权和管理权的职业，由企业在职业经理人市场（包括社会职业经理人市场和企业内部职业经理人市场）中聘任，而其自身是以年薪、股票期权等获得报酬为主要方式的职业化企业经营管理专家。

2. 农业经理人

农业经理人，即在农民专业合作社等农业经济合作组织中，从事农业生产组织、设备作业、技术支持、产品加工与销售等管理服务的人员。广义是指在农民专业合作社、农业企业等农业经济组织中，从事农业生产组织、农资供应、产品加工储运销售以及设备设施运作、技术支持等高素质的专业管理人员，或通过为权属明晰的农业经营组织承担所有权人的财产增值保值责任，全面负责经营管理，以受薪、股票期权等获得报酬为主要方式的职业化农业经营管理人才。通常，农业经理人依托农民合作社并代表合作社对已经规模化的土地进行精细化经营和管理，并分享最终利润，成为职业化的合作社经营管理者。他们在为自己所在的经济组织谋求最大利益的同时，以工资或红利的形式获取相应的劳动报酬。常见的农业经理人有家庭农场主，农业经纪人，农民专业合作社、农业企业的总经理、副总经理、部门经理、技术设备负责人等。农业经理人常常被称为"农业CEO"等。他们活跃在农业生产的各个领域，以先进的经营理念和科学技术运营各种生产要素和资源，组织和管理规模化、集约化农业及其他专业化的生产形式。在希望的田野里，他们是高素质农民群体的领军人才，是促进农业规模化、集约化、标准化、品牌化发展的核心力量，是加快农业农村现代化的重要引领。

二、农业经理人的职业道德

农业经理人需要遵守的职业道德：一是遵纪守法，忠诚守信；二是崇尚农业，技精擅管；三是恪尽职守，团结协作；四是保护生态，保障安全。

三、农业经理人的工作任务

农业经理人的工作任务主要包括七个方面：一是搜集和分析农产品供求、客户需求数据等信息；二是编制生产、服务经营方案和作业计划；三是调度生产、服务人员，安排生产或服务项目；四是指导生产、服务人员执行作业标准；五是疏通营销渠道，维护客户关系；六是组织产品加工、运输、营销；七是评估生产、服务绩效，争取资金支持。

四、农业经理人的经营素质和管理能力

农业经理人通常负责整个农民专业合作社或农业企业的生产经营或某一个部门、环节、资源要素的运营管理，属于新型职业农民队伍中的"白领"，在促进农户与市场有效对接、传播农业科学技术、提高农民科技水平、推动农业高质量发展、实现乡村全面振兴方面具有重要的引领作用。因此，农业经理人是一个不折不扣的"多面手"，既要眼观六路、耳听八方，也要运筹帷幄、掌控全局，具有较高的职业素养。其职业特点和应该具备的经营素质就是爱农业、懂技术、会经营、善管理、敢创新。具体来讲，主要包括以下内容：

1. 热爱农业、农村和农民

热爱农业是农业经理人必须具备的个人素质，更是农业经理人做好本职工作的重要前提。作为现代化大背景下的农业经理人，只有热爱农业，具备博大的农业情怀、深厚的农民情感、浓郁的农村情结，才能够对"三农"拥有强烈的认同感、责任感和使命感，为农业增效、农民增收、农村繁荣做出自己应有

的贡献。

2. 掌握现代化的农业科学技术

现代农业是技术高度密集型产业，随着农业现代化水平的提高，农业科技进步对农业增长的贡献率越来越大，具体表现在富有科技含量的新品种、新材料、新技术、新工艺、新装备、新设施等在农业生产中的大量应用，如高产、优质、高效、绿色、安全的种养新品种，配套的种养新技术等的推广应用，新型、高效、节能、低耗、自动化、智能化、智慧化的农机设备、日光温室、育苗工厂、叶菜车间、菇房菇棚、畜舍禽舍、精深加工、仓储保鲜、冷链运输、销售配送等的广泛应用，以及生物技术、材料技术、工程技术、信息技术等在农业上的交叉融合应用。这些先进适用技术的应用不仅是现代农业的重要支撑，也直接关系到农产品的产量、质量、绿色、安全以及农业的经济效益、农民的经济收入、合作社和企业的经济利益。这就需要农业经理人必须懂得和掌握这些现代化的农业科学技术及相关的专业知识，并能结合实际进行规划和应用，同时要通过多种方式不断学习，确保自身知识的更新和技术进步，始终跟上时代和技术发展的步伐。在我国的农业生产经营过程中，国家不断出台相关的惠农政策，越来越多的新型机械设备也被广泛运用。为保证我国农业经济的快速发展，农业经理人需要具备终身学习的理念，积极学习相应的国家政策与先进的农业管理经验、管理方式，并将其运用到农业、农村建设中，推进农业经济的稳定发展。

3. 拥有较强的农业经营管理能力

从全产业链来讲，农业包括产前、产中、产后三个阶段，涉及农资供应，农业生产，产品储、运、加、销；农业生产包括诸多环节，粮食种植包括选择良种、整地施肥、适时播种（育苗移栽）、灌溉追肥、病虫害防治、机械收获、运输入仓、秸秆还田等；畜禽健康养殖包括科学选址、设施配套、饲料饮水、饲养防疫、分群管理、粪水处理、质量追溯等。为实现农业绿色化、标准化、规模化、高效化、智能化生产，确保产品的绿色、安全、优质，农业经理人需要根据外部环境条件变化和自身发展需要制定正确的经营战略，需要根据市场供求制订生产经营计划以实现按需生产、以销定产；需要围绕农业的供、产、销、储、运、加等生产经营过程和环节进行决策、计划、组织、领导、控制，需要根据消费者需求和消费心理制定和实施针对性很强的市场营销策略；需要与农户和其他企业等进行必要的协作和合作，建立风险共担、利益共享的联结机制，以发挥各自优势、实现共赢。此外，从产品商标创建，到企业品牌、区域品牌、著名品牌、知名品牌的培育，从农业一产到二产延伸，再到三产融合，从企业发展到联农带农，再到产业兴旺，实现乡村振兴，这些都要求农业经理人必须具有较强的农业经营管理能力，以高质量地完成这些工作任务。

4. 具备强烈的学习意识和较强的学习能力

当前是知识经济、信息社会，知识和信息"大爆炸"，科学技术快速发展，经济环境瞬息万变，市场竞争日趋激烈。农业经理人要想跟上时代的发展，完成时代赋予的重任，就必须注重学习，树立终身学习理念，精选学习内容，讲究学习方法。学习内容主要包括现代化的专业理论知识和方法、国家新近出台的农业政策和相关法律法规、国内外先进和成功的实践经验和模式、最新的农业科学技术进展及其研究成果等。随着互联网和数字技术、信息技术、大数据技术的迅猛发展，电子图书、电子期刊论文、网上百科、网上智库、市场信息平台、网上交易平台等资源越来越多，因此网上学习十分方便，特别是带着问题学习，能取得很好的学习效果。与此同时，还要注重从实践中学习，通过实践提高学习效果。"学而时习之，不亦说乎。"这里的"习"既有复习、温习之意，也有演习、实习、练习之意。这里的"时"既有时时、经常之意，也有按时、适时、因时之意。任何现代化的理论和方法应用、先进技术引进、管理模式创新，都必须理论联系实际，经过引进、试验、实践、示范，成功之后再推广应用；有许多现代化的理论和方法、先进的技术和管理经验可以借鉴、参考，但需要结合实际，因地、因时制宜，进行必要的改造，甚至再造。

5. 具备强烈的创新意识和较强的创新能力

创新能力是指在技术和各种实践活动领域中不断提供具有经济、社会、生态等价值的新思想、新理论、新方法和新发明的能力。通常，创新能力是以现有的思维模式提出有别于常规或常人思路的见解为导向，利用现有的知识和物质，在特定的环境中，本着理想化需要或为满足社会需求，而改进或创造新的事物，如产品、方法、元素、路径、环境等，并能获得一定有益效果的行为。

优秀的创新者需要具备五种能力：一是质疑能力，即能提出正确问题，以激发出不一样的答案，为解决问题打开一个新的窗口，去发现另外一种可能性。二是观察能力，即善于用不同技巧、从不同角度观察世界，通过对常见现象特别是潜在客户行为，详细审视具体，探索内在，能找出不同寻常的商业创意。三是试验能力，即通过制造样品和试验，积极尝试新的想法。四是人脉能力，即有意识结交各类人士，并非简单为获取资源、推销产品，而是为了拓展知识领域。五是联想能力，即把一些看似无关的问题或来自不同领域的想法关联起来，从而产生新的想法。

管理创新主要包括三个方面：管理思想理论创新、管理制度创新、管理技术方法创新。实现管理创新的关键：一是创新主体具有良好的心智模式，即由于过去的经历、习惯、知识素养、价值观等形成的基本固定的思维认识方式和行为习惯，如远见卓识、良好的文化素质和正确的价值观，具有较强的能力结构；二是创新主体具备完成管理创新的三种能力，即核心能力、必要能力、增效能力。管理创新的基本条件：一是基础管理条件较好，包括基础数据、技术档案、统计记录、信息收集归档、工作规则、岗位职责标准、员工培训系统应用等，可以提供许多必要、准确的信息、资料、规则，有助于管理创新顺利进行；二是营造良好的管理创新氛围，如大力提倡创新、鼓励创新，可促进人们思想活跃，新点子产生多且快，而不好的氛围则可能导致人们思想僵化，思路堵塞，头脑空白；三是科学设立创新目标，建立有效的创新激励机制，以便集中有限资源和要素，建设和完善创新必要的物质条件，充分调动创新主体的积极性、主动性和创造性；四是建立知识产权保护制度，以防止泄密，有力支持和保护创新主体的创新积极性及其利益。

6. 熟练掌握常用的现代化管理理念

（1）核心能力。是指组织拥有的关键技能和隐性知识，它属于智力资本，是组织进行决策和创新的源泉。其特点是价值性、稀缺性、买不到、拆不开、带不走、难模仿、不可替代等。通常，组织是一个能力集合，它决定了组织的规模和边界，也决定其多元化战略和跨国经营战略的广度和深度。核心能力来自组织内的集体学习，来自经验规范和价值观的传递，来自组织成员的相互交流和共同参与。现代市场竞争表面上是产品竞争，实质上是核心能力的竞争。核心能力是组织保持持续竞争优势的源泉。因此，企业等组织不仅要关注外部的产业机会和市场吸引力，更要关注自身拥有的资源与能力，尤其是要根据组织的核心能力结合外部环境，制定组织的发展战略和采取多样化的竞争策略，以实现自身利润最大化。农业经理人的工作重点是如何识别、评价、保持、积累和更新组织的核心能力，既要研究技术、资源、知识等客观显性因素的作用，又要注意影响和决定组织核心能力的人才队伍建设和激励等问题。

（2）战略联盟。是指两个及其以上的独立组织为实现各自战略目的如现实生存或长远发展而达成的一种长期或短期的合作关系。它要求共同承担责任，相互协调，精心谋求各类活动的相互合作，因而模糊了组织的界限，使得各个组织为实现联盟的共同目标而采取一致或协同的行动。联盟伙伴保持着既合作又竞争的关系，即在部分领域合作，但在协议之外的领域以及组织整体上仍然保持着经营管理的独立自主，相互间可能是竞争对手。稳定的联盟称为"准一体化"。战略联盟是时代发展的产物，因为世界经济一体化，为跨国经营提供了很好的机会和巨大的市场，但也带来了更为激烈的国际竞争，战略联盟就成为它们应对激烈国际竞争的有效手段；科学技术飞速发展，科研成果不断将产品推向高科技化和复杂化，新产品往往涉及许多技术领域，经过许多生产经营环节，无论从技术还是成本上讲，单靠自身的有限能力都无法满足当今科技发展的要求。战略联盟的主要作用：一是实现资源要素、产品市场共享，企业文化、创新机制优势相长，产生协同创造效应；二是获得规模经济效益，分担研发风险与成本；三是发挥各自异质技术和管理经验优势，便于互相学习经验性知识；四是低成本进入新市场，避免发生"大企业病"；五是提高资源配置效率，降低转置成本，提高企业战略调整的灵活性，维系或增强已有的竞争地位。战略联盟的特点是：边界模糊、关系松散、机动灵活、动作高效。战略联盟的类型有：横向联盟、纵向联盟、混合联盟。战略联盟的具体形式有：合资、合作研发、定牌生产、特许经营、相互持股。

（3）态势分析法。是指将组织内外部条件各方面内容进行综合和概括，进而分析组织的优势和劣势、面临的机会和威胁的一种方法。态势分析法可以帮助组织把资源、行动聚集在自己的强项和有最多机会的地方，并让其发展战略变得明朗，故常用于制定企业发展战略、竞争对手分析。其中，优劣势分析主要着眼于组织所有内部因素的优势劣势及其与竞争对手比较，而机会和威胁分析着重分析外部环境的变化及其对组织的可能影响。

（4）标杆分析法。它与"企业再造""战略联盟"并称为当代国际三大管理方法。它是通过将本组织生产经营的各方面状况和环节与竞争对手或行业内外的一流组织即标杆进行对照分析，发现自身差距和对方的成功经验，并提出行动方案，以改善组织经营绩效、缩小差距或超越对手。标杆分析法通过将组织在行业内的表现与行业内外的最佳范例之间进行有效对比分析，可以拓宽自身提高的思路与灵感，确认自身经营绩效等提升的潜力、路径与方法。与竞争对手相比，可得到有价值的情报，了解其经营战略或竞争策略，建立相应的赶超目标，同时发现其优点和不足，针对其优点加以学习，根据其不足选择突破口；瞄准任何行业业绩优良的企业，更能博采众长，且因不存在竞争关系，信息交流的障碍少，有助于技术和工艺方面的跨行业渗透。

（5）平衡记分卡。是指根据组织的发展战略要求，将组织使命和战略目标逐层分解转化为各种具体的相互平衡的绩效考核指标体系，并对这些指标的实现状况进行不同时段的考核，从而为实现战略目标建立起可靠的执行基础。其创新是在财务指标的基础上加入了未来驱动因素，即客户、内部经营管理过程和员工的学习成长；主要是通过图、卡、表来实现战略规划与执行管理。

（6）企业流程再造。是指重新设计和安排企业的整个生产、服务和经营过程，使之合理化。通过对企业原来生产经营过程的各个方面、每个环节进行全面的调查研究和细致分析，对其中不合理、不必要的环节进行彻底的变革。在当今社会，企业面临着严峻挑战：一是顾客主导市场，部分商品供过于求使顾客对商品有了更大的选择余地；收入和生活水平提高使顾客对各种产品和服务也有了更高的要求。二是竞争日趋激烈，技术和管理进步使竞争方式和手段不断发展，甚至发生根本性变化；越来越多的企业越过国界，逐渐走向一体化的全球市场并展开各种形式的竞争。三是市场需求日趋多变，产品寿命周期越来越短，技术进步使企业生产、服务系统经常变化并且持续不断，原来在大量生产、大量消费环境下发展起来的企业经营管理模式已难以为继。面对这些挑战，企业只有在更高水平上进行一场根本性的改革与创新，才能在低速增长时代增强自身的竞争力。管理者最主要的挑战是去除非增值的工作，而并不是使用科技使工作变得自动化来提速。同时，公司应该重新审视业务流程，从而使客户价值最大化，使传输产品或服务所消耗的资源降到最少。其特性是：强调顾客满意，将客户与供应商纳入重组范围；使用业绩改进的量度手段；关注更大范围的、根本的、全面的业务流程；强调团队合作；对企业的价值观进行改造；高层管理者的推动；在组织中降低决策的层级。

（7）全面质量管理。是指组织以质量为中心，以全员参与为基础，通过让顾客满意、让组织成员及社会受益而达到长期成功的管理方式。其基本方法：一是"一个过程"，涉及整个生产经营过程。二是"四个阶段"，计划→执行→检查→处理，PDCA 四阶段循环往复。三是"八个步骤"，即计划阶段：分析现状、找出问题，分析问题原因，找出主要原因，提出计划、制定措施；执行阶段：执行计划，落实措施；检查阶段：检查计划实施情况；处理阶段：总结经验、巩固成绩、工作结果标准化，提出未解决问题并转入下个循环。四是运用科学数理统计方法进行系统分析，如排列图、因果图、直方图、分层法、相关图、控制图及统计分析表，这种方法不仅科学可靠，而且比较直观。

（8）供应链管理。指在满足一定的客户服务水平的条件下，为了使整个供应链系统成本最小、供应速度最快，而把供应商、制造商、仓库、配送中心和渠道商等有效组织、优化，进行产品制造、转运、分销及销售的管理方法。

（9）外包（共享服务中心）。是指组织动态地配置自身和其他组织的功能和服务，并利用外部的资源和能力为组织内部的生产和经营服务，或将组织的非核心业务委派给外部的专业公司。其优点是：集中资源于核心业务，维持或增强组织的核心竞争能力；避免组织过度膨胀，克服自身人力、技术、能力缺乏或成本过高等不足；降低营运成本，提高产品或服务质量，提升效益与客户满意度，增加利润；节省资金做更高效益的投资，企业运作更灵活；改善利益相关者的参与性并且提高企业透明度，降低项目中技术失败的风险。相关组织进行的一项研究显示，外包协议可节省9%的成本，同时使能力与质量上升15%。

（10）客户关系管理。是指企业为提高市场竞争力，以客户为核心，利用相应的信息技术和互联网技术来协调企业与顾客间在销售、营销和服务上的交互，从而提升其管理方式；通过向客户提供创新式的个性化的客户交互和服务等管理策略，提高客户满意度，以吸引新客户、保留老客户，将已有客户转为忠实客户，增加市场份额及利润。

（11）顾客细分。是指根据客户属性划分的客户集合。顾客细分既是客户关系管理的重要理论组成部分，又是其重要管理工具。它是分门别类研究客户、进行有效客户评估、合理分配服务资源、成功实施客户策略的基本原则之一，能够为企业充分获取客户价值提供理论和方法指导。

第三讲　国家公益性的农业经理人培训计划与要求

2018年，农业农村部对国家公益性的农业经理人培训计划和要求进行了规范。

一、培训目标

激发培训对象职业自豪感和使命感，促进其职业道德、职业素养的自我养成，积累企业经营管理知识储备，提升涉农经济组织经营管理能力，促进涉农经济组织发展，提高培训对象的就业能力。

二、培训内容

设置9个培训模块，30门培训课程，共120小时课时。

1. 农业职业经理人基础

设置3门课程，共6个课时。包括农业行业现状与未来发展趋势、农业职业经理人职业道德、互联网+农业。

2. 法律知识与责任

设置2门课程，共10个课时。包括涉农经济组织的相关法律、涉农经济组织责任。

3. 市场营销

设置4门课程，24个课时。包括市场调研与信息处理、市场营销计划、农产品销售预测、农产品销售渠道和销售模式。

4. 生产管理

设置5门课程，共8个课时。包括农村土地流转政策与操作，农业生产基地评价、选择和建设，农业生产流程开发，农业生产标准化实施，农产品质量管理。

5. 人与生产力管理

设置 3 门课程，共 10 个课时。包括企业岗位设置、员工招聘、员工培训和人才培养。

6. 采购与库存管理

设置 2 门课程，共 8 个课时。包括采购、库存管理。

7. 财务管理

设置 2 门课程，共 12 个课时。包括涉农经济组织成本构成、农产品直接和间接成本。

8. 目标管理

设置 6 门课程，共 30 个课时。包括工作目标和工作计划制订、目标任务分解与资源分配、计划执行监督管理、会务组织管理、商务谈判、外部关系组织与协调。

9. 实训模拟

设置 3 次沙盘演练，共 12 个课时。包括部门设置与生产经营、农业产品供给与市场需求分析、农产品市场营销。

三、基本能力要求

1. 农业职业经理人基本素养

了解农业行业现状和未来发展趋势，明白农业职业经理人组织的定位和作用，培养职业道德，提升职业素养。

2. 涉农相关法律与组织责任

了解涉农相关法律的基本内容和实际运用，知道涉农经济组织承担的法律责任与社会责任，具备保护组织利益、维护员工合法权益的能力。

3. 市场营销

了解涉农行业市场特点，掌握涉农行业市场规律，能够组织开展涉农经济组织市场调查，指导业务部门制订市场营销计划和市场预测。

4. 生产管理

了解农村土地流转基本程序，掌握农业生产基地评价的要素和方法，能够根据组织实际开发生产工作流程，组织产品生产，熟悉农产品质量控制环节，具备农产品质量管理能力。

5. 人力资源管理

了解涉农经济组织经营特点，能够根据实际合理设置部门、岗位，能根据岗位需求进行员工招聘，能组织开展员工入职或技能提升培训，注重人才培养。

6. 采购与库存管理

了解农产品采购与库存管理的原则、方法及风险防控，掌握采购、库存管理工具与流程。

7. 财务管理

了解农产品成本的概念及分类，能区分农产品直接和间接成本，掌握农业行业成本核算方法。

8. 目标管理

了解目标管理相关知识，掌握工作目标和计划编制、评价方法，能够制订组织工作目标和工作计划，对组织工作计划、会务进行目标管理。

9. 实训模拟

通过沙盘演练，让学员模拟涉农企业的内部管理和生产经营，根据情景，应对市场需求变化，合理分配有限资源，通过组建高效团队和内部机构设置，有效开展市场营销，从而获得真实的经营管理感悟，完成理论知识到实践能力的转化，提高其实际经营管理能力。

四、培训管理

1. 班级组织

每期农业职业经理人培训班不超过 50 人，组织方指定专人担任班主任或辅导员，具体负责班级的组织和管理工作。

2. 培训形式

通过课堂教学、模拟教学、现场教学、线上教学相结合的形式进行，总学时数不得低于 120 学时。

（1）课堂教学形式。包括集中授课和讨论交流两种。

（2）模拟教学形式。通过沙盘模拟演练，让学员能切身感受到农业市场的存在。根据情景，应对市场需求变化，从而获得真实的经营管理感悟，真正提高其实际经营管理能力。

（3）现场教学形式。现场教学要制定出明确的教学目标，结合教学要求做好充足准备，突出教师为主导，学员为主体，重视现场指导，就课堂上学习的涉农经济组织管理理论，到现代农业园区、农业企业、现代家庭农场等相关场所去获得真实感受，取得新感悟，通过讨论获得整体提升，每位学员要提交学习总结。现场教学时间不超过 20 学时。

（4）线上教学形式。具备条件的可以安排培训微课和在线练习，实现学员网络在线学习和自我测评。

五、评价内容与方法

培训对象考核内容包括学习过程评价、结业考试和演练考核 3 个方面。

1. 过程评价

在培训全程中，培训机构根据学员出勤情况、遵守纪律情况、课堂学习互动表现、交流研讨发言情况进行评价。

2. 结业考试

培训结束后，组织学员参加理论试卷和案例分析考试。

3. 演练考核

演练考核由综合评委会考核，评委会由 3 个以上相关专业人员组成，在符合条件的模拟功能场所进行考核。综合评委会通过学员模拟涉农行业市场调查、农业生产经营，对市场需求变化、资源分配、团队组建、内部机构设置、市场有效组合等方面进行打分。

第二章
农业生产经营组织的目标管理

第一讲 目标管理

目标管理,最先由美国管理大师德鲁克于1954年在《管理实践》中提出,其后他又提出"目标管理和自我控制"。德鲁克认为,并不是有了工作才有目标,恰恰相反,是有了目标才能确定每个人的工作,所以"企业的使命和任务,必须转化为目标";如果一个领域没有目标,这个领域的工作必然被忽视。因此,管理者应该通过目标对下级进行管理,当组织最高层管理者确定了组织目标后,必须对其进行有效分解,转变成各个部门以及各个人的分目标;之后,管理者根据分目标的完成情况对下级进行考核、评价和奖惩。

目标管理提出以后,便在美国迅速流传。时值第二次世界大战后西方经济由恢复转向迅速发展的时期,企业急需采用新的方法调动员工积极性以提高竞争能力,目标管理的出现可谓应运而生,遂被广泛应用,并很快被日本、西欧国家的企业仿效,在世界的管理界大行其道。

一、目标管理内涵

目标管理又称"成果管理",就是以目标为导向,以人为中心,以成果为标准,通过全员积极参与、自上而下目标分解、责任到人实现全员自我控制,从而确保组织目标实现、个人业绩最佳的现代管理方法。目标管理的核心是目标的设置、分解、实施及完成情况的检查、奖惩;其本质是人本管理,即以人为中心,全员积极参与、自我控制,通过个人绩效最大化保证组织目标实现。目标管理的特点:一是重视人的作用,主要体现在人人参与、民主协商、自我控制,将个人成就需求与组织目标实现有机结合,将传统的上下级关系由等级森严、隶属服从重塑为相互平等、尊重、依赖、支持,下级在承诺目标和被授权后可以行动自觉、自主、自制。二是目标分解形成目标锁链体系,即通过目标专业设计、逐级分解、落实到人，做到目标任务明确、职责权利对等、努力方向一致，目标任务环环相扣、上下左右部门配合、人人行动协调统一，只有人人都完成个人目标，组织才能实现预定目标。三是重视最终成果，目标管理以制定目标为起点，以目标完成结果考核为终结；工作成果既是考核目标完成的标准，也是人事考核和奖惩的依据，更是评价管理绩效高低的唯一标志。故目标管理遵循目标导向，只认完成目标的结果，而不论完成的过程、途径和方法。在目标管理制度下，上级不会过多干预下级，上级监督成分很少，但下级自我控制和实现目标能力很强。

二、目标管理程序

1. 目标制定

组织的最高层及其智囊和参谋要根据组织可持续发展战略，结合组织内外环境条件及其发展变化趋势，制定组织发展的阶段、目标和任务。

2. 目标分解

按照"目的—手段"的逻辑关系由上而下地逐级分解组织目标，上级目标是下级工作奋斗的目的，下级目标是实现上级目标的手段，以此逐级顺延，直到组织的最基层，从而构成一个完整的链状目标体系：一是目标分解需要上级与下级充分协商共同确定；二是目标要分解到组织的各个层次、各个部门、各个成员，做到层层有任务、单位有指标、人人有目标；三是目标分解要与每个层级、每个部门、每个成员的责、权、利紧密挂钩。

3. 目标实施

一是各个层级和各个部门的主管要根据各自的目标任务、组织授予的权限、赋予的职责进行积极筹划，精心设计实施方案，制订多种突发预案；二是根据实施方案配置所需人、财、物等各种要素；三是放手发动群众，充分调动全体员工的积极性、自觉性和创造性，凝心聚力、齐心协力、共同奋斗，在规定的时间内完成预定的目标任务；四是在授权范围内放权下属，主管重在领导、引导、指导、协调、激励、支持，主要工作是抓综合、抓重点、抓组织、抓落实，通过提出问题、提供信息、优化环境、创造条件，激励下属发挥潜能、控制自我、完成目标；五是要不断将实现目标的进展及其相关情况及时反馈给下属部门和人员，以便他们据此迅速调整自己行为；同时努力吸引下级部门和人员自己对照预定目标任务进行业绩评价，从而通过自我评价促进自我控制、利用自我激励实现自我发展。

4. 目标考核

目标考核通常有中期考核、终期考核两种。中期考核是在考核期的中间进行考核，主要考核工作进展、阶段成果、有无问题、能否完成预期目标任务，旨在了解工作进展，督促下属努力工作。终期考核是真正的考核，旨在考核任务目标的完成情况，为下一阶段目标管理提供重要参考依据。终期考核通常包括自我评价、同级评价、上级考核。其中，自我评价是基础，同级评价是参考，上级考核是核心。

自我评价主要是总结成功经验，分析失败原因，在现有基础上优化未来目标的实现路径、模式。同级评价主要是利用同级的旁观者身份进行客观评价，以发现当事者因局中人身份而无法发现的问题和成果的原因，为今后部门和员工取得更大发展成效提供有价值的参考。上级考核的主要内容：一是考核下级目标及其分目标的完成程度，摸清消耗占用资源和要素的情况，测算工作效率、取得成效；二是指出存在问题、剖析产生原因，鞭策员工全力投入工作，取得更大成绩；三是提出整改建议，同时尽力为下属部门和人员创造更好的工作环境和条件。

三、目标管理应用

农业生产经营组织的目标管理主要是围绕经营目标、经营战略、经营决策、经营计划的制定和实施而展开。具体而言，就是根据农业生产经营组织的发展定位确立经营目标和任务，依据经营目标和任务结合组织的外部环境和内部条件制定经营战略，用经济人、社会人的理性和经济管理理论、方法的缜密逻辑实现经营决策的科学化，最终通过经营计划编制的具体落实和付诸实施实现组织的发展目标。

第二讲　经营目标

一、经营目标概念

经营目标，是在分析生产经营组织的外部环境和内部条件的基础上所确定的各项经济活动的发展方向和奋斗目标，是经营理念的具体化。经营理念是经营哲学、经营概念和行为规范的综合，是组织的高层乃至全体员工对组织环境，特别是顾客和消费者，以及组织使命和完成组织使命的核心竞争力等的基本认识，实际上就是经营者的理想、信念和追求，诸如顾客利益至上、科技促进社会进步、增加人民福祉、实现员工个人价值等。经营理念能否发挥作用并得以实现，必须要得到经营团队的认同且对此充满信心，并且有经营成果予以体现。

二、经营目标内容

经营目标包括经济目标和非经济目标，既有主要目标又有从属目标，它们之间相辅相成、相互促进，形成一个目标体系。通常，经营目标具体包括：

1. 经济目标

如销售收入（营业收入）、利润、成本、净现金流入、股票价值、每股红利、员工福利等。经济目标是农业生产经营组织的核心目标和主目标，决定组织的生存与发展。

2. 社会目标

如产品或服务的品种、产量、质量、产值，上缴税费，吸收就业，社会捐款，提供社会福利，生态环境保护，资源可持续利用等。社会目标反映了一个组织的追求及其社会价值和社会贡献，代表着组织对社会责任和义务的担当。

3. 发展目标

如生产和服务能力、新产品和技术研发能力、技术水平、市场开拓能力、市场占有率、市场竞争力、应对重大突发事件能力等。发展目标反映组织的可持续发展能力，体现着组织未来发展的前景。

三、现代农业生产经营目标

现代农业生产经营的目标具体体现在高产、优质、绿色、高效、特色、品牌。

高产。指单位土地面积持续生产产品的数量较多。

优质。指组织生产的农产品或提供的服务达到国家有关标准或获得相关认证。

绿色。指组织生产的农产品有毒有害物质含量符合国家有关标准，同时在生产农产品的过程中不破坏生态、不污染环境，即废弃物（"三废"、噪声、辐射）的排放达到国家有关标准。

高效。指组织生产单位或单位价值的农产品，或提供单位服务数量所消耗或占用的资源和要素、资产等较少，即投入产出率比较高、经济效益比较好。

特色。指组织生产农产品或提供的服务在品种、质量、内容、方式、价格、营销、文化等方面既符合市场需求，同时又有十分独特、个性鲜明、与众不同的异质化表现。

品牌。指组织生产的产品或提供的服务因为其品质、绿色、特色、产地、文化、年代等所得到市场和消费者的认可程度，它是能给其拥有者带来溢价、增值的无形资产，是优于竞争对手的优势，且能为目标受众提供同等或高于竞争对手的价值，具体包括功利性的价值和情感性的价值。

实践中，农业生产经营的规模化、机械化、标准化、智能化、智慧化、信息化、数字化等是实现上述目标的重要手段和路径，而现代农业生产经营目标则是农业生产经营组织实现经济目标、社会目标和发展目标的重要手段和路径。

第三讲　经营决策

一、经营决策概念

经营决策，就是组织对未来经营发展目标及实现目标的战略或手段进行最佳选择的过程。经营决策是农业生产经营组织管理全部工作的核心。经营决策正确与否，直接决定组织的生存发展和兴衰成败。经营决策主要包括产品决策、价格决策、渠道决策、促销决策、目标市场决策。按照决策在经营中的地位、重复程度、所用方法、具备条件，依次可分为战略决策、战术决策，程序性决策、非程序决策，定量决策、定性决策，确定型决策、风险型决策、不确定型决策。

二、经营决策程序

要想做到科学决策必须遵循必要的程序，避免决策的盲目性和随意性，确保取得应有的成效。经营决策的基本程序分为四步：

1. 找出问题，确定决策目标

第一，调查研究组织所面临的外部环境和内部条件，发现当前农业生产经营存在的问题，剖析原因；第二，找出本项决策问题的影响要素，摸清影响程度；第三，抓住解决问题的关键，据此确定决策目标。决策目标分为必达目标和力争目标。确立决策目标应注意：分清主次、抓主要目标；各项目标方向一致，相互配合、衔接；目标力求具体、明确、量化；理清实现决策目标的各项约束条件。

2. 收集信息，制订备选方案

围绕决策目标，采用现代技术手段，诸如计算机及其应用软件、互联网、大数据、云计算等，广泛收集相关信息资料，依托经营团队和智库，集众人智慧精心设计多种备选方案。应注意：尽可能多地拟订各种不同方案，以供分析、评价、选择；既要借鉴成功经验，又要切合自身实际，同时讲究科学、打破常规，进行必要的创新、完善、提高；大胆设想、小心求证、精心设计、详细论证，特别要考虑到各个方案的积极效果和不良影响，找出潜在问题。

3. 评价方案，选择最佳方案

一是要确定评价指标体系及其评价标准、等级，包括技术、经济、社会、生态环保等方面，能量化的尽可能量化，不能量化的要给出详细的定性说明；二是审查评价方案的数据和资料的全面性、系统性、科学性、准确性和可靠性，注意方案的可比性和差异性，尽量将不可比因素转化为可比因素，重点要做好差异对比分析；三是按照上述评价指标体系，选择科学、合适的定量和定性方法，合理确定指标的权重，从正反两面对所有的备选方案进行测算评价和对比分析，权衡利弊得失，最终选择技术先进、经济高效、社会贡献和生态环保等方面俱佳的为最佳方案或比较满意方案；四是写出所选方案的详细说明，特别是方案的技术性、经济性以及优缺点。

4. 组织实施，跟踪反馈完善

围绕选定方案迅速制定具体实施方案、保障政策和措施，之后尽快组织实施，落实到位，责任到人。在实施过程中要全程时时跟踪、检查和监督，发现问题和偏差立即查因究实，采取有效措施及时纠正。若是方案原因需要迅速调整方案，通过"决策→实施→反馈→再决策→再实施"的动态良性循环，确保决策目标顺利实现。

三、经营决策方法

1. 定性决策方法

该类方法主要是利用不同领域专家所具备的扎实的专业理论知识、丰富的实践经验和超常的鉴别能力进行经营决策，其主要应用于那些难以定量的决策和需要进行验证的定量决策。除常用的经验决策法、集体意见法、专家会议法之外，还有头脑风暴法、哥顿法、德尔菲法等。

（1）头脑风暴法。是指邀请相关领域专家开会，针对确定的决策主题，敞开心扉、畅所欲言，通过信息交流、讨论争论、思想碰撞、思维共振、相互启发，掀起头脑思考风暴，以求得集思广益、创新思维，在较短时间内提出新概念、产生新设想、获得新建议。它是专家会议法的延伸，具体操作：一是主持人提出题目和有关问题，明确具体要求，提倡发言讨论简短精练，不能宣读发言稿；二是消除与会者顾虑，创造自由发表意见而不受约束的气氛；三是每位专家围绕主题充分发表意见，既不能肯定也不能否定别人的设想、方案和意见，或对其提出怀疑和批评，也不允许私人交谈讨论；四是要认真研究任何一种设想，而不管其表面看来多么不可思议或不可行，鼓励专家对已提出的方案进行补充、完善、修正；五是由主持人及其团队对各种方案进行比较，参考专家意见选择比较理想的方案。通常与会专家有5~10名，会议时间30~60分钟。

（2）哥顿法。与头脑风暴法相似，一是由会议主持人将决策事项向与会专家做抽象和笼统介绍，然后由与会专家海阔天空地讨论解决方案，以打破旧框束缚，追求创造性思维和卓越构想；二是当会议进行到适当时机时，主持人将决策的具体问题展示给与会专家，供其深入讨论并细化方案，以便决策者受到启迪或吸收具有参考价值的意见，做到科学决策。该方法要求主持人有敏锐的洞察力，以启迪与会者的创新思维、激发众人智慧，同时会议气氛要轻松愉悦，令人思绪飞扬、想象丰富。会议时间一般为3小时左右。

（3）德尔菲法。又称专家调查法，就是采用函询方式多次反复征求多位专家的意见进行经营决策。具体步骤：一是确定决策事项，制定咨询意见表，附上背景材料和有关要求；二是选择参与专家（≤20人），分发电子邮件或微信；三是专家书面答复，提出意见及理由；四是收集专家意见，汇总分类对比，分发给专家供其参考；五是如此多轮反馈，使专家意见渐趋一致，最终整理专家意见供决策者参考决策。其特点是：专家参与，可利用专家的学识和经验；专家匿名，便于独立思考、分析判断，避免受权威左右、碍于情面而固执己见或不愿与人意见冲突等；多轮反馈，可使专家意见趋于一致。德尔菲法特别适用具有许多条件的、长远的、具有不确定性的战略决策。

2. 定量决策方法

即运用数学方法结合决策实际，建立反映多个主要影响因素及其相互关系的数学模型，利用有关数据资料和人工或计算机相关软件进行计算、求解、优化，选出最佳决策方案。定量决策法可以有效提高常规决策的时效性和准确性，是科学决策的重要标志之一，主要包括确定性决策、风险型决策、不确定性决策三种。

（1）确定性决策。是指决策者在未来发展状态及其结果均已确定的情况下，依据科学的计量方法进行的决策。常用的方法有三类：盈亏平衡分析法、差量分析法；边际分析法、微分极值法；线性规划、库存论、排队论、网络技术等。

（2）风险型决策。是指决策者在未来发展状态不能确定，但未来各种状态发生的概率及其结果均已确定的情况下，依据科学的计量方法进行的决策。风险型决策的方法很多，常用的方法有期望值法、决策树法、马尔科夫决策、效用概率决策、敏感性分析。

（3）不确定性决策。是指决策者在未来发展状态及其发生的概率均不能确定，但未来各种状态发生的结果均能确定的情况下，依据自身对未来发展的态度进行定量的决策。不确定性决策的主要方法有保守法、冒险法、乐观系数法、机会均等法、最小遗憾法。不确定性决策十分困难，因未来发展的各种状态及其发生的概率均不可知，故决策只能依靠决策者的经验和判断能力，根据其对未来发展的态度按照相应的择优原则进行。由于考虑问题的出发点不同，因而会形成不同的决策方法。

第四讲 经营计划

一、经营计划特点

经营计划是指根据组织重大经营决策特别是经营战略决策目标及其有关要求，针对实施方案所需的各种资源和要素在时间和空间上所做出的统筹安排。经营计划是组织在一定时期内全部生产经营活动的综合安排，各个部门和子公司必须服从。经营计划的主要任务是将经营目标具体化，分配完成目标所需的各种资源和要素，协调各个单位的生产经营活动，提高组织的工作效率和经济效益。经营计划包括年度计划、季度计划、月度计划、周计划。经营计划有以下特点：

1. 指向性

经营计划是实现经营目标、落实经营决策的重要手段，是指导组织各个部门、子公司和全体员工各项工作的纲领。经营计划的执行情况直接关系到企业的前途和命运，直接决定组织的生存与发展。

2. 外向性

经营计划主要是根据组织的外部环境，特别是市场供求、竞争对手等发展变化，结合内部条件而制定的，其目的就是实现组织与外部环境的动态平衡，获得良好的经济效益和社会、生态效益。

3. 综合性

经营计划包括组织的产、供、销等各个环节，以及生产、技术、市场、供应财务、后勤等各个部门，是指导组织所有生产经营活动的蓝本。

4. 激励性

经营计划在制定过程中，会反复多次征求部门和员工意见，将组织、部门、员工三者的目标和利益有机结合，形成强大的发展动力，激励着全体员工为之奋斗。

二、经营计划编制程序

1. 调查研究，摸清内部条件现状和外部环境影响

内部条件主要是自身优势劣势，诸如生产技术水平、产品质量、生产效率、生产成本、占用流动资金、市场占有率等，生产能力、研发能力、销售能力、市场开拓能力、融资能力、盈利能力、产品竞争力、品牌影响力等。外部环境主要是市场供求与价格、消费需求及其发展变化趋势、科技进步、国家政策等。

2. 统筹安排，围绕经营目标和经营决策制订实施方案

一是将经营目标逐级分解、落实到每个单位和每个员工，形成全面、系统的目标体系，通过责、权、利对等实现自我控制、目标激励；二是将经营决策选择的最佳方案按照部门的职责，结合单位实际和个人工作岗位进一步细化、优化，便于操作实施。

3. 综合平衡，根据实施方案编制好经营计划

为了按照实施方案完成既定的目标体系，应将人、财、物等要素和资源在各生产项目和各部门之间进行合理分配，实现需求与供应尽可能的平衡。平衡内容包括：①产销平衡，以需促销、以销定产、供需平衡，充分满足市场对产品品种、质量、数量、交货期等需求；②部门平衡，供、产、销等部门之间的规模、布局、进度、速度等协调平衡、比例合理；③产能平衡，生产任务与整体综合生产能力平衡，生产任务与劳力、生产资料、生产对象、资金平衡。综合平衡主要是通过编制一系列平衡表进行的，如产品产需平衡表、物资平衡表、资金平衡表、劳动力平衡表，每个平衡表主要由需要、来源、余缺、平衡措施四部分组成。

编制经营计划注意事项：一是协调性，特别是主要部门计划之间、内部条件与外部环境之间的协调；二是灵活性，即主要计划指标要留有余地，既积极又可靠、既先进又科学，并且有足够的要素资源和措施做保证，经过努力可实现，使尽力而为和量力而行相结合；三是应变性，即要根据内外环境条件变化及其趋势预测，制订不同变化条件下的应急计划，防患于未然；四是备选性，即除正常计

划之外，还要有激进计划、保守计划，以备不测；五是民主性，即注意由上至下和由下而上相结合，充分征求下属和员工意见，以利于计划顺利完成。

三、经营计划编制方法

编制经营计划主要采用滚动计划法，即按照近细远粗的原则和上述程序编制一定时期的经营计划。其中，近期计划具体详细，供具体实施，远期计划较为简略，拟准备实施。近期计划执行后，根据其执行情况和内外环境条件变化，将远期计划细化并适当调整和修订供贯彻执行，同时将计划期向前顺延一定时期并重复上述过程，从而将近期计划和中远期计划有机衔接，确保组织的经营目标和经营计划顺利实现。如年度计划可以按照季度或月度计划、五年计划可以按照年度计划分别按照滚动计划法进行编制。其优点是：衔接紧密，将远期计划和近期计划有机衔接并定期调整补充，解决了不同时期计划容易脱节的问题；顺期应变，解决了计划的相对稳定性和实际情况的多变性这一矛盾，使计划密切联系实际；产销对接，使农业生产经营活动机动灵活，完全适应市场供需和价格变化，确保实现经营目标。缺点是计划规制工作量很大，但随着计算机和相关软件和大数据的运用，这些问题将迎刃而解。

四、经营计划执行与管理

经营计划的执行与管理主要采用PDCA循环法，即按照计划（Plan）、执行（Do）、检查（Check）、处理（Act）四个阶段的顺序，周而复始地循环进行经营计划管理。

1. 计划

确定经营目标，制订经营计划（年度计划、季度计划、月度计划）。

2. 执行

实行目标管理，各部门和人员按照既定计划、措施和要求组织实施。广泛开展质量管理活动、劳动竞赛活动，确保目标值的实现和完成。

3. 检查

一是建立监控机制，全程和时时监督计划实施情况；二是对照计划、标准和要求，检查执行情况和效果（特别是关键环节），收集整理信息资料（统计报表、原始记录、实地检测等）；三是系统分析，发现问题（偏差、延时），找出原因（特别是深层原因），总结成功经验和失败教训。

4. 处理

理清责任，提出整改措施，及时高效处理问题，成功经验要模式化、标准化后加以推广，失败教训要警示教育以免重现；据此完善机制、修订制度、加强风险控制，以巩固成果、亡羊补牢。对未能解决的遗留问题要找出原因，转入下个循环解决。

PDCA 循环法的特点：一是大环套小环，互相促进，即组织的大循环和部门单位的小循环同时进行，大循环是依据、小循环是落实，相辅相成；二是循环周转，阶梯式上升，即每循环一次就解决一部分问题、取得一部分成果、工作前进一步、水平上升一个台阶；三是综合运用多种科学方法，妥善解决各种问题，总结经验教训，以便扬长避短，继续改进提高。

第五讲　农业生产经营组织认证

一、农业产业化龙头企业

农业产业化龙头企业是指以农产品加工或流通为主，通过各种利益联结机制与农户相联系，带动农户进入市场，使农产品生产、加工、销售有机结合、相互促进，在规模和经营指标上达到规定标准并经政府有关部门认定的企业。农业产业化龙头企业有国家级、省级、市级龙头企业等。这里以申报国家级农业产业化龙头企业为例。

1. 申报标准

（1）组织形式。是以农产品生产、加工或流通为主业，具有独立法人资格的企业，如公司，其他形式的国有、集体、私营企业，中外合资或合作经营、外商独资企业，农产品专业批发市场等。

（2）农产品生产、加工、流通的销售收入（交易额）占70%以上。

（3）资产规模：东部1.5亿元以上，中部1亿元以上，西部5 000万元以上；其中，固定资产规模：东部5 000万元以上，中部3 000万元以上，西部2 000万元以上。

（4）年销售收入：东部2亿元以上，中部1.3亿元以上，西部6 000万元以上。农产品专业批发市场年交易规模：东部15亿元以上，中部10亿元以上，西部8亿元以上。

（5）总资产报酬率应高于现行一年期银行贷款基准利率；资产负债率一般应低于60%；企业诚信守法经营，应按时发放工资、按时缴纳社会保险、按月计提固定资产折旧，无重大涉税违法行为，产销率达93%以上；有银行贷款的企业，近2年内不得有不良信用记录。

（6）通过合同、合作、股份合作等利益联结方式带动农户：东部4 000户以上，中部3 500户以上，西部1 500户以上。通过合同、合作和股份合作方式从农民、新型农业经营主体或自建基地直接采购的原料或购进的货物占所需原料量或所销售货物量的70%以上。

（7）产品的质量、科技含量和新产品开发能力在同行业中处于领先水平；有注册商标和品牌；产品符合国家产业政策、环保政策和绿色发展要求，并获得相关质量管理标准体系认证，近2年内没有发生产品质量安全事件。

（8）原则上是农业产业化省级重点龙头企业。

2. 申报材料

（1）资产和效益情况须经有资质的会计师事务所审定。

（2）资信情况须由其开户银行提供证明。

（3）带动农户能力和农户利益联结情况须由县以上农经管理部门提供说明，且应公示带动农户情况，接受社会监督。

（4）纳税情况须由所在地税务部门出具近3年内纳税情况证明。

（5）产品质量安全情况须由所在地农业或其他法定监管部门提供书面证明。

3. 申报程序

（1）直接向所在地省级农业产业化工作主管部门提出申请。

（2）各省级农业产业化工作主管部门对所报材料的真实性审核。

（3）各省级主管部门充分征求农业、财政、商务、人民银行、税务、证券监管、供销合作社等部门及有关商业银行对申报企业的意见，形成会议纪要，并经省级政府同意，按规定正式行文向农业农村部农业产业化办公室推荐，并附审核意见和相关材料。

二、农民专业合作社示范社

农民专业合作社是在农村家庭承包经营基础上，同类农产品的生产经营者或者同类农业生产经营服务的提供者、利用者进行自愿联合、民主管理的互助性经济组织。示范社是从当地农民专业合作社中选出相应的比较出众且能起示范带头作用，并经国家有关认证的合作社。合作社示范社有国家级、省级、市级、县级。这里以申报国家级农民专业合作示范社为例。

1. 申报标准

申报国家级示范社应遵守法律法规，原则上应是省级示范合作社，并符合以下标准：

（1）依法登记设立。一是依法登记设立且运行2年以上。二是有固定办公场所和独立银行账户。三是有经全体成员表决通过的规范的合作社章程。

（2）实行民主管理。一是成员（代表）大会、理事会、监事会等内部组织机构健全，运转有效，职责发挥充分。二是要依法设立成员代表大会，代表人数一般占10%，最低为51人。三是有完善的财务管理、社务公开、议事决策、生产经营管理等规章制度。四是每年至少召开1次成员大会，会议记录完整，且所有出席成员要在会议记录上签名；成员大会选举和表决实行一人一票制，若再附加表决权的，则附加表决权总票数不超过成员基本表决权总票数的20%。

（3）财务管理规范。一是有专（兼）职财会人员且其不得兼任监事，能按照《农民专业合作社财务会计制度》规定设置会计账簿，编制会计报表和核算。二是成员账户健全，成员的出资额、公积金量化份额、与本社交易量（额）和返还盈余等记录准确清楚，依据充分。三是可分配盈余主要按成员与本社交易量（额）比例返还，返还总额不低于可分配盈余的60%。四是财政直接补助形成的财产要平均量化到各成员账户。

（4）经济实力较强。一是成员出资额：国家级100万元以上、联合社300万元以上，省级80万元以上、联合社240万元以上，市级50万元以上、联合社150万元以上。二是固定资产额：国家级50万元以上、联合社100万元以上，省级30万元以上、联合社60万元以上，市级20万元以上、联合社40万元以上。三是年经营收入：国家级150万元以上、联合社300万元以上，省级100万元以上、联合社200万元以上，市级80万元以上、联合社150万元以上。林业合作社以近两年经营收入的平均数计算年经营收入。

（5）服务成效明显。坚持服务成员为宗旨；农民成员占80%以上，成员主要生产资料统一购买率、主要产品（服务）统一销售（提供）率达60%以上，成员收入高于本地农户平均收入10%以上。

（6）成员数量与构成。①种养业：国家级100人以上，特色农林种养可适当放宽；省级100人以上，特色种养业50人以上；市级50人以上，特色种养业20人以上。企事业单位和社团成员不超过5%。联合社：国家、省级5个以上，市级3个以上。②农机服务类，成员10人以上；年均农机服务面积：省级10 000亩（1公顷=15亩）以上、丘陵山区不少于5 000亩，市级5 000亩以上、丘陵山区不少于2 000亩。③种苗花卉、特色林果等：省级30人以上，年营业收入80万元以上；市级20人以上，年营业收入50万元以上。

（7）产品（服务）质量优。首先，应实行标准化生产（服务），有技术操作规程，建立农产品生产记录，采用信息技术手段采集、留存生产（服务）和购销记录等信息。其次，应严格执行农药使用安全间隔期、兽药休药期等相关规定，生产的农产品符合农产品质量安全强制性标准等有关要求，鼓励建立农产品质量安全追溯和食用农产品合格证等制度。

（8）社会声誉良好。一是遵纪守法，社风清明，诚实守信，示范带动作用强。二是没有发生生产（质量）安全事故和生态破坏、环境污染、损害成员利益等严重事件，没有受到行业通报批评等造成不良社会影响，无不良信用记录，未涉及非法集资等不法活动。三是按时报送年度报告并进行公示，没有被列入经营异常名录或严重违法失信企业名单。四是没有被有关部门列入黑名单。

2. 申报材料

（1）农业农村部门正式推荐文件。

（2）联席会议推荐意见材料（会议纪要、会签文件等）。

（3）营业执照、开户许可证、商标证书、质量标准认证证书等。

（4）上年度资产负债表、盈余及盈余分配表、成员权益变动表，成员花名册、成员账户及分红签字记录等资料。

（5）示范社证明文件。

3. 申报程序

（1）合作社自愿向所在县区农业农村局及其他业务主管部门提出书面申请。

（2）县区农业农村局会同其他联席会议成员单位，对申报材料审查和现场核实，并公示7个工作日。公示无异议的，以正式文件向市农业农村局推荐上报，并附推荐意见和相关材料。

（3）市农业农村局会同市本级其他联席会议成员单位对县区报送的材料组织复核，并公示7个工作日。对公示有异议的，由市农业农村局会同有关部门再次进行核实，并提出处理意见。

（4）申报市级示范性合作社的，经公示无异议的，由市联席会议成员单位联合发文公布名单，并授予"市级农民合作社示范社"称号。

（5）申报省级示范性合作社的，经公示无异议后，由市联席会议成员单位以正式文件推荐上报省联席会议办公室评定。

（6）申报国家级示范性合作社的，经公示无异议后，由市联席会议成员单位以正式文件推荐上报省联席会议办公室，由省农业农村厅按规定要求和程序推荐上报全国联席会议，进行审核评定。

三、示范家庭农场

示范家庭农场是指发展理念新、产品质量优、经营效益好、技术水平高、带动能力强，有指导和服务性，并经市场监管部门注册登记的具有示范性意义的新型农业经营主体，是在家庭农场的基础上发展而来的。家庭农场是指以农户家庭为基本经营单位、家庭成员为主要劳动力、农业收入为家庭主要收入来源，利用家庭承包土地或流转土地，从事农业规模化、集约化、商品化生产经营的新型农业经营主体。这里以申报省级示范家庭农场为例。

1. 认定程序

（1）自愿申报。对照省级示范家庭农场认定标准，由符合条件的家庭农场根据要求自愿向当地乡镇人民政府和县（市、区）农业农村局提出申报，递交申报材料。

（2）初审推荐。乡镇人民政府和县（市、区）农业农村局应组织人员进行实地核查，对申报材料的真实性进行审核，并择优推荐报上级农业农村局初审。初审通过后，由省辖市、直管县农业农村局统一报省农业农村厅，并附审核意见及相关申报材料。

（3）评审认定。省农业农村厅根据申报材料，组织相关人员进行审核确认，并通过农业信息网向社会公示。经公示无异议的，由省农业农村厅发文公布，并授予"省示范家庭农场"称号。

2. 申报条件

省级示范家庭农场，原则上从省辖市、直管县级示范家庭农场中产生，在市场监管部门注册登记时间不少于 1 年，从事专业生产 2 年以上，同时具备以下条件：

（1）主体明确。当地农村户籍或回乡在农业领域自主创业的大学生领办、创办的在市场监管部门登记注册的家庭农场，其主要从业人员为家庭成员，且不少于 2 人，相关生产管理制度齐全，实行财务核算管理。农业净收入占家庭农场总收益的 80% 以上。

（2）规模适度。经营规模与家庭成员的劳动能力相适应。经营土地的流转年限不少于 5 年，并签订规范的流转合同，流转期限内不得转包；从事粮油生产的土地面积集中连片 200 亩以上，设施蔬菜（含瓜果，下同）在 50 亩以上或露地蔬菜在 100 亩以上。种养结合型家庭农场的畜禽养殖标准为：生猪年出栏 500~5 000 头，奶牛常年存栏 50~300 头，牛年出栏 200~500 头，羊年出栏 500~3 000 只，蛋鸡常年存栏 10 000~50 000 只，肉鸡年出栏 50 000~100 000 只。家庭其他种养类按照当地县级农业部门认可的规模经营标准申请。

（3）管理规范。有固定的经营管理场所、规范的管理制度，管理职责明确，落实到位。各项管理制度全面，建立生产日志档案，按照农场各项制度和生产标准严格规范农业投入品使用，有规范的生产（初级加工）、销售记录和财会制度，能真实反映农场生产经营状况。

（4）生产标准。生产设施装备与生产规模相配套，机械化水平较高或接受较高的社会化服务。实行标准化生产，生产记录齐全，产品使用或注册品牌，质量可追溯；遵守国家产业政策和禁止行为规定，生产经营活动诚信守法。从事畜禽养殖的家庭农场须取得动物防疫条件合格证和进行畜禽养殖登记备案。拥有自主品牌和注册商标的予以优先推荐申报。

（5）效益明显。土地产出率、经济效益提升明显，家庭成员年人均纯收入高于本县（市、区）农民人均纯收入20%以上，对周边农户具有示范带动效应。

3. 申报材料

（1）省级示范家庭农场申报表。

（2）营业执照复印件。

（3）合法有效的农村土地承包经营权证明或土地流转合同（复印件）和清册。

（4）农场生产经营收支记录或财务会计报表。

（5）农场执行的生产标准及相关管理制度。

（6）农场参与或直接进行的无公害、绿色、有机认证及商标注册等证明材料。

（7）省辖市、直管县示范性家庭农场证明。

（8）其他证明材料。

4. 申报程序

（1）申请。凡是符合示范家庭农场申报条件的，可向所在村或社区提出申请，并提供家庭农场认定申请表（见附件）、土地承包或土地流转相关证明文件的复印件、家庭农场经营者资格证明和户口本复印件、家庭农场固定从业人员身份证复印件等材料完成申请。

（2）初审。由申请人所在村或者社区对申请材料进行初审，并填写初审意见提交上级审查机关。

（3）复审。所在的村工作部门或者街道办事处对申请材料进行复审，并填写复审意见提交上级审核机关。

（4）认定。所在的县（市、区）农业农村工作部门根据上报材料进行认定，对认定合格的家庭农场进行登记、建档，并颁发示范家庭农场证书。

（5）备案。所在的县（市、区）农业农村工作部门对已经认定的示范家庭农场，报市级农业农村工作部门备案。

第六讲　农业生产经营组织扶持政策

一、培育壮大新型农业经营主体政策

2022 年，农业农村部启动实施新型农业经营主体提升行动，推进由数量增长向量质并举转变，以内强素质、外强能力为重点，突出抓好农民合作社和家庭农场两类农业经营主体发展，实现经营质量效益、物资装备水平、产业支撑能力、组织服务提升小农功能稳步增强，在稳粮扩油中充分发挥作用，为全面推进乡村振兴、加快农业农村现代化提供有力的主体支撑。

1. 加快提升主体素质

广泛开展农民专业合作社财务制度和会计制度宣传培训，引导农民合作社规范财务会计管理。引导新型农业经营主体加强内部管理，完善章程制度，健全收益分配机制，提升民主管理水平。建立家庭农场统一赋码制度，探索构建"一场一码、一码通用"的管理服务机制。开发推广家庭农场"随手记"软件，引导家庭农场实现财务收支、生产销售等信息化。依托"耕耘者"振兴计划、高素质农民培育工作、农民合作社和家庭农场专题培训班，开展针对性、实操性强的新型农业经营主体负责人培训，提升农民合作社带头人和家庭农场经营管理人员的生产经营管理水平。

2. 切实增强主体竞争力

引导新型农业经营主体发展新产业新业态，支持示范社和示范家庭农场建设仓储保鲜冷链设施，改善生产条件，推动品种培优、品质提升、品牌打造和标准化生产，承担高标准农田建设等涉农项目建设和管护任务。引导以家庭农场为主要成员组建农民合作社。支持农民合作社依法自愿组建联合社。鼓励新型农业经营主体间再联合、搞联盟，统一生产标准和供货标准，统一采购农资和产品销售，以规模优势增强市场话语权。引导推动农民合作社办公司，探索延长产业链条、整合资源要素、创新组建方式、健全规范管理、加强利益联结的有效路径，推广一批成熟经验和模式。

3. 深入推进社企对接

按照优势互补、合作共赢的原则，根据新型农业经营主体发展需要，遴选更多优质企业，通过优化社企对接机制、匹配优质市场资源、跟进配套指导服务，帮助新型农业经营主体解决市场营销、品牌培育、融资保险、技术集成应用等共性难题。

4. 创新指导服务方式

加强新型农业经营主体辅导员队伍建设，以省为单位启动"千员带万社"三年行动，为新型农业经营主体提供点对点指导服务。鼓励创建新型农业经营主体服务中心，采取择优遴选、挂牌委托、购买服务、备案管理等办法，引导有意愿、有实力的企业和社会力量参与共建服务中心，提供运营指导、事务代办、交流培训、技术推广等公共服务。

5. 扎实提升县域农民合作社整体质量

扎实开展第三批农民合作社质量提升整县推进试点，提升试点县域农民合作社整体发展水平。积极推动示范社和示范家庭农场的创建。遴选推介第四批农民合作社、家庭农场典型案例。

二、加强高标准农田建设支持政策

建设高标准农田是巩固提升粮食综合生产能力、保障国家粮食安全的关键举措。

2019年以来，国家统筹推进高标准农田建设，加快各地农业基础设施建设，积极落实"藏粮于地、藏粮于技"战略。《全国高标准农田建设规划（2021—2030年）》明确，到2030年建成12亿亩高标准农田。2018年机构改革后，通过中央财政转移支付和中央预算内投资两个渠道共同支持高标准农田建设。

目前项目实施区域为全国范围内符合高标准农田建设项目立项条件的耕地，优先在"两区"和永久基本农田保护区开展高标准农田建设，优先安排干部群众积极性高、地方投入能力强的地区开展高标准农田建设，优先支持贫困地区建设高标准农田，积极支持种粮大户、家庭农场、农民合作社、农业企业等新型经营主体建设高标准农田。

项目管理按照《农田建设项目管理办法》执行，要求统一规划布局、建设标准、组织实施、验收考核、上图入库。主要建设内容包括土地平整、土壤改良、农田水利、机耕道路、农田输配电设备、防护林网等。

2023年《河南省高标准农田示范区建设指南（第三版）》规定，示范区要深入实施"藏粮于地、藏粮于技"战略，以节水优先、绿色发展为导向，以提高农业灌溉效率、提升耕地地力、改善农田生态环境为核心，按照建设标准化、装备现代化、应用智能化、经营规模化、管理规范化、环境生态化"六化"要求，集中连片建设高标准农田升级版。结合全省各地自然资源禀赋和农田基础设施条件，合理确定投资标准，全省高标准农田示范区亩均总投资一般不低于4 000元。重点区域主要在粮食生产核心区内。建设区域农田应相对集中、土地平整、水土资源禀赋较好、交通便利、无潜在地质灾害，单个项目一般不低于10 000亩。建设区域外有相对完善的、能直接为建设区提供保障的基础设施。

三、耕地地力保护补贴政策

严格落实国家关于耕地用途管制的相关规定，加大耕地使用情况的核实力度，对已作为畜牧养殖场使用的耕地、林地、草地、成片粮田转为设施农业用地的耕地、非农业征（占）用耕地等已改变用途的耕地不得再给予补贴，对抛荒1年以上的，取消次年补贴资格。

按照严格落实耕地利用优先序要求，进一步强化耕地地力保护补贴政策导向，建立健全耕地地力保护补贴发放与耕地执法监督检查联动机制，坚决遏制耕地"非农化"、基本农田"非粮化"。

按照直达资金管理要求，加强部门协作，完善政策制度，优化工作流程，规范管理方式，做好政策宣传，确保政策稳定实施。做好直达资金监控系统标准化录入表格的衔接工作，具备条件的地区做好"一卡通"系统与直达资金监控系统的对接工作。

用好直达资金监控系统，加强资金监管，逐步构建形成补贴大数据管理系统，提升补贴发放的规范性、精准性和时效性。严防补贴资金"跑冒滴漏"，对骗取、贪污、挤占、挪用或违规发放等行为，依法依规进行严肃处理。

四、保护性耕作作业补助政策

保护性耕作是以农作物秸秆覆盖还田、免（少）耕播种为主要内容的现代耕作技术，能够有效减轻土壤风蚀水蚀、增加土壤肥力和保墒抗旱能力、提高农业生态和经济效益。

2020年农业农村部、财政部联合印发了《东北黑土地保护性耕作行动计划（2020—2025年）》，在辽宁省、吉林省、黑龙江省和内蒙古自治区的赤峰市、通辽市、兴安盟、呼伦贝尔市的适宜区域，推广应用保护性耕作，以玉米生产保护性耕作为重点，促进黑土地保护和农业可持续发展。

2022年东北4省区计划实施保护性耕作8 000万亩，地方可结合实际对农业生产经营主体开展秸秆覆盖免（少）耕播种作业给予补助，所需资金从中央财政下达各省区的农业有关专项资金中安排。补助标准由各地综合考虑本辖区工作基础、技术模式、成本费用等因素确定，鼓励采取政府购买服务、"先作业后补助、先公示后兑现"的方式实施，鼓励"优质多补"，提高补贴实施效率和作业质量。

五、实际种粮农民一次性补贴政策

2022年中央财政继续对实际种粮农民发放一次性补贴。一次性补贴对象为实际种粮农民，具体包括利用自有承包地种粮的农民以及流转土地种粮的大户、家庭农场、农民合作社、农业企业等新型农业经营主体。此举措旨在适当弥补农资价格上涨增加的种粮成本支出，保障种粮农民合理收益，保护农民种粮积极性，释放支持粮食生产的积极信号，稳定市场价格预期。

具体实际种粮补贴一亩地标准由各地区结合有关情况综合确定，原则上县域内补贴标准应统一。如2021年实际种粮补贴有的地区补贴十几元一亩，而有的地区高达上百元一亩。2022年粮食直补于6月30日之前发放。根据财政部、农业农村部的要求，各地力争于 6 月 30 日前将兑现到农民手中的补贴资金发放到位，但各地发放时间不一，有的是 4 月发放，有的是 6 月发放，这与作物成熟时间有关，如四川在 4 月下旬下发，云南在 4 月中旬下发，辽宁在 9 月下旬下发，因此具体发放时间以当地官方发布的政策为准。总的来说，2022 年全国各地粮食补贴种类和标准不同，具体以当地官方发布的通知为准。

广西玉林：实施稻谷生产补贴，符合县市区申报资格条件的水稻生产者可自愿申报补贴，最高不超过 500 元 / 亩；实际种粮农民一次性补贴，符合县市区补贴条件的种粮生产者，最高不超过 200 元 / 亩；双季稻轮作补贴，项目县（市、区）选择相对连片的区域开展稻—稻—肥、稻—稻—油、稻—稻—菜、稻—稻—薯等轮作模式示范，补贴最高不超过 150 元 / 亩；大豆玉米带状复合种植补贴，项目县（市、区）选择相对连片的区域开展大豆玉米带状复合种植示范，示范种植户等补贴最高不超过 200 元 / 亩。

黑龙江：将继续实施玉米和大豆差别化补贴政策，具体金额根据补贴总量和种植面积确定，原则上标准会高于 200 元 / 亩。

山东省：明确小麦种植面积核定和补贴发放要求，补贴标准每亩不低于 134 元。

浙江金华市武义县：对种植稻麦面积 50 亩以上的粮食规模种植大户，给予 120 元 / 亩的规模种粮补贴，种植早稻增加 80 元 / 亩奖励；对水稻育供秧秧盘补贴 5 元，单季晚稻每秧盘补贴 9 元，连作晚稻每秧盘补贴 6 元；开展水稻绿色高产高效创建示范竞赛，给予获奖主体 0.5 万 ~4 万元的奖励；种植油菜 50 亩以上的种植主体，按实际种植面积给予 200 元 / 亩的补贴；垦造耕地验收后 3 年内按要求种植的，给予种植水稻的 1 500 元 / 亩、其他农作物的 600 元 / 亩、套种的 300 元 / 亩的补贴；扶持工厂化育秧、标准化粮仓、粮食深加工等重点项目，根据投资额、生产规模给予基础设施和机器设备投入补助，补助比例不超过 60%，单个项目最高补助不超过 200 万元。

河南省商丘市虞城县：2021 年耕地地力保护补贴标准为 107.48 元 / 亩。

各级财政、农业农村部门要进一步完善工作机制，明确责任分工，密切沟通协作，形成工作合力。完善管理制度，简化工作流程，加快拨付进度，不得以任何理由滞拨滞留资金。梳理资金拨付流程，建立定期调度制度，跟踪资金拨付进展情况，做好执行分析，发放情况及时上报转移支付管理平台。加强"一卡通"基础数据的维护与更新，及时向代发银行同步发送账户明细，确保补贴真正发放到实际种粮农民手中。对因基础信息有误而造成发放失败的，及时根据银行反馈数据更正信息，严禁以拨作支，在"一卡通"代发专户形成沉淀。

六、农机购置与应用补贴政策

2004年起，中央财政安排专项资金实施农机购置补贴政策。截至2021年年底，中央财政累计投入2 582亿元，扶持近4 000万农民和农业生产经营组织，购置农机具近5 000万台（套），大幅提升了农业物质技术装备水平，有力推动了我国农业机械化和农机装备产业的快速发展。

2018年12月，《国务院关于加快推进农业机械化和农机装备产业转型升级的指导意见》发布，明确要稳定实施农机购置补贴政策，最大限度发挥政策效益。

2022年中央一号文件指出，实施农机购置与应用补贴政策，优化补贴兑付方式，完善农机性能评价机制，推进补贴机具有进有出、优机优补，重点支持粮食烘干、履带式作业、玉米大豆带状复合种植、油菜籽收获等农机，推广大型复合智能农机。

2022年，农机购置与应用补贴政策在全国所有农牧业县（场）范围内实行，补贴对象为从事农业生产的个人和农业生产经营组织，实施方式为自主购机、定额补贴、先购后补、县级结算、直补到卡（户）。补贴额依据同档产品上年市场销售均价测算，一般机具测算比例不超过30%。补贴范围确定上，优先保障粮食和生猪等重要农产品生产、丘陵山区特色农业生产以及支持农业绿色发展和数字化发展所需机具的补贴需要。补贴受益信息和资金使用进度实时公开，可登录各省（区、市）农机购置与应用补贴信息公开专栏查询。各地农机购置与应用补贴申请办理服务系统和补贴申请手机APP常年开放，农民购机后可按规定随时申请补贴，也可去县级农业农村部门现场录入。补贴申请受理和资金兑付实行限时办理，整个周期最长不超过45个工作日。

七、稳生猪增牛羊政策

1. 稳定生猪生产政策

贷款方面。加快推广土地经营权、养殖圈舍、大型养殖机械和生猪活体抵押贷款；对符合授信条件但暂时经营困难的生猪养殖场（户）和屠宰加工企业，不得随意限贷、抽贷、断贷。

保险方面。保险保额继续执行能繁母猪1 500元、育肥猪800元标准，根据生产成本变动对保额进行动态调整，实现养殖场户愿保尽保；鼓励和支持有条件的地方开展并扩大生猪收入保险，开展病死猪无害化处理与保险联动机制建设试点。

环保方面。加强对畜禽养殖禁养区的动态监测，各地不得超越法律法规规定随意扩大禁养区范围，不得以行政手段对养殖场（户）实施强行清退；继续对年出栏5 000头以下的生猪养殖项目实行环评备案管理、对年出栏5 000头及以上和涉及环境敏感区的生猪养殖项目按规定实行环评审批。

补贴方面。继续在生猪养殖大县实施生猪良种补贴，对使用生猪良种精液的养殖场户给予适当补助。

养猪补贴包括：基础设施补贴。除猪场的基础设施补贴之外，目前采用现代机械化养殖的猪场，还将得到机械设备的补贴。引进良种母猪补贴。引进良种母猪每头补贴400~600元，贷款贴息50%。能繁母猪补贴。补贴标准为每头补贴50元。规模养殖补贴。实施规模养猪补贴，规模越大，补贴越大。动物防疫补贴。病害猪损失财政补贴标准为每头800元，无害化处理每头补贴标准为80元。另外，对于一些常见疾病，国家还会提供免费疫苗。其他补贴福利。比如提供绿色运输通道服务、提供非洲猪瘟防控或人工授精技术服务、提供生猪活体抵押贷款服务等。

各地养猪补贴新规定如下：

甘肃省陇南市两当县：《两当县2022年农业保险实施方案》规定，每头能繁母猪保险费用为75元。其中中央财政补贴37.5元，省级财政补贴15元，县财政补贴7.5元，农户自缴15元。

云南省：《云南省2022年生猪调出大县省级统筹部分奖励资金分配方案》规定，2022年生猪调出大县省级统筹部分奖励补贴资金为1 533万元。

河南省郑州市：《关于加快稳定生猪生产保障市场供应的通知》规定，2019年10月1日至2022年12月31日期间引进的种猪每头补贴2 000元，累计补贴3 000头。

四川省达州市：《达州市达川区2022年新增能繁母猪补贴实施方案》规定，补贴头数7 500头，补贴标准为300元/头。

2. 增加牛羊生产政策

（1）开展肉牛肉羊增量提质行动。北方11个省份，选择基础母牛存栏量较大的县，采用"先增后补、见犊补母"的方式，对饲养基础母牛、选用优秀种公牛冻精配种并扩大养殖规模的养殖场户给予适当补助。南方8个省份，选择肉牛肉羊产业发展基础较好的县域，采取"先建后补"的方式，对开展饲草种植和肉牛肉羊养殖的规模养殖场、家庭牧场或专业合作社等符合项目条件的经营主体给予补助。

（2）实施牧区良种补贴项目。内蒙古等8个主要草原牧区，对项目区内使用良种精液开展人工授精的肉牛养殖场户，以及存栏能繁母羊30只以上、牦牛能繁母牛25头以上，购买使用优良种公畜的养殖户进行适当补助，支持牧区畜牧良种推广。

（3）开展草原畜牧业转型升级试点。通过中央预算内投资，在内蒙古、四川、西藏、甘肃、青海、宁夏、新疆7省（区）和新疆生产建设兵团，选择试点项目县开展草原畜牧业转型升级试点示范，主要开展高产稳产优质饲草基地、现代化草原生态牧场或标准化规模养殖场、优良种畜和饲草种子扩繁基地、防灾减灾饲草储运体系建设，促进草原畜牧业生产经营方式根本性改变。

八、动物防疫补助政策

2022年，继续实施动物防疫补助政策。

1. 强制免疫补助政策

国家对口蹄疫、高致病性禽流感、小反刍兽疫、布鲁氏菌病、包虫病等动物疫病实施强制免疫。农业农村部印发《国家动物疫病强制免疫指导意见(2022—2025年)》，指导地方制订本辖区强制免疫计划，组织实施口蹄疫、高致病性禽流感、小反刍兽疫、布鲁氏菌病、包虫病强制免疫工作。中央财政强制免疫补助可用于动物疫病强制免疫疫苗（驱虫药物）采购、储存、注射（投喂）及免疫效果监测评价、疫病监测和净化、人员防护等相关防控工作，以及对实施和购买动物防疫服务等的补助。中央财政强制免疫补助经费切块下达各省级财政部门，各省（区、市）应根据疫苗实际招标价格、需求数量、政府购买服务数量及动物防疫工作等需求，结合中央财政安排的补助资金，据实安排省级财政补助资金。鼓励支持符合条件的养殖场（户）实行强制免疫"先打后补"。开展"先打后补"的养殖场（户）可自行选择购买国家批准的强免疫苗，地方财政部门根据兽医部门提供的养殖场（户）实际免疫数量和免疫效果，对按照规定进行免疫的养殖场（户）安排补助经费。自主采购疫苗的养殖者应当做到采购有记录、免疫可核查、效果可评价，具体条件及管理办法由各省（区、市）结合本地实际制定。对目前暂不符合条件的养殖场（户），各地继续实施疫苗集中招标采购。

2. 动物疫病强制扑杀补助政策

国家在预防、控制和扑灭动物疫病过程中，对被强制扑杀动物的所有者给予一定补助，补助经费由中央财政和地方财政按比例承担，半年结算一次。目前，纳入中央财政补助范围的强制扑杀疫病种类包括非洲猪瘟、口蹄疫、高致病性禽流感、小反刍兽疫、布鲁氏菌病、结核病、包虫病、马鼻疽和马传染性贫血病。补助标准为禽15元/羽，猪800元/头（因非洲猪瘟扑杀生猪补助标准为1 200元/头），奶牛6 000元/头，肉牛3 000元/头，羊500元/只，马12 000元/匹，其他畜禽补助测算标准参照执行。各省（区、市）可根据畜禽大小、品种等因素细化补助测算标准。

3. 养殖环节无害化处理补助政策

中央财政综合生猪养殖量、病死猪无害化处理量和专业无害化处理场集中处理量等因素，测算各省（区、市）无害化处理补助经费，包干下达各省级财政部门，主要用于养殖环节病死猪无害化处理支出。各省（区、市）细化确定补助标准，按照"谁处理、补给谁"的原则，对收集、转运、无害化处理等各环节的实施者予以补助。此外，2016年起，中央财政用于屠宰环节病害猪无害化处理的相关资金已并入中央对地方一般转移支付，屠宰环节病害猪损失和无害化处理费用由地方财政予以补贴，补贴标准由地方畜牧兽医部门会商财政部门确定。

九、加快发展农业社会化服务政策

2022年中央一号文件提出，加快发展农业社会化服务，支持农业服务公司、农民合作社、农村集体经济组织、基层供销合作社等各类主体大力发展单环节、多环节、全程生产托管服务。围绕贯彻落实党中央、国务院决策部署，农业农村部将进一步推动主体壮大、模式创新、领域拓展、资源整合、行业规范，更好地引领小农户和农业现代化发展。

1. 聚焦重点领域

重点围绕粮食和大豆油料生产，支持各类服务主体集中连片开展单环节、多环节、全程托管等服务，提高技术到位率和补贴精准性，扩大服务覆盖面，推动节本增效和农民增收。

2. 加快主体培育

按照主体多元、形式多样、服务专业、竞争充分的要求，引导支持各类服务主体发挥各自优势，进一步做大做强。

3. 创新服务机制

深入推进农业社会化服务创新试点，指导试点单位围绕试点任务，积极探索和总结试点在创新服务模式和组织形式、完善利益联结机制等方面的有效方法路径。

4. 整合服务资源

鼓励服务主体围绕农业生产主体的迫切需求，为其提供集农资供应、技术集成、农机作业、仓储物流、农产品营销等服务于一体的农业生产经营综合解决方案，探索建设联盟、协会、指导服务中心等多种类型的行业组织，破解生产主体和服务主体做不了、做不好的共性难题。

5. 规范行业发展

指导各地分行业制定服务标准和规范，推广使用示范合同文本，建立县级服务组织名录库，探索形成服务主体监管有效机制。

6. 组织典型推介

遴选、总结、推广一批农业社会化服务典型服务模式、服务标准、综合解决方案等。

7. 指导各地实施

聚焦粮食和大豆油料等重要农产品生产，聚焦关键薄弱环节和小农户，因地制宜发展多种形式的农业生产社会化服务项目。

十、推进现代种业发展支持政策

2022年，国家把种业作为农业农村现代化的重点任务和农业科技自立自强的主攻方向，围绕国家粮食安全和重要农副产品保数量、保多样、保质量的需要，遵循种业创新发展规律，破卡点、补短板、强优势，打好种业翻身仗，迈出坚实步伐。

1. 加强农业种质资源保护与利用

深入推进第三次全国农作物种质资源普查与收集行动，加快推进新收集资源的鉴定评价和整理入库等工作。启动实施第三次全国畜禽遗传资源调查，加快完成全国畜禽遗传资源面上调查以及青藏高原区域5省（区）及新疆部分地区重点调查。完成国家级地方猪品种遗传材料采集，支持畜禽遗传资源活体和遗传材料保种工作，扶持国家级畜禽遗传资源保种场（区、库）开展猪、牛、羊、家禽、蜜蜂等地方品种保护利用，带动地方特别是贫困地区发展特色畜牧业。

2. 扎实推进国家种业基地建设

加快推进国家南繁科研育种基地建设，推动配套服务区和高标准农田等政策项目落实，统筹谋划重大项目、重大政策，做好后续项目储备。深入实施现代种业提升工程，布局建设一批资源保护场（区）、育种创新基地、品种测试中心、区域性良种繁育基地。加大对制种大县的奖励，优化种业基地布局，推动优势基地和优势企业结合共建，提升制种基地建设水平。

3. 加快绿色优质新品种选育和示范推广

深入开展国家水稻、小麦、玉米、大豆四大作物和油菜、马铃薯等11种特色作物育种联合攻关，挖掘节水、节肥、抗逆等绿色性状种质和基因资源，加快培育推广肥水高效利用、适宜机械化轻简化栽培的绿色优质品种。构建展示网络，促进良种良法配套、农艺农机融合、线上线下联动，加快新一轮农作物品种更新换代。继续遴选国家畜禽核心育种场（基地、站），实施畜禽核心场测定项目，加快基因组选择等育种新技术推广应用，持续推进生猪、奶牛等6种畜禽育种联合攻关，系统开展引进品种的本土化选育，大力培育畜禽新品种，提升畜禽种业发展质量效益和竞争力。

4. 加大优势企业扶持力度

积极推动种业制种保险、信贷、税收支持等政策落实，支持现代种业发展基金发挥政策导向作用，引导企业做大做强、做专做精。深化种业"放管服"改革，优化办事流程，提供高效便捷服务。支持企业搭建科研平台和创新联合体，牵头承担科研攻关任务，建立健全商业化育种体系。

5. 推进种业服务信息化

完善种业大数据平台，优化公共服务渠道，实现简单问题大数据回答、复杂问题专家回答，为生产经营主体提供更便捷的信息服务；通过扫描标签二维码，对当前市场流通品种、生产经营者或门店相关信息进行多角度查询，实现种子质量全程追溯，让农民购种用种更加放心。

6. 做好救灾备荒种子储备管理和调用

安排储备国家救灾备荒种子，推动省级落实救灾备荒种子储备。根据救灾和生产需要，及时组织调拨发放救灾备荒种子，确保补种、改种和平抑市场需求。

十一、扶持农业产业化龙头企业政策

国家大力支持农业产业化龙头企业发展。加快培育龙头企业牵引、农民合作社和家庭农场跟进、广大农户参与的产业化联合体。2022年，农业农村部深入贯彻落实中央农村工作会议精神和中央一号文件要求,继续支持龙头企业做大做强。

1. 壮大龙头企业队伍

开展国家重点龙头企业监测,淘汰、递补一批国家重点龙头企业。推介2022年度农业产业化头部企业,发布主要品牌商标,形成典型案例模式。以国家重点龙头企业认定监测为"指挥棒",指导各地培育一批省、市、县级龙头企业,形成"四级联动"的龙头企业发展格局。

2. 培育农业产业化联合体

制定国家级农业产业化联合体建设标准,开展国家级农业产业化联合体培育建设,引导龙头企业和合作社、家庭农场、小农户共同推进品种培优、品质提升、品牌打造和标准化生产。加大对农业产业化联合体的金融支持力度,缓解联合体发展融资难题。

3. 引导龙头企业助力共同富裕

重点加大脱贫地区龙头企业培育力度,带动当地产业提档升级,促进农民农村共同富裕。结合脱贫地区重点产业、重要基地,组织发达地区龙头企业到脱贫地区考察对接,促进投资兴业、产销衔接;组织脱贫地区龙头企业到发达地区开展学习交流,开拓视野,提升能力。

十二、农产品产地冷藏保鲜设施建设支持政策

2020年中央一号文件提出启动实施农产品仓储保鲜冷链物流设施建设工程,支持家庭农场、农民合作社建设产地分拣包装、冷藏保鲜、仓储运输、初加工等设施。2022年政策如下:

重点围绕蔬菜、水果等鲜活农产品,兼顾地方优势特色品种,合理布局建设农产品产地冷藏保鲜设施,加快补齐发展短板,提高设施运营效率。

采取"先建后补、以奖代补"方式,在各省(自治区、直辖市)及新疆生产建设兵团实施,并择优支持蔬菜、水果等产业重点县开展整县推进。

依托县级及以上示范家庭农场和农民合作社示范社、已登记的农村集体经济组织实施,重点支持建设通风储藏设施、机械冷藏库、气调冷藏库,以及预

冷设施设备和其他配套设施设备，具体由主体根据实际需要确定类型和建设规模。

补助标准为不超过建设设施总造价的30%，单个主体（不含农垦农场）补贴规模最高不超过100万元，具体补贴标准由地方制定。

十三、财政支持建立完善全国农业信贷担保体系政策

全国农业信贷担保体系主要由国家农业信贷担保联盟有限责任公司、省级农业信贷担保机构和市、县级农业信贷担保机构组成。

在上下关系上，省级和市、县级农业信贷担保机构可直接开展担保业务，国家农业信贷担保联盟主要为省级农业信贷担保机构提供再担保等服务。

在运作方式上，全国各级农业信贷担保机构实行市场化运作，财政资金主要通过资本金注入、担保费补助、业务奖补等形式予以支持。

在业务范围上，农业信贷担保体系必须专注服务农业适度规模经营、专注服务新型农业经营主体，不得开展任何非农担保业务。

同时，对省级农业信贷担保公司政策性业务实行"双控"标准：要求服务范围限定为农业生产及其直接相关的产业融合发展项目，服务对象聚焦农业适度规模经营主体，单户在保余额控制在10万～300万元（生猪养殖不超过1 000万元），符合"双控"标准的政策性业务在保余额不得低于总担保余额的70%。

2020年，财政部、农业农村部等部门联合发布《关于进一步做好全国农业信贷担保工作的通知》，指导开展"双控"业务规模确认，降低担保费率至0.8%以下，脱贫地区为0.5%以下。修订下发农业担保绩效评价评分指引，将评价结果与"一奖一补"政策挂钩。

目前，除西藏、上海和深圳外，29个省、自治区、直辖市和4个计划单列市农业信贷担保公司已完成组建，并通过分公司、办事处等向基层延伸服务，加快推动担保业务开展。

2022年，按照中央的要求，进一步加强对农业信贷担保放大倍数的量化考核，充分发挥好全国农业担保体系对新型农业经营主体融资发展的支撑作用。

十四、脱贫地区特色产业持续发展支持政策

2022年，农业农村部以深入实施脱贫地区特色种养业提升行动为抓手，突出全产业链开发、龙头企业带动和联农带农机制，强化工作协调统筹、任务督促落实，推动政策持续优化、投入持续加大、要素持续集聚，切实发展壮大一批能更多带动就业的特色优势产业，为巩固拓展脱贫成果、接续推进乡村振兴提供有力支撑。

1. 做实产业规划

指导脱贫县编制好"十四五"特色产业发展规划，组织脱贫地区开展规划审查，确保规划质量。发布脱贫县"一主两辅"特色主导产业目录，引导各类资源要素集聚主导产业，打造"一县一业"。

2. 落实帮扶政策

督促各地进一步提高中央财政衔接资金用于产业发展的比重，占比不低于55%。鼓励和引导金融机构为脱贫地区新型经营主体发展产业提供信贷担保支持，加大小额信贷投放力度。支持脱贫地区开发特色产业险种。

3. 做强产业全链

制订实施《脱贫地区特色产业提升行动方案》，引导脱贫地区聚焦主导产业，围绕生产基地、农产品加工、仓储保鲜冷链物流设施、产业园区等，谋划实施一批重大工程和重点项目。引导龙头企业到脱贫地区布局加工产能，延长产业链，提升价值链，把更多的就业机会和产业链增值收益留给脱贫群众。

4. 优化服务保障

继续组织开展产业技术专家组服务，支持脱贫地区全面实施农技推广特聘计划。向国家乡村振兴重点帮扶县选派科技特派团，建立产业技术顾问制度。健全脱贫县农民教育培训体系，加快培养高素质农民和农村实用人才。持续推进农产品产销对接，推动流通企业、电商、批发市场与脱贫地区建立稳定产销关系。强化脱贫地区农产品产地仓储保鲜设施建设，实现国家乡村振兴重点帮扶县全覆盖。对脱贫地区认证绿色、有机、地理标志农产品实行优先办理并减免费用。加大脱贫地区农业品牌公益宣传，聚焦国家乡村振兴重点帮扶县开展

农业品牌一对一帮扶。

5. 打造典型样板

选择产业基础好、发展潜力大、联农带农效果明显的脱贫地区，整县或整市创建一批特色产业高质量发展引领区。国家现代农业产业园创建认定、优势特色产业集群和农业产业强镇等项目向引领区倾斜，示范带动全国脱贫地区特色产业发展。

十五、农产品初加工用电优惠政策

农产品初加工用电依法享受农业生产用电价格优惠政策，根据《国家发展改革委关于调整销售电价分类结构有关问题的通知》，对各种农产品（包括天然橡胶、纺织纤维原料）进行脱水、凝固、去籽、净化、分类、晒干、剥皮、初烤、沤软或大批包装以提供初级市场的用电，属于农产品初加工用电，按规定执行农业生产用电价格，约 0.5 元/千瓦时；而直接以农、林、牧、渔产品为原料进行的谷物磨制、饲料加工、植物油和制糖加工、屠宰及肉类加工、水产品加工以及蔬菜、水果、坚果等食品的加工用电，属于农副食品加工业用电，按规定执行工商业及其他用电价格，即 0.8~1.0 元/千瓦时。下一步，农业农村部将加强与有关部门的沟通协调，推动适时修订农产品初加工用电范围，指导各地认真贯彻执行农产品初加工享受农业生产用电政策。

第三章
农业生产的组织与管理

第一讲　农业生产的组织

一、农业用地的"三权分置"

1. 农业用地"三权分置"的内涵及意义

农业用地是农村土地的重要组成部分，是指直接或间接为农业生产所利用的土地，简称农用地。它包括耕地、园地、林地、牧草地、养殖水面、坑塘水面、农田水利设施用地，以及田间道路和其他一切农业生产性建筑物占用的土地等。这里的农业用地，是指除林地、草地以外的，农民集体所有和国家所有的，依法由农民集体使用的耕地和其他用于农业的土地。

"三权分置"是指农村土地的集体所有权、农户承包权、土地经营权这"三权"分置并行。其性质是现阶段深化农村土地制度改革，顺应农民保留土地承包权、流转土地经营权的意愿，着力推进农业现代化，继家庭联产承包责任制后农村改革的又一重大制度创新，是农村基本经营制度的自我完善。其重大意义体现在："三权分置"符合生产关系适应生产力发展的客观规律，展现了农村基本经营制度的持久活力，有利于明晰土地产权关系，更好地维护农民集体、承包农户、经营主体的权益；有利于促进土地资源优化配置和合理利用，构建新型农业经营体系，培育新型经营主体发展多种形式适度规模经营，提高土地产出率、劳动生产率和资源利用率，推动现代农业发展和农业供给侧结构性改革，增加农民收入。

2. 农业用地"三权分置"的基本原则

（1）坚持农民主体地位，维护农民合法权益，尊重农民意愿，把农地承包权、经营权的选择权交给农民，发挥其主动性和创造性，加强示范引导，不搞强迫命令、不搞一刀切。

（2）坚持和完善农村基本经营制度，坚持农村土地集体所有，坚持家庭经营基础性地位，坚持稳定土地承包关系。农村土地制度改革不能改垮农村土地集体所有制，不能改少耕地，不能改弱粮食生产能力，不能损害农民利益。

（3）坚持循序渐进，坚持因地制宜。一方面要充分认识农村土地制度改革的长期性和复杂性，保持足够的耐心，审慎稳妥推进改革，由点及面开展，不操之过急，逐步将实践经验上升为制度安排；另一方面要充分考虑各地资源禀赋和经济社会发展差异，鼓励进行符合实际的实践探索和制度创新，总结形成适合不同地区的"三权分置"具体路径和办法。

3. 农业用地"三权分置"的关系

农业用地的集体所有权是农户土地承包权的前提，农户享有土地承包经营权是土地集体所有的具体实现形式，在土地流转中，农户承包经营权派生出土地经营权。农民集体如农村集体经济组织、村民小组可以依法依规行使集体所有权，监督承包农户和经营主体规范利用土地。在理论和实践中，需要不断探索和逐步完善"三权"关系，特别是理清农民集体和承包农户在承包土地上、承包农户和经营主体在土地流转中的权利边界及相互权利关系等问题，为科学合理实施"三权"提供有力支撑。

4. 完善农业用地"三权分置"的具体路径和办法

（1）始终坚持农村土地农民集体所有。这是农村基本经营制度的根本，必须得到充分体现和保障，不能虚置。农民集体是农村土地集体所有权的权利主体，是农村土地集体所有权人对集体土地依法享有占有、使用、收益和处分的权利。完善"三权"，就是要充分维护农民集体对承包地发包、调整、监督、收回等各项权能，发挥土地集体所有的优势和作用。农民集体有权依法发包集体土地，任何组织和个人不得非法干预；有权因自然灾害严重毁损等特殊情形依法调整承包地；有权对承包农户和经营主体使用承包地进行监督，并采取措施防止和纠正长期抛荒、毁损土地、非法改变土地用途等行为。承包农户转让土地承包权的，应在本集体经济组织内进行，并经农民集体同意；流转土地经营权的，须向农民集体书面备案。通过建立健全集体经济组织民主议事机制，切实保障集体成员的知情权、决策权、监督权，确保农民集体有效行使集体土地所有权，防止少数人私相授受、谋取私利。

（2）严格保护农户承包权。农户享有土地承包权是农村基本经营制度的基础，要稳定现有土地承包关系并保持长久不变。土地承包权人对承包土地依法享有占有、使用和收益的权利。农村集体土地由作为本集体经济组织成员的农民家庭承包，不论经营权如何流转，集体土地承包权都属于农民家庭。任何组织和个人都不能取代农民家庭的土地承包地位，都不能非法剥夺和限制农户的土地承包权。完善"三权"要充分维护承包农户使用、流转、抵押、退出承包地等各项权能。承包农户有权占有、使用承包地，依法依规建设必要的农业生产、附属、配套设施，自主组织生产经营和处置产品并获得收益；有权通过转让、互换、出租（转包）、入股或其他方式流转承包地并获得收益，任何组织和个人不得强迫或限制其流转土地；有权依法依规就承包土地经营权设定抵押、自愿有偿退出承包地，具备条件的可以因保护承包地而获得相关补贴。承包土地被征收的，承包农户有权依法获得相应补偿，符合条件的有权获得社会保障费用等。不得违法调整农户承包地，不得以退出土地承包权作为农民进城落户的条件。

（3）加快放活土地经营权。赋予经营主体更有保障的土地经营权，是完善农村基本经营制度的关键。土地经营权人即受让方对流转土地依法享有在一定期限内占有、耕作并取得相应收益的权利。在依法保护集体所有权和农户承包权的前提下，平等保护经营主体依流转合同取得的土地经营权，保障其有稳定的经营预期。完善"三权"要依法维护经营主体从事农业生产所需的各项权利，使土地资源得到更有效合理的利用。经营主体有权使用流转土地自主从事农业生产经营并获得相应收益，经承包农户同意，可依法依规改良土壤、提升地力，建设农业生产、附属、配套设施，并依照流转合同约定获得合理补偿；有权在流转合同到期后按照同等条件优先续租承包土地。经营主体再流转土地经营权或依法依规设定抵押，须经承包农户或其委托代理人书面同意，并向农民集体书面备案。流转土地被征收的，地上附着物及青苗补偿费应按照流转合同约定确定其归属。承包农户流转出土地经营权的，不应妨碍经营主体行使合法权利。加强对土地经营权的保护，引导土地经营权流向种田能手和新型经营主体。支持新型经营主体提升地力、改善农业生产条件、依法依规开展土地经营权抵押融资。鼓励采用土地股份合作、土地托管、代耕代种等多种经营方式，探索更多放活土地经营权的有效途径。

总之，实施"三权分置"的重点是放活土地经营权，核心要义就是明晰赋予经营权应有的法律地位和权能。只有加快放活土地经营权，赋予新的经营主体在流转土地上享有占有、耕作并取得相应收益的权利，才能稳定经营预期，使其放心投入、培肥地力、完善农业基础设施，大力推动现代农业的发展。在土地经营权的流转过程中，只有通过完备合同等方式理清承包农户、新型经营主体双方在承包地上的权利，并予以严格的法律保护，才能有效避免和化解流转中产生的纠纷，确保农业健康发展和农村社会稳定。在农民退出承包地的问题上，现在只有少部分农民有此意愿。进城农民退出承包地，要有足够长的历史过程以及足够的耐心。

二、农业用地经营权流转

农业用地经营权流转是指在承包方与发包方承包关系保持不变的前提下，承包方依法在一定期限内将土地经营权部分或者全部交由他人自主开展农业生产经营的行为。这里，农村集体经济组织为发包方，农村集体经济组织成员的农户为土地承包方。

土地经营权流转收益归承包方所有，任何组织和个人不得擅自截留、扣缴。受让方即土地经营权人，有权在土地经营权流转合同约定的期限内占有农村土地，自主开展农业生产经营并取得收益。

农业用地经营权流转应遵循五个原则：一是依法、自愿、有偿，任何组织和个人不得强迫或者阻碍承包方流转土地经营权；二是不得损害农村集体经济组织和利害关系人的合法权益，不得破坏农业综合生产能力和农业生态环境，不得改变承包土地的所有权性质及其农业用途，确保农地农用，优先用于粮食生产，制止耕地"非农化"、防止耕地"非粮化"；三是流转期限不得超过承包期的剩余期限；四是坚持因地制宜、循序渐进，把握好流转、集中、规模经营的度，流转规模应当与城镇化进程和农村劳动力转移规模、农业科技进步和生产手段改进程度、农业社会化服务水平相适应；五是建立和完善多种形式的土地经营权流转风险防范和保障机制。

农业用地经营权流转，旨在促进农村土地资源优化配置，开展规模化、集约化、现代化的农业生产经营，提高土地利用率、产出率和可持续利用率，促进农业增效、农民增收，加快农业农村现代化进程。

1. 农业用地经营权流转方式

（1）出租（转包）。是指承包方将部分或者全部土地经营权，以一定期限租赁给他人从事农业生产经营活动。

（2）入股。是指承包方将部分或者全部土地经营权作价出资，成为公司、合作经济组织等股东或者成员，并用于农业生产经营。承包方也可以采取优先股等方式以降低风险。公司解散时入股土地应当退回原承包方。

承包方依法将土地经营权流转后，其与发包方的承包关系不变，双方享有的权利和承担的义务不变。

2. 农业用地经营权流转合同

承包方流转土地经营权，应当与受让方在协商一致的基础上签订书面流转合同，并向发包方备案。承包方将土地交由他人代耕不超过一年的，可以不签订书面合同。承包方委托发包方、中介组织或者他人流转土地经营权的，流转合同应当由承包方或者其书面委托的受托人签订。

土地经营权流转合同示范文本由农业农村部制定，一般包括以下内容：双方的姓名或者名称、住所、联系方式等；流转土地的名称、"四至"、面积、质量等级、土地类型、地块代码等；流转的期限和起止日期；是流转方式；流转土地的用途；双方当事人的权利和义务；流转价款或者股份分红，以及支付方式和支付时间；合同到期后地上附着物及相关设施的处理；土地被依法征收、征用、占用时有关补偿费的归属；违约责任。

承包方不得单方面解除土地经营权流转合同，但受让方有下列情形之一的除外：一是擅自改变土地的农业用途；二是弃耕抛荒连续两年以上；三是给土地造成严重损害或者严重破坏土地生态环境；四是其他严重违约行为。有以上情形的，承包方在合理期限内不解除土地经营权流转合同的，发包方有权要求终止土地经营权流转合同。受让方对土地和土地生态环境造成的损害应当依法予以赔偿。

3. 农业用地经营权流转程序

（1）双方提出申请。是指土地流出方向村委会或村民小组提出土地流出申请，填写土地经营权流转申请表，由村土地流转信息员提交乡镇（街道）土地流转交易服务中心。土地流入方向乡镇（街道）土地流转交易服务中心提出土地流入申请，填写土地经营权流转申请表，由乡镇（街道）土地流转交易服务中心向县市（区）土地流转交易服务中心备案。

（2）评估审核登记。村民小组或村委会按照"属地核实"原则，对流出方的土地情况进行审核，并办理同意等相关手续后登记。乡镇（街道）土地流转交易服务中心会同村民小组或村委会，对土地流入方的经营能力和经营项目进行评估、审核后登记。

（3）评估流转价格。土地经营权流转价格由土地流转双方当事人协商确定，或委托乡镇（街道）土地流转交易服务中心组织有关人员评估作为参考。流转面积较大的可由县市（区）土地流转交易服务中心组织专家进行评估。

（4）信息公开发布。乡镇（街道）土地流转交易服务中心，将本次土地流转情况、土地流转价格评估结果及其双方提供的信息，公开发布在交易服务中心。

（5）双方自愿协商。县、乡土地流转交易服务中心作为管理和服务机构，约请土地流转双方当事人会面，依法协助双方自愿平等协商、当面洽谈土地流转价格、期限等相关事宜。

（6）签订流转合同。土地流转双方自愿协商一致、达成流转意向后，按照程序签订统一文本格式的土地流转合同。

（7）登记正式生效。土地流转合同一式五份，经乡镇（街道）土地流转交易服务中心登记后正式生效。

4. 农业用地承包经营权流转管理

（1）发包方对承包方流转土地经营权、受让方再流转土地经营权以及承包方、受让方利用土地经营权融资担保的，应当办理备案，并报告乡（镇）政府农村土地承包管理部门。

（2）乡（镇）政府农村土地承包管理部门，应依法开展土地经营权流转的指导和管理工作，为达成流转意向的双方提供文本格式统一的流转合同，并指导签订；发现流转合同中有违反法律法规的，及时予以纠正；建立土地经营权流转台账，及时准确记载流转情况；对土地经营权流转有关文件、资料及流转合同等进行归档并妥善保管。

（3）县级以上政府农业农村主管（农村经营管理）部门，应鼓励各地建立土地经营权流转市场或者农村产权交易市场，加强业务指导，建立健全运行规则，规范开展土地经营权流转政策咨询、信息发布、合同签订、交易鉴证、权益评估、融资担保、档案管理等服务；按照统一标准和技术规范建立国家、省、市、县等互联互通的农村土地承包信息应用平台，健全土地经营权流转合同网签制度，提升土地经营权流转规范化、信息化管理水平；加强对乡（镇）人民政府农村土地承包管理部门工作的指导；加强服务，鼓励受让方发展粮食生产；鼓励和引导工商企业等社会资本发展适合企业化经营的现代种养业；根据自然经济条件、农村劳动力转移情况、农业机械化水平等因素，引导受让方发展适度规模经营，防止垒大户。

5. 工商等社会资本流转土地经营权管理

（1）建立分级资格审查和项目审核制度。县级以上政府依法对工商企业等社会资本流转土地经营权的分级资格审查和项目审核程序：一是受让主体与承包方就流转面积、期限、价款等进行协商并签订流转意向协议书。涉及未承包到户集体土地等集体资源的，应当按照法定程序经本集体经济组织成员的村民会议三分之二以上成员或者三分之二以上村民代表的同意，并与集体经济组织签订流转意向协议书。二是受让主体按照分级审查审核规定，分别向乡（镇）政府或者县级以上政府主管部门提出申请，并提交流转意向协议书、农业经营能力或者资质证明、流转项目规划等相关材料。三是县级以上政府或者乡（镇）政府应当依法组织相关职能部门、农村集体经济组织代表、农民代表、专家等，就土地用途、受让主体农业经营能力以及经营项目是否符合粮食生产等产业规划等进行审查审核，并于受理之日起 20 个工作日内作出审查审核意见。四是审查审核通过的，受让主体与承包方签订土地经营权流转合同。未按规定提交审查审核申请或者审查审核未通过的，不得开展土地经营权流转活动。

（2）建立土地经营权流转的风险防范制度。县级以上政府依法建立工商企业等社会资本通过流转取得土地经营权的风险防范制度，加强事中事后监管，及时查处纠正违法违规行为。鼓励承包方和受让方在土地经营权流转市场或者农村产权交易市场公开交易。对整村（组）土地经营权流转面积较大、涉及农户较多、经营风险较高的项目，流转双方可以协商设立风险保障金。鼓励保险机构为土地经营权流转提供流转履约保证保险等多种形式保险服务。

（3）管理费用。农村集体经济组织为工商企业等社会资本流转土地经营权提供服务的，可以收取适量管理费用，收取金额和方式应当由农村集体经济组织、承包方和工商企业等社会资本三方协商确定。管理费用应当纳入农村集体经济组织会计核算和财务管理，主要用于农田基本建设或者其他公益性支出。

6. 农业用地经营权流转纠纷处理

土地经营权流转发生争议或者纠纷的，当事人可以在自愿互谅的基础上，依据法律法规规定和合同约定协商解决，也可以请求村民委员会、乡镇政府等进行调解。当事人不愿意协商、调解或者协商、调解不成的，可以向农村土地承包仲裁机构申请仲裁，也可以直接向人民法院提起诉讼。

三、农业生产基地选址与布局

1. 农业生产基地选址

（1）种植业生产基地选址。以绿色食品为例，其产品或产品原料产地必须符合《绿色食品 产地环境质量》（NY/T 391—2021）。产地的生态环境主要包括大气、水、土壤等因素。绿色食品生产基地应选择在无污染和生态条件良好的地区，应远离工矿区和公路铁路干线，避开工业和城市污染源的影响，同时应具有可持续的生产能力。

①空气质量。要求产地周围不得有大气污染源，特别是上风口没有污染源；不得有有害气体排放，生产生活用的燃煤锅炉需要安装除尘除硫装置。大气质量符合绿色食品大气环境质量标准。

②水环境质量。产地应选择在地表水、地下水水质清洁无污染的地区；水域、水域上游没有对该产地构成威胁的污染源；生产用水质量如农田灌溉用水、畜禽养殖用水、渔业用水均要符合绿色食品水质环境质量标准。

③土壤质量。要求产地土壤元素位于背景值正常区域，周围没有金属或非金属矿山，并且没有农药残留污染，同时要求有较高的土壤肥力。土壤质量包括土壤中各项污染物的含量、土壤肥力等均要符合绿色食品土壤质量标准。

除上述条件之外，基地选址还要考虑地理位置、距离主要市场距离，当地极端天气、海拔，产业发展基础、农民种植习惯、熟练劳动力供应、劳动力薪酬水平，地方政府积极性、当地产业优惠政策、农民积极性、土地是否连片、平坦，土地流转情况、土地租金水平，交通条件、农田基本设施，如水利设施、灌排水条件、农田道路、林网等。

（2）养殖业的选址。以养猪场为例，场址选择要求：一是要距离人群聚集区、其他畜禽生产区和环保敏感区500米以上；距离肉联厂、屠宰场、化工厂等污染源3千米以上；距离交通要道不少于1千米；距离其他养殖场2千米以上。二是禁止在生活饮用水水源保护区、风景名胜区、自然保护区建设猪场。三是场址要地势较高、背风向阳、干燥平坦或缓坡（坡度应小于25度，且有足够的符合上述条件的建场面积）。四是要具有便利的运输条件和充足的水源、良好的水质，可按种猪日耗水量50千克、肥猪日耗水量40千克计算。五是具有足够的电力和其他能源的供给，自备变压器可按年出栏1万头猪配备50千瓦容量的变压器计算，并配备发电机，以供停电或电力紧张时使用。六是周围有足够的农田、鱼塘、果园或林地等，以利农牧和种养结合，消纳养殖粪便、废水或沼渣沼液，保持生态平衡。

2. 农业生产基地的布局

（1）种植业的生产基地布局。例如，以种植业为主的田园综合体，总体要求是以"村庄美、产业兴、农民富、环境优"为目标，围绕农业增效、农民增收、农村增绿，支持试点乡村加强基础设施、产业支撑、公共服务、环境风貌建设，实现农村农业生产生活生态"三生同步"、一二三产业"三产融合"、宜业宜居宜游"三位一体"，积极探索推进农村经济社会全面发展的新模式、新业态、新路径、新动能，逐步建成以农民专业合作社、农业企业为主要载体，让农民充分参与和受益，融现代农业、文化创意、旅游观光、休闲娱乐、养生度假、地产开发、美丽乡村建设等于一体，完全能可持续发展的田园综合体。其主要功能区一般包括农业产业区、旅游观光区、休闲娱乐区、文化创意区、度假康养区、综合服务区、生活宜居区。

①农业产业区。通过名优珍稀特色现代农业及其加工，生产绿色健康高效农产品，开拓中高端市场实现农业高效；开展相应的农业科技示范、科普教育、生态循环等展示和参与项目，使游人了解农业生产过程，体验农事生产乐趣，接受现代农业教育。

②旅游观光区。依托观赏型农田果园、采摘果园茶园、苗木花卉、湿地生态、人文景观等，通过现场亲近、亲手采摘吸引游客感受田园风光，体会农业魅力。

③休闲娱乐区。通过制作微型气候农业、农家庄园、传统木屋、乡村特色商街、主题演艺广场等，举行农事娱乐、游憩垂钓、篝火晚会、绿地露营等活动，以增加休闲空间，吸引游人体验乡村风情。

④文化创意区。通过农业文化创意、田园景观、观赏农田、珍稀苗木、名贵花海、湿地水际、风光水系等主题观光项目，展示农业生态文明，使游人感受田园风光，体会农业魅力；通过生态农业示范、农事活动体验、农业科普教育、手工艺品制作、绿色生态产品展示，展示农耕文明，丰富产业文化内涵，同时引导游客了解农业生产，享受农事乐趣，满足客源多样化需求。

⑤度假康养区。通过农家风情建筑，如庄园别墅、木屋亭廊、传统民居、乡风活动场所、开心农场、农家乐餐饮住宿等，游人能够进入具有农村特色的生活空间，体验乡村风情活动，享受休闲农业带来的乐趣。

⑥综合服务区。为田园综合体的经营管理以及各个功能区的正常运行提供金融、商贸、物流等生产性服务和购物、医疗、教育等生活性服务。

⑦生活宜居区。通过地方特色民居改造提升建设实现农村宜居安居；通过产业融合协同发展，结合房屋租赁、地产开发，吸纳农村及城镇人员就业乐业，形成人口相对集中、极具乡村风光、环境绿化美化、人际关系和谐的生活宜居

区。无论改建、新建，都要按照村落肌理、附着社区管理和公共服务精心打造，注重功能多样搭配、规模协调配套、空间错落有致、风格特色鲜明，既符合自然生态的休闲旅游和养生度假，又服务于当地的产业和居民需求。

（2）养殖业的生产基地布局。以奶牛场为例，各功能区布局如下：

①生活管理区。与生活、管理有关的建筑物，应在生产区上风处和地势较高地段，并与生产区严格分开。

②辅助生产区。水电热供、维修、草料库等设施，要紧靠生产区布置；干草库、饲料库、饲料加工调制车间、青贮窖应设在生产区边沿、下风、地势较高处。

③生产区。牛舍、挤奶厅、人工授精室等生产性建筑，应设在场区的下风位置，入口处设人员消毒室、更衣室和车辆消毒池；奶牛舍要合理布局，能满足奶牛分阶段（生长发育阶段）和分群饲养（按母牛泌乳期、泌乳量等）要求；泌乳牛舍应靠近挤奶厅，各牛舍之间要保持适当的距离，布局整齐，以便防疫和防火。若拴系饲养，则有固定牛床及拴系设施，平时奶牛在舍外运动场自由运动，但不能自由进出牛舍，而采食、刷拭和挤奶均在舍内进行；若散栏饲养，则按奶牛的自然和生理需要，不拴系，无固定床位，使奶牛自由采食、饮水、运动。

④粪污处理、病畜隔离区。兽医室、隔离舍、病死牛处理及粪便有机肥、粪污水沼气化处理与储存设施，应设在生产区外围下风地势低处。粪尿污水处理、病畜隔离区应有单独通道，便于病牛隔离、消毒和污物处理。

四、农用生产资料的采购与库存管理

1. 农用生产资料采购

（1）采购方式主要有以下九种。

①招标采购。适合《中华人民共和国招标投标法》中规定的强制招标项目，国有企业内部规定的一些大型仪器、设备、软件、大宗物资，所需数量较多、金额很大的农资，如化肥、农药、饲料、兽药、疫苗、种苗、种子、农机装备、智能仪器设备等。其包括两种：一是公开招标，即招投标管理部门以招标公告的

形式邀请不特定的潜在投标人投标,从而完成招标采购项目。通常用于公司系统的招标活动,其要求采购需求明确,采购标具有竞争条件,采购时间允许,采购成本合理。二是邀请招标,即以邀请书的形式邀请特定的投标人投标,从而完成招标采购项目。适用范围是:采购标的技术复杂,或有特殊要求、受自然环境限制,或专门性很强,且只有少数潜在投标人可供选择;采用公开招标的费用占比过大。

招标采购的优点是便于实现预算目标,规范采购行为和供应商履约行为。缺点是手续烦琐,采购周期长,管理费用高,供应商之间容易串通投标;供应商低价中标后偷工减料,以次充好;采购程序较为复杂,应变性较差。

公开招标两次流标,投标人均不足3个的,经审批,可以进行非招标方式采购。

②竞争性谈判采购。是指采购方向两个及其以上质量和服务相近,且符合资格条件的供应商发出竞争性谈判采购文件,供应商按照采购文件要求提交响应文件和最终报价,评审小组根据上述文件对供应商进行评分,并结合项目预算与供应商就采购标的进行商务谈判,最终确定成交供应商、成交价格以及其他技术、商务条件。其适用于采购需求明确且具备一定竞争条件的金额较高、技术复杂度高的农资采购。竞争性谈判采购的优点:一是可进行多轮商务报价,让供应商进行充分竞争,达到降价目的,最大限度提高采购资金使用效益。二是不存在资格预审、招标公示等必经程序,可大大缩短采购周期,提高采购效率,故对季节性或时效性强的采购项目尤为适用。缺点是没有严格规定程序,不如招标采购公开透明,易人为操纵,结果公正性易被质疑;同时,谈判人员能力对谈判结果影响较大。

③比价采购。包括:询价采购,即采购方根据采购标的特点和要求,从符合资格条件的供应商中选定3个或3个以上作为询价对象,发出询价采购邀请函并提供采购文件让其应答和报价,允许供应商按既定规则一次或多次报价。之后,评审小组根据应答文件、最后报价进行评审比较,按照评价最优规则推荐成交供应商、成交价格、其他技术、商务条件,适用于需求明确、货源充足、价格稳定或价格形成机制明确、预计采购数量较少、金额较低的农资采购;封

闭式比价采购，即采购方向符合资格条件的供应商发出封闭式比价邀请，供应商按照要求提交密封响应文件和最终报价，采购方确认供应商响应文件满足需求后，选择报价最低的供应商为成交供应商，适用于需求明确、货源充足、价格稳定或价格形成机制明确、预计采购金额较高、货架产品、标准服务或技术复杂度低的定制采购。

比价采购的优点是组织灵活，采购批次多，容易形成一个竞争市场，可长期吸引供应商积极参加，不断得到较好的价格和服务，采购效果比较理想；缺点是采购频繁，工作量较大，文件简单，权利义务规定不明确，易产生纠纷。

④竞争磋商采购。是指采购方与符合条件的供应商进行讨论对话、谈判磋商，完善、确定采购文件和合同条款；采购方依据磋商小组评审后提交的磋商报告和谈判顺序，与供应商依次进行商务谈判，最先达成协议即为成交供应商。适用于采购需求模糊或需要征求供应商意见的复杂物资。竞争磋商采购的优点是通过双方磋商可最大限度满足采购需求，购置到称心如意的农资；缺点是无限制的独家谈判，易造成供应商在前几轮报价中虚报价格，其竞争性、透明度、评判程序主观性等方面均存在潜在缺陷。

⑤合作谈判采购。是指采购方通过谈判同供应商签订合同并建立战略合作伙伴关系。适用于采购需求明确但不具备招标条件的长期稳定供应的战略物资、瓶颈物资、重要原材料等。其优点是可节约时间和管理费用，减少失误，增加弹性，发展互惠关系；缺点是无法取得最新市场资讯，易滋生徇私舞弊现象，不利于技术比较和技术改进。

⑥直接采购。一是单源直接采购，是指在卖方市场的条件下，采购方就某一采购标的与单一供应商进行洽谈，确定成交价及其他技术、商务条件。适用范围：采购标的只有唯一供应商，或采用其他采购方式只有唯一供应商；或某供应商拥有与采购物资相关的专属权，不存在其他合理选择或替代物，也不可能使用其他任何采购方式；需要向前中标人购买设备或服务，否则将影响设备正常使用。采购行为属于添购，是在原有基础上增加或改进，而非重新购买；发生紧急情况，不能或来不及从其他供应商处采购。二是多源直接采购，是指在不具备竞争要素的买方市场条件下，向多家供应商征求建议或报价进行采购。

适用于生产需要，有多家供应商可提供且不符合招标或其他竞争条件，采购方进行价格要约，多家供应商承诺并签订合同的采购。其优点是操作简单，采购时效性高；缺点是由于没有竞争性，卖方处于强势地位，易增加采购成本，在谈判中容易滋生索贿受贿现象。

⑦集中采购。是指建立专门的采购机构，统一组织所需农资采购。适用于一些大宗的、通用性的物资。其优点是整合企业分散采购资源，发挥规模采购优势，获得更加优惠价格，还可避免同类产品重复采购，减少采购频率，降低采购成本，提高采购效率；缺点是有时会购销脱节，反应速度慢，供货时间长，不利于生产急需；如果没有有效的信息化管理平台支持，还会出现差错，降低采购效率。

⑧分散采购。其实质是自行组织采购，适用于批量小或单件物品、价值不高、资金占用少、对生产影响小、易于当地采购的物资。其优点是对市场变化反应迅速灵敏，供应及时，有利于采购各环节的协调配合；缺点是各自为政，易出现重复交叉采购，没有统一的采购定价，易出现采购价格过高或腐败现象。其具体方式：一是小额零星授权采购，适合临时需求，或需求突然变化，或个别零星、特殊采购需求，且单次金额较小、在规定金额以内的农资。但量少、不急需的农资尽量凑少成多集中采购。二是超市化采购，即对一些价格低、规格多、品种多、经常使用、数量不好准确预测，且依法不需要招标，市场供应充足，供应主体多的保养维修材料、办公用品、重点低耗品等，可利用电子商务平台进行网上超市化采购、快递供货。三是紧急物资采购，因突发事故、抢险救灾等需要的紧急采购，应遵循"及时响应，简化流程，保障供应"原则，依据管理权限，由物资管理部门核准后，由各单位自行采购并将采购结果上报备案。

⑨框架协议采购。针对重复性采购，双方分阶段缔约和履约，严格按照签订的框架、协议规定的供货目录和规格、价格、售后服务等进行同配同价、定点采购和管理。适用于因市场竞争激烈，需求频度高或重复出现，但随机性强且数量不定、响应时间短、技术标准统一，能形成需求规模，且需要一定数量的库存为需求支撑的农资；也适用于需求来源广、采购对象多样、采购标准抽象、难以准确评价、服务商水平参差不齐、地域限制明显等农资采购。其优点

是工作量较少，采购效率较高；缺点是市场竞争力差，不易控制价格和浮动，供应商易受利益驱动，一旦中标，就不再争取好的价格和服务，仅仅停留在招标时的水平。

（2）注意事项：一是了解市场行情，如生产供应商、产品价格、供货方式、售后服务、付款方式及其优惠政策等，尽可能货比三家。二是选择正规渠道和好的供应商，建立供应商资源库，对供应商进行综合评估、分类，实行动态分级管理，定期进行合格评定、奖励优秀、优胜劣汰。三是注意农资质量安全，如保质期、适用范围、使用技术、操作规程，尽可能选购符合国家标准和行业标准的产品，并进行索证、验证，如生产许可证、产品注册证、产品合格证、卫生许可证等；同时还要考虑产品的工作效率、使用成本、使用寿命、提高农资采购和使用的经济效益。四是注意农资配送、运输，选择可靠的物流公司和运输方式，确保农资及时到达和安全运输。五是聘请和组建采购咨询专家委员会，开展采购项目的需求论证和评审，确定采购组织形式，评估采购方式，开展采购文件和采购合同咨询，以减少不必要的人财物消耗，提高采购效率。六是进行采购风险防控。建立有效的风险防控机制，如价格风险、质量风险、合同欺诈风险等，加强采购人员廉洁从业教育，纪检部门实施采购全程监督，以规范采购活动，尽量做到公平合理，防止腐败，维护企业利益。

（3）采购制度和纪律。"六公开"：公开进货渠道；公开进货品种、数量；公开价格；公开进行业务洽谈；公开验收结果；公开扣率、让利、宣传费、论证费、试验费等数额。"五标准"：不准索贿、受贿和吃回扣；手续不合格、发票不符合要求的不准付款；计划、采购、验收不准一人完成；不准私自更改采购计划；不准私自参加有关商家邀请的吃喝玩乐、旅游和各种发布会、座谈会等。

2. 农用生产资料库存管理

（1）采购和储备：根据生产计划及需要，组织采购农业生产资料，建立储备体系，确保农资供应充足。常用的订购方法有定期订购法、定量订购法、定期定量订购法，也可利用自身实际资料建立经济订购模型，确定经济订购批次、经济订购量、经济订购周期，既能充分满足供应，同时又能实现库存成本最小化。

（2）档案管理：建立各类农业生产资料的档案，包括采购、入库、出库、使用、报废等记录，以便掌握各种生产资料的情况，有针对性地进行补充和调配。

（3）分类管理：根据不同的属性和用途，将农业生产资料进行 ABC 分类，并做好分类管理，确保各类农业生产资料得到正确使用。

（4）领用申请：在生产计划中规定领用标准和程序，生产单位按照实际需要填写领用申请，办理相关手续后领取。

（5）配发和调剂：特殊时期，如自然灾害时期等，由县级农业部门、乡镇农业站组织，按照各农业生产经营主体的生产计划和生产情况确定其农资配发计划，并将农资分配到各农业生产经营主体。如遇特殊情况，可进行调剂。

（6）库存管理：对所有农业生产资料进行库存管理，了解库存情况，做好清查和盘点，根据库存情况及时补充和调剂资料，避免浪费和损失；同时注意仓库的温度、湿度等监测，注意防火、防盗、防水、防霉、防鼠、防虫、防尘等。

五、农业废弃物的资源化利用与无害化处理

农业废弃物的资源化利用与无害化处理是改善农村人居环境、建设美丽宜居乡村、保护生态环境、防止环境污染、发展循环经济、实现农业可持续发展的有效途径。据估算，全国每年产生畜禽粪污 38 亿吨，综合利用率不到 60%；每年生猪病死淘汰量约 6 000 万头，集中的专业无害化处理比例不高；每年产生秸秆近 9 亿吨，未利用的约 2 亿吨；每年使用农膜 200 万吨，当季回收率不足 2/3。这些未实现资源化利用和无害化处理的农业废弃物，实际是放错了地方的资源，乱堆乱放、随意焚烧，会给城乡生态环境造成严重影响。2016 年，六部委联合下发《关于推进农业废弃物资源化利用试点的方案》，并在全国开展农业废弃物资源化利用试点工作。

1. 主要工作及目标

围绕解决农村环境脏乱差等突出问题，聚焦畜禽粪污、病死畜禽、农作物

秸秆、废旧农膜及废弃农药包装物等五类废弃物，以就地消纳、能量循环、综合利用为主线，坚持整县统筹、技术集成、企业运营、因地制宜的原则，采取政府支持、市场运作、社会参与、分步实施的方式，注重县乡村企联动、建管运行结合，着力探索构建农业废弃物资源化利用无害化处理的有效治理模式。

2. 试点地区主要任务

（1）针对五类不同农业废弃物特点，优化集成技术方案，探索有效利用路径。

一是畜禽粪污。围绕收集、处理、终端产品利用等关键环节，促进资源化利用。对不能自行处理废弃物的中小规模养殖场、养殖小区及散养户，实行干湿分离，干粪生产有机肥，尿液污水进行发酵处理，完善畜禽粪污收集、堆沤积肥、有机肥加工等设施设备；由专业化公司、农民合作社或养殖场成立专门机构，开展农村沼气工程专业化建设、管理、运营，建设原料收集存储和预处理系统、厌氧消化系统、沼气沼肥利用系统、智能监控系统等设施设备，实现沼气高值高效利用，沼渣沼液充分还田或生产商品化有机肥。

二是病死畜禽。围绕收集、暂存、处理等关键环节，促进无害化处理。健全完善病死畜禽收集暂存体系，建设专业化病死畜禽无害化处理中心，配备相应收集、运输、暂存和冷藏设施，以及无害化处理设施设备。有条件的地方探索开展副产品深加工，生产工业油脂、有机肥等产品。

三是农作物秸秆。围绕收集、利用等关键环节，促进多元化综合利用。采取肥料化、饲料化、燃料化、基料化、原料化等多种途径，着力提升综合利用水平。各类新型农业经营主体购置秸秆粉碎还田、深松机等设备，促进秸秆就地还田；加强专业化养殖企业和饲料企业生产优质粗饲料产品，建设青（黄）贮窖，购置秸秆收割、收集和处理设备、蒸汽膨化设施设备等；专业化企业生产固化成型燃料沼气或生物天然气，建设秸秆收集、固体成型或厌氧发酵和提纯设施设备；专业化企业生产食用菌基料和育秧、育苗基料，建设堆肥车间，购置秸秆收集、破碎和堆肥等设施设备；专业化企业生产秸秆板材和墙体材料，购置秸秆收集、打包和板材生产等设施设备。

四是废旧农膜及废弃农药包装物。围绕回收、处理、奖补政策制定等关键环节，提升再利用水平。研究制定农用地膜回收利用管理办法，完善农业地膜产品标准，提高标准准入，鼓励回收地膜。按照"谁购买谁交回、谁销售谁收集、谁生产谁处理"的原则，实施废弃农药包装物押金制度，探索基于市场机制的回收处理机制，对废弃农药包装物实施无害化处理和资源化利用。

（2）着力探索综合利用模式。综合考虑区域地形地貌、气候特点、产业现状、生产生活方式和市场需求等因素，按照环境问题相近、强化源头治理的原则，聚焦种养密集区，将治理重点布局在南方丘陵多雨区、南方平原水网区、北方平原区三个类型区。其中，华北平原、东北平原及西北部分地区，地面辽阔平坦、土壤肥沃，区域夏季暖热，冬季寒冷，以一年一熟、一年二熟为主，水热资源不均，畜禽养殖方式以规模化为主。本地区农村除畜禽粪污、病死畜禽、秸秆利用不高外，地膜残留问题突出，根据实际需求，可优先采用"病死畜禽无害化处理中心＋若干畜禽粪污资源化利用点＋若干农作物秸秆综合利用点＋废旧农膜（废弃农药包装物）回收与处理中心"模式开展综合治理。每个区域以种养大县为基点，自主选配、科学组合相应的区域综合治理模式。

3. 开展试点

优先选择工作有基础、种植养殖规模较大、地方有积极性的国家现代农业示范区、国家农业科技园区、农村综合改革试验区，以及国家农业可持续发展试验示范区所在县（市）开展试点。2016年，结合现有投资渠道在30个左右的县（市）开展试点。后续年度根据试点情况和年度财政支持情况逐步推进。

4. 支持方式

中央和省级农业等有关部门积极利用现有资金渠道，推动项目资金向试点县（市）倾斜。针对不同建设内容，分别采取相应的投资方式予以支持。对于开展畜禽粪污、农作物秸秆综合利用的试点，充分利用沼气工程、农业面源污染综合治理、奶牛肉牛肉羊标准化养殖小区（场）等现有投资渠道予以支持。对于病死畜禽无害化处理的试点，各地采取多种方式，探索以企业为主体的村收集、乡（镇）转运、县处理运行机制。对于有机肥加工厂、沼气纯化等利用内容，积极探索市场化方式，引导和鼓励社会资本投资。

5. 配套政策

各地要积极完善配套政策。优先落实项目建设有关土地、水电等条件,将秸秆和畜禽粪污等储存用地按照设施农业用地管理。鼓励各地探索对沼气、秸秆发电企业的上网价格及有机肥生产企业的支持政策,实现与市场上其他相互替代产品的平等竞争。强化技术创新转化,围绕产品开发,分类开展科技创新,加强成果转化应用。营造良好氛围,强化政策宣传、技术业务培训等工作。

第二讲　农业生产的经营与管理

一、农业标准化

农业标准化是以农业为对象的标准化活动，即按照"统一、简化、协调、选优"原则，围绕农业产前、产中、产后各个环节，制定和实施具体的生产和管理标准。其内涵是以市场为导向，把先进的农业科学技术和成功成熟的管理经验相结合，建立健全规范化的工艺流程，形成"文字简明、通俗易懂、逻辑严谨、便于操作"的技术标准和管理标准，并推广应用到农业生产经营活动中，把科技成果转化为现实的生产力，从而取得最佳的经济、社会和生态效益，达到高产、优质、高效的目的。农业标准化融先进的技术、经济、管理于一体，是农业现代化建设的一项重要内容，是"科技兴农"的载体和基础。

农业标准化是一项系统工程，主要包括农业标准体系、农业质量监测体系和农产品评价认证体系建设。其中，标准体系是基础，只有建立健全涵盖农业生产的产前、产中、产后等各个环节的标准体系，农业生产经营才有章可循、有标可依；质量监测体系是保障，为有效监督农业投入品和农产品质量提供科学的依据；产品评价认证体系则是评价农产品状况、监督农业标准化进程和实施名牌战略、创建知名品牌的重要路径和举措。农业标准化的核心是标准的实施与推广，是标准化基地的建设与蔓延，以最终实现生产基地化和基地标准化。同时，农业标准化还必须有完善的农业质量监管体系、健全的社会化服务体系、较高的产业化组织程度和高效的市场运作机制作保障。

二、农业绿色防控

1.农业绿色防控的内涵

农业绿色防控就是按照"绿色植保"理念,采用抗性品种、脱毒育苗、生态控制、物理防治、生物防治、科学用药等环境友好型技术和措施,有效控制农作物病虫草害,确保农作物生产安全、农产品质量安全和农业生态环境安全,减少化学农药使用量,达到农业增产、农民增收的目的。积极保护利用自然天敌,恶化病虫的生存条件,提高农作物抗虫能力,在必要时合理地使用化学农药,将病虫危害损失降到最低限度。

2.农业绿色防控的原则

(1)减量与保产并举。用抗性品种、脱毒育苗、生态控制、物理防治、生物防治部分或完全替代化学防治,建立病虫害综合防治技术体系,在减少化学农药使用量的同时,做到不降低病虫害防治效果,促进农产品生产稳定发展,保障有效供给。

(2)数量与质量并重。推进病虫草害绿色防控技术和科学用药相结合,在保障农业生产安全的同时,保障农产品质量安全,提升农产品质量。

(3)生产与生态统筹。通过综合防治,提高防治效果,减少农药面源污染,在保障粮食和农业生产稳定发展的同时,统筹考虑生态环境安全,保护生物多样性,促进生态文明建设。

(4)节本与增效兼顾。在综合防治、减少化学农药使用量的同时,大力推广高效低残留或无残留的新药剂、新药械、新技术,做到农业保产增产、提质增效,促进农民增收。

3.农业绿色防控技术

农业绿色防控的主要原理,是选用高抗性优良品种、种植健康无毒种苗、创造优良的作物生长发育环境、恶化病虫草害生存环境条件、生物竞争抑制捕食、仿生理化物质诱控、最佳时机精准防控。农业绿色防控技术主要有五大类:

(1)生态调控技术。其重点是优化作物布局、合理轮作、采用抗病虫品种、培育健康种苗、改善水肥管理等健康栽培措施,并结合农田生态工程、作物秸秆沼气工程、果园生草覆盖、果园养鹅养鸡、作物间套种、天敌诱集带等生物多样性调控与自然天敌保护利用等技术，消除病虫害发生源头及滋生环境，人为增强自然控害能力和作物抗病虫能力。

（2）物理防控技术。其重点是利用工程设施、设备、新材料和智能化、自动化管理技术，如日光温室、透光防雾无滴塑料薄膜、防虫网、膜下滴管、自动通风遮阳喷淋和控温控湿、夏季高温灌水闷棚、生物发酵高温堆肥、农机火焰除草等，为作物健康生长发育创造良好的环境条件，增强其抗病虫害能力，同时消除或恶化病虫草害发生的环境条件。

（3）生物防治技术。重点推广应用以虫治虫、以螨治螨、以菌治虫、以菌治菌等生物防治关键措施，积极开发植物源农药、农用抗生素、植物诱抗剂等生物生化制剂应用技术。

（4）理化诱控技术。重点推广用昆虫信息素（性引诱剂、聚集素等）、杀虫灯、诱虫板（黄板、蓝板）防治蔬菜、果树和茶树等农作物害虫，积极开发和推广应用植物诱控、食饵诱杀和银灰膜驱避害虫等理化诱控技术。

（5）科学用药技术。推广高效、低毒、低残留、环境友好型农药，优化集成农药的轮换使用、交替使用、精准使用和安全使用等配套技术，加强农药抗药性监测与治理，普及规范使用农药的知识，严格遵守农药安全使用间隔期。通过合理精准使用农药，最大限度降低农药使用造成的负面影响。

三、农机装备使用与管理

农业机械化是农业现代化的重要特征，农机装备是现代农业建设的重要内容。农机装备是否先进适用、管理使用是否安全合理，关系着农机装备能否高效利用、经济适用、及时改造更新。近年来，随着农业规模化经营、社会化服务快速发展和农业科学技术更新换代的速度加快，农机装备发展走向了高质量、高性能、高效率、高品位、高舒适性和智能化、信息化、自动化，同时对其管理使用与维护保养提出了更高的要求。

1. 科学管理

科学管理农机装备可延长其实际使用寿命，提高经济适用性，间接降低农

业生产成本,更重要的是能抢农时抗灾害。农机装备科学管理主要包括:

(1)科学选购农机装备。目前农机装备种类繁多、用途多样、功能强大,农机装备不仅讲究动力设备与农机具之间、农机具与农机具之间配套适用,而且更讲究农机装备与当地的地形地块、耕作制度、作物种类、当家品种、农艺要求等相配套。要尽可能选择购买或租用多用途、多功能、高效率、宽作业幅的农机装备,同时结合当地农业生产项目、农机作业需求、全年作业时间分布,综合考虑农机装备本身的效率和购价比、费效比等而定。

(2)合理安排作业时间。农业机械作业季节性强、使用作业时间短,常常是作业时间紧、任务重、强度大。因此,必须根据当地和周围地区农业生产的需要,因地制宜、因时制宜,制订农业机械具体的使用计划,通过互联网、物联网等合理安排和优化农业机械的使用时间和作业量,提高农业机械的利用率和使用效益。

(3)注重标准化保管存放。农机装备是高价值的固定资产,要建立科学的固定资产保管制度,实现标准化管理。农闲时节首先要清洁维修保养,然后尽可能存放库房,防止日光暴晒、风吹雨淋,注意通风除湿防尘、防腐防锈、防老化、防变形,以延长农机使用寿命,提高农机装备的完好率。

2. 正确使用

(1)技术培训。在购买使用农机装备之后要对农机操作使用人员进行有效的技术培训。通过培训让使用者了解和掌握农机装备的结构性能和工作原理、实操技能、维护保养技术和相关管理制度,使之能够达到"四懂""四会"。"四懂"即是懂农机装备的工作原理、适用范围、结构性能、交通法规;"四会",即会正确操作农机装备、会合理安装调整、会维护保养、会排除故障。农机操作人员使用农机装备前必须仔细阅读使用说明书,了解其结构性能及注意事项,保证农机装备在良好的状态下进行作业。

(2)严格遵守操作规程。一是严格要求操作者必须持证上岗,即操作者要通过专业操作技能培训考核认证;二是在操作使用中,严格遵守操作规程,会正确使用和熟练操作,保证农机装备处于良好的运行状态;三是杜绝农机装备超负荷作业和违规操作,坚决防止因此导致农机装备损坏,缩短其使用寿命,或造成机械事故，导致更大的人员和经济损失。

（3）合理配置农机装备。随着农机装备研发水平的不断提高，农机装备的种类越来越多，各种农机装备间的匹配就显得格外重要。合理配置使用农机装备可保证配套装备发挥更多、更大功能，避免出现大马拉小车或小马拉大车现象，确保作业质量，提高工作效率。

四、农产品储藏、保鲜与物流

农产品采收后仍然是一个活的生命体，在储藏过程中，需要通过呼吸作用不断消耗自身储存的营养来维持生命，再加上蒸发作用等特性，很容易导致其营养价值减少、鲜活度下降，组织衰老、水分损失；另外病虫害也会把农产品的储存营养作为美食进行生长发育和新陈代谢，产生有毒有害物质，造成农产品腐败变质，最终失去鲜度和食用价值。因此，使农产品采摘后的活体保住营养和鲜活品质，温度是最重要的影响因素。一般而言，温度越低，产品的营养消耗越少，病虫害危害度也越低，保持新鲜品质的时间也越长；同时温度变化越小，保鲜效果越好。但保鲜温度也不是无限制的低，因为每种农产品都有自己耐受的低温临界点，低于该低温临界点就会发生冷害或冻害。所以保鲜储藏要求一个相对稳定的适宜低温条件。大多数农产品最适保鲜温度是0℃左右。此外，氧气含量、湿度大小也是影响农产品储藏保鲜的重要因素。

大多数农产品常规栽培采收的季节，温度都较高，而且昼夜变幅很大，极不适宜产品的保鲜储藏。据联合国粮食及农业组织估计，全世界农产品采收后的损失率都很高，发达国家为10%～15%，发展中国家为25%以上。农产品储藏保鲜技术则可以大大减少农产品损失，增加农产品有效供给，提高人类生活质量。联合国粮食及农业组织提出要把农产品采后损失率降低到5%。如果实现此目标，就等于增产了数亿吨农产品。目前，世界各国农业科技人员都在致力于研究探索高效、低成本、易推广的农产品储藏保鲜技术。

1. 农产品储藏

采用多种方式，创造温度较低而且稳定的场所储藏农产品，以达到产品保鲜升值的目的。

（1）常规储存。是指不配备特殊技术措施的一般库房储存。其特点是简便易行，常温干燥，适宜含水分较少的干性耐储农产品储存。需要注意两点：一是要通风；二是储存时间不宜过长，如粮食类储藏。

（2）窖窑储存。通常采用山洞、窑洞、地窖等进行储存。其特点：一是地温稳定，温度较低，储存环境氧气稀薄，二氧化碳浓度较高，能有效抑制微生物活动和各种病虫害繁殖；二是不易受外界温度、湿度和气压变化的影响；三是简便易行、经济适用，但保鲜期较短。此方法适合对植物类鲜活农产品进行较长时间的储存，如冬储大白菜、萝卜、马铃薯、甘薯、苹果、梨等。

（3）冷库储存。通过机械设备和电子仪器进行人工制冷，控制温度保持长时间低温，延缓微生物的活动，抑制酶的活性，以减弱农产品在库存期间的生理生化变化，保证库存农产品应有的品质。其特点：一是不同农产品适宜的库存低温不同；二是储存效果好，但费用较高。适宜肉类、瓜果、蔬菜等储藏。

（4）干燥储存。其目的是降低储存环境和农产品本身的湿度，以消除或弱化微生物生长繁殖的条件，防止农产品发霉变质。主要有自然干燥和人工干燥两种。

（5）密封储存。其目的是通过装盛容器、包装、仓库等密闭、抽取空气，制造真空或少氧等密闭环境，从而达到弱化库存农产品的生理生化变化，抑制微生物的活动。其特点：一是投资较大，但储存效果良好，是现代农产品储存研究和发展的方向；二是适宜各种农产品，特别是鲜活农产品如果品、蔬菜等的储存。

2. 农产品保鲜

农产品保鲜主要是通过物理或化学方法延缓农产品新鲜度下降和防止腐败变质，以保持其良好鲜度和品质。常用的农产品保鲜技术主要有：

（1）常规保鲜。利用一般的粮仓适时通风或密闭保管，可短期保鲜粮食；利用山洞、地窖、窑洞可短期储存蔬菜和果品保鲜；利用沟藏、埋藏方法可短期储藏块根、块茎类蔬菜。

（2）低温保鲜。利用低温降低农产品呼吸作用，限制微生物活动，可以较长时期进行农产品保鲜。

（3）化学品保鲜。利用防腐剂、熏蒸剂、保鲜剂、抗氧化剂等化学制品抑制微生物和酶活动，延长农产品保鲜期。

（4）气调保鲜。在密闭条件下，采用低氧、高氮或高二氧化碳气体保藏粮食、果蔬、肉类和水产品等，可抑制其呼吸作用和微生物活动。

（5）辐射保鲜。利用放射性元素辐射杀虫灭菌，抑制农产品的某些生理活动，延长保鲜期。

3. 农产品物流

（1）农产品物流运输方式。主要有四种：一是铁路运输，载运量大，连续性强，行驶速度较高，运费较低，运行一般不受气候、地形等自然条件的影响，适合于中、长途农产品运输。二是公路运输，载运量较小，运输成本较高，但机动灵活性较大，连续性较强，适合于中、短途和高档农产品运输，尤其是高速公路运输。三是水运，包括内河和海上运输，其特点为载运量大、运输成本低、投资省、速度较慢、灵活性和连续性较差等，适于大宗、低值和多种散装农产品的运输。四是航空运输，优点是速度快、投资少、不受地方地形条件限制、能进行长距离运输等，缺点是载运量小、运输成本高、易受气候条件影响等，适合于远程客运及高档、外贸农产品与急需农产品的运输。

（2）农产品绿色通道。为了加快鲜活农产品流通，我国开设有鲜活农产品绿色通道，对整车合法装载运输鲜活农产品车辆免收车辆通行费。"绿色通道"网络的公路收费站点，按规定开辟"绿色通道"专用道口，设置"绿色通道"专用标识标志，引导鲜活农产品运输车辆优先快速通过。

五、农产品质量安全可追溯体系

1. 农产品质量安全标准

农产品质量是指农产品能满足人们需要所具备的使用功能的自然属性，包含两个方面：一是标准性，即外在、内在质量都要符合一定标准，故又称符合性；二是适用性，即能满足不同需要的特性。

农产品质量安全包括：外观质量，如大小、色泽、香味、口味、整齐度、杂质率等；内在质量，分为一般营养成分含量，如蛋白质、脂肪、氨基酸、维生素等，以及独特营养成分含量，如番茄红素、银杏叶的黄体酮、苹果的 SOD 即超氧化物歧化酶等；绿色安全，即有毒有害物质含量，如农药、兽药残留、重金属离子、亚硝酸盐和黄曲霉毒素等有害化学物质，有害的细菌、病毒、寄生虫等病原物。

2. 农产品质量安全的特性

（1）内在性。作为生活资料的农产品，其内在性主要表现为营养成分构成、含量能满足人们的生理满足；作为工业原料的农产品，则表现为某种加工用途的适用性及其程度，如水果大小、形状、色泽、气味、甜度、酸度、pH等，棉花纤维长度、强度、柔韧度等。该特性与农产品品种特性、栽培管理或饲养管理水平有关。

（2）心理性。是指给消费者带来心理上的愉悦感和审美价值。心理感觉很难用准确的技术指标衡量，如苹果个大、着色和果形好，通常会比个小、色差、畸形果更能引起食欲与快感，尽管二者的营养没有多大差异。

（3）安全性。是指食用、生产用的农产品均要符合国家规定的安全标准。有毒有害物质，如农药兽药残留、重金属离子含量、微生物群数等，要低于规定的标准值，不能对人畜健康造成伤害；种子要符合生产资料安全标准。产生安全问题的主要原因：一是农用生产资料出现问题，主要是农药、肥料、种子、病虫害，兽药、饲料、疫病、寄生虫、食用菌种、基料、动植物等；二是土壤、水、空气等污染；三是生产加工、运输储藏、销售等环节出现污染，如微生物污染、生物毒素、化学物质残留、物理危害等；四是包装、标签、使用说明书等不合乎标准；五是人为的掺杂使假等。

（4）纯度性。是指批量农产品要具有一定的纯度标准，如棉花纤维的杂质，小麦的草籽、沙石含量。

3. 农产品质量安全检测与送检

（1）检测方法。一是定性检测，是指以理论方法来检验农产品的有效成分和污染物的存在，以保证农产品的质量安全，主要方法有实验室分析、农药残留检测、病原体检测、有害物质检测等。二是定量检测，是指对农产品中水分、有效成分或有害物质进行定量检测，以保证农产品的质量安全，主要方法有称量、滴定、色谱、回归分析、质谱等。

（2）检测手段。一是感官检验，即通过耳、目、鼻、口、舌和四肢、皮肤等感知，如视觉、嗅觉、触觉、听觉、味觉等检验农产品质量，该类检测主要是针对外观质量和部分内在质量，如气味、色泽等是农产品中某些芳香类、花青素等生物化学物质的外在表现。二是理化检验，即采用物理学、化学的方法和手段检测农产品的质地、杂质、放射性污染，以及主要营养物质、有毒有害物质的含量。三是生物学检验，即采用生物学的方法和手段检测农产品中生物毒素含量、病原微生物污染程度等。

（3）检测内容。包括产品质地、营养成分、微量元素、重金属元素、农药兽药残留、病原微生物、生物毒素等其他有害物质检测。这些检测内容要求农产品检验机构依据相关检测技术标准，采用科学的方法，利用科学仪器，对农产品的品质或规定的检测指标、限量指标进行分析。

（4）检测送检。销售的农产品应符合农产品质量安全标准。生产企业、合作社应根据质量安全控制要求自行或委托检测机构对农产品质量安全进行检测；经检测不符合农产品质量安全标准的农产品，应及时采取管控措施，且不得销售。农技推广等机构应为农户等农产品生产经营者提供农产品检测技术服务。自检对检测设备和人员要求较高。若不具备自检条件的，可委托有资质的专业性的检测机构对送检样品进行检测。一般应根据有质量风险的因子或产品销售特殊要求、专家咨询建议等确定检测项目，如环境污染、收购厂商要求、市场需要、社会关注重点、特殊养分含量等。通常送检的程序：一是确定委托检测机构具有法定资质和一定的权威性，如农产品质量安全检测机构考核证书、实验室资质认定证书、有效期限。二是了解送检样品要求，如样品样态、数量、重量、包装、运输和保存条件以及样品取样方式、是否返回等。三是签订委托检测合同，特别要注意检测项目、方法、时间、费用、结果判定等是否符合自身要求，尤其是农产品认证要求，记录联系方式。四是现场或网上缴纳检测费用，明确开具发票或收据。五是领取检测报告，注意检测单位名称、检测项目、方法、数据单位、结果及其判定等是否有误，是否符合合同要求。

4. 食用农产品合格证制度

食用农产品合格证为农业生产经营者提供了标准规范的信息格式，标注了农产品品种、来源、联系方式等重要信息，既是名优农产品对接市场和进入市场销售的"入场券"，也是为消费者提供选购绿色、安全农产品的重要途径，它将有力强化公众认知和社会参与，促进全民共治，全面提升综合监管效能。该制度将有力推动种养生产者落实农产品质量安全第一责任人责任，建立生产者自我质量控制、自我开具合格证和自我质量安全承诺制度。农产品生产者、产地收购者、屠宰厂（场）应根据国家法律法规、相关标准，执行现有的食用农产品质量安全控制要求，承诺提供的食用农产品符合农兽药残留食品安全国家标准，不使用非法添加物，对其销售食用农产品的质量安全以及合格证真实性负责。基层农产品质量安全监管将由产品监管转变为主体监管，使监管任务更加明确。

《中华人民共和国农产品质量安全法》明确农产品生产经营者应对其生产经营的农产品质量安全负责，把农产品生产企业、农民专业合作社、农业社会化服务组织和农户等均纳入监管范围。同时，进一步明确县级以上政府的属地责任和农业农村、市场监管等部门的监管责任；规定乡镇政府应落实农产品质量安全监督管理责任，协助上级政府及有关部门做好农产品质量安全监管工作。《中华人民共和国农产品质量安全法》第三十九条规定：农产品生产企业、农民专业合作社应当执行法律、法规的规定和国家有关强制性标准，保证其销售的农产品符合农产品质量安全标准，并根据质量安全控制、检测结果等开具承诺达标合格证，承诺不使用禁用的农药、兽药及其他化合物且使用的常规农药、兽药残留不超标等。鼓励和支持农户销售农产品时开具承诺达标合格证。法律、行政法规对畜禽产品的质量安全合格证明有特别规定的，应当遵守其规定。从事农产品收购的单位或者个人应当按照规定收取、保存承诺达标合格证或者其他质量安全合格证明，对收购的农产品进行混装或者分装后销售的，应当按照规定开具承诺达标合格证。农产品批发市场应当建立健全农产品承诺达标合格证查验等制度。县级以上人民政府农业农村主管部门应当做好承诺达标合格证有关工作的指导服务，加强日常监督检查。第七十三条规定：农产品生产企业、农民专业合作社、从事农产品收购的单位或者个人未按照规定开具承诺达标合格证；从事农产品收购的单位或者个人未按照规定收取、保存承诺达标合格证或者其他合格证明。由县级以上农业农村主管部门按照职责给予批评教育，责令限期改正；逾期不改正的，处一百元以上一千元以下罚款。

5. "三品一标"及其认证

"三品一标"即无公害农产品、绿色食品、有机农产品和农产品地理标志，是我国农产品优质安全的公共品牌。

（1）无公害农产品。是指产地环境、生产过程、产品质量均符合无公害食品的产地环境质量标准、生产技术标准、产品标准，经政府相关部门认证合格并获得认证证书，允许使用无公害农产品标志的未经加工或初加工的食用农产品。无公害农产品是指无污染、无毒害、安全的农产品，该类农产品不会对人体健康造成任何危害，是保证人们对食品质量安全最基本的需要，是最基本的市场准入条件。

（2）绿色农产品。是指产自优良生态环境、按照绿色食品标准生产、实行土地到餐桌全程质量控制，经国家绿色食品发展中心认可，按照《绿色食品标志管理办法》规定的程序获得绿色食品标志使用权的安全、优质的食用农产品。绿色农产品分为A和AA两级，要求产地的环境量均符合《绿色食品 产地环境质量标准》。其中，A级要求生产过程中严格按绿色食品生产资料用准则和生产操作规程要求，限量使用限定的化学合成生产资料，并积极采用生物方法，保证产品质量符合绿色食品产品标准要求；AA级要求生产过程中不使用化学合成的农药、肥料、食品添加剂、饲料添加剂、兽药及有害于环境和人体健康的生产资料，而是通过使用有机肥、种植绿肥、作物轮作、生物或物理方法等技术，培肥土壤、控制病虫草害，保护或提高产品品质，从而保证产品质量符合绿色食品产品标准要求。按照农业农村部发布的行业标准，AA级等同于有机农产品。绿色农产品的显著特点：一是强调产品出自良好的生态环境；二是对产品实行"从田间到餐桌"全程质量控制。1990年，我国提出绿色食品的概念，1992年，农业部成立中国绿色食品发展中心，1993年，农业部发布了《绿色食品标志管理办法》。相继也制定了相应的标准。

（3）有机农产品。是指根据有机农业原则和有机农产品生产方式及标准生产、加工出来的，并通过有机食品认证机构认证且颁发证书的农产品。1993年，我国加入国际有机农业运动联盟。有机农产品执行的是国际有机农业运动联盟的"有机农业和产品加工基本标准",有机农产品的标准集中在生产加工和储运技术条件方面,无环境和产品质量标准。

(4)农产品地理标志。是指标示农产品来源于特定地域,产品品质和相关特征主要取决于自然生态环境和历史人文因素,并以地域名称冠名的特有农产品标志。农产品地理标志是集体公权的体现,企业和个人不能作为农产品地理标志登记申请人。

申请地理标志登记的农产品,应符合下列条件:称谓由地理区域名称和农产品通用名称构成;产品有独特的品质特性或者特定的生产方式;产品品质和特色主要取决于独特的自然生态环境和人文历史因素;产品有限定的生产区域范围;产地环境、产品质量符合国家强制性技术规范要求。

向登记证书持有人申请使用农产品地理标志应符合下列条件:生产经营的农产品产自登记确定的地域范围;已取得登记农产品相关的生产经营资质;能够严格按照规定的质量技术规范组织开展生产经营活动;具有地理标志农产品市场开发经营能力。使用农产品地理标志,应当按照生产经营年度与登记证书持有人签订农产品地理标志使用协议,在协议中载明使用的数量、范围及相关的责任义务。

农产品地理标志登记证书持有人应当建立规范有效的标志使用管理制度,对农产品地理标志的使用实行动态管理、定期检查,并提供技术咨询与服务。农产品地理标志使用人应当建立农产品地理标志使用档案,如实记载地理标志使用情况,并接受登记证书持有人的监督。农产品地理标志使用档案应当保存5年。农产品地理标志登记证书持有人和标志使用人不得超范围使用经登记的农产品地理标志。

6. 农产品质量安全可追溯体系

农产品质量安全可追溯体系是根据一物一码原则,利用信息平台、云计算、物联网、密码等技术,对农产品从农田到餐桌的全过程建立身份证制度,实行二维码标签管理,实现对农产品质量安全的数字化、精细化、可追溯管理。消费者通过智能手机扫描农产品二维码,即可获得其供应、生产、加工、物流、销售各个环节的质量安全信息。该体系通过农产品生产的生态环境、生产资料、生产过程、市场流通、加工储藏、检验检测等数据共享，以及数据采集自动化、传输网络化、处理标准化、运用可视化、分析智能化，既可以确保消费者的知情权，从而实现知根溯源、放心消费，也可以有效监管农产品质量安全，追究质量安全事故责任，从而强化生产经营者的质量安全意识，从根本上保证农产品质量安全。

农产品质量安全可追溯体系的构成如下：

（1）加强产地环境监测管理。主要包括土壤、用水、大气等环境质量，确保农产品产地环境质量安全。

（2）实施投入品备案许可制度。农药、兽药经营者应依照有关法律法规的规定建立销售台账，记录购买者、销售日期和药品施用范围等内容。监管部门可对种子、肥料、农药、兽药等投入品实施赋码等严格的准入备案许可制度，根据实际情况对农资批发商或配送中心实行数量控制，确保源头可控，以保证农产品的质量安全。

（3）规范农产品生产记录制度。生产企业、合作社、社会化服务组织应如实记载使用农业投入品的名称、来源、用法、用量和使用、停用的日期；动物疫病、农作物病虫害的发生和防治情况；收获、屠宰或者捕捞的日期。生产记录至少应保存2年。国家鼓励其他农产品生产者建立农产品生产记录。农产品生产经营者应依照国家有关法律法规和强制性标准、主管部门规定，科学合理使用农药、兽药、饲料和饲料添加剂、肥料等农业投入品，严格执行使用安全间隔期或休药期；不得超范围、超剂量使用农业投入品危及农产品质量安全。禁止使用国家禁止使用的农业投入品及其他有毒有害物质。生产场所及生产活动中使用的设施、设备、消毒剂、洗涤剂等应符合国家有关质量安全规定，防止污染农产品。农产品在包装、保鲜、储存、运输中所使用的保鲜剂、防腐剂、添加剂、包装材料等，应符合国家有关强制性标准及其他农产品质量安全规定；储存、运输农产品的容器、工具和设备应当安全、无害；禁止将农产品与有毒有害物质一同储存、运输，防止污染农产品。

（4）建立农产品合格品制度。生产企业、合作社应保证其销售的农产品符合国家农产品质量安全标准，并根据质量安全控制、检测结果等开具承诺达标合格证。鼓励和支持农户销售农产品时开具承诺达标合格证。农产品收购的单位或者个人应按规定收取、保存承诺达标合格证或其他质量安全合格证明，凡收购农产品混装或分装后销售的，应按规定开具承诺达标合格证。农产品批发市场应有完善的农产品承诺达标合格证查验制度。县级主管部门应做好承诺达标合格证的指导服务，加强日常监督检查和规定的产品质量监测。

（5）规范包装标识建立相应备案制度。包装标识须标明产品名称、产地编码、生产日期、保质期、生产者名称、产品认证情况等信息，并建立详细的备案管理，确保产品流向可追踪。

（6）大力支持新型农业生产经营主体利用互联网技术，对生产经营过程进行精细化信息化数字化管理；加快推动移动互联网、物联网、二维码、无线射频识别等信息技术在生产加工和流通销售各环节的推广应用，强化上下游追溯体系对接和信息互通共享。

（7）建立农产品质量安全追溯信息平台。主要包括建立农产品编码数据库、农产品生产档案数据库、农产品检测数据库、流通环节数据库，通过产地准出与市场准入衔接、生产信息和电商平台共享、互联网和移动终端相连，实现农产品质量安全全程可追溯管理。对发生问题的单位及个人，根据最初信息源立即启动追溯程序，查找生产日期、确定种养基地和代码编号，通过查阅生产记录、管理日志、台账、检测报告等分析原因；对违规事实，由相关部门调查核实后依法处置相关责任人，真正做到各环节的信息可查询、来源可追溯、去向可跟踪、责任可追究，以有效杜绝假冒伪劣产品以次充好，更好地保护农产品品牌。

（8）加大宣传引导和执行力度。一是加强农产品质量安全可追溯宣传，提高消费者认识和了解程度，让更多的消费者积极参与农产品质量安全监督，形成食品安全人人参与的良好社会氛围；二是加强农产品可追溯信息化平台建设，为消费者提供快捷方便高效的追溯条件；三是按照《中华人民共和国农产品质量安全法》要求，广泛开展监督检查，加大对伪劣农产品生产经营者的惩处力度，为农产品质量安全创造良好的环境。

第四章
农产品市场营销与品牌建设

第一讲　农产品市场营销

一、市场营销

国内外学者对市场营销的定义有上百种，企业界对营销的理解更是各有千秋。学者基恩·凯洛斯曾将各种市场营销定义分为三类：一是将市场营销看作一种为消费者服务的理论；二是强调市场营销是对社会现象的一种认识；三是认为市场营销是通过销售渠道把生产企业同市场联系起来的过程。这从一个侧面反映了市场营销的复杂性。美国市场营销协会在 1960 年对其作出定义：市场营销是引导产品和劳务从生产者流向消费者或用户的企业活动。著名营销学家菲利普·科特勒教授认为：市场营销是通过创造并与他人交换产品和价值，以满足其欲望和需要的一种社会和管理过程。该定义得到了人们的广泛认同。

市场营销的任务，就是通过科学合理的市场营销策略组合，刺激、创造、适应和影响消费需求，完成与他人的产品、服务和其价格形式的货币交换，以满足消费需求、实现经营利润。市场营销的程序是：开展市场调研，确定目标市场；制订营销方案，测试优化完善；组织方案实施，实现营销目标。

二、农产品市场调研

1. 市场调研

市场调研就是运用科学的方法，有目的地、系统地收集、整理、分析市场营销信息和资料，以了解市场现状及其发展趋势，为市场预测和营销决策提供真实可靠和有价值的依据。市场调研的作用：一是了解市场现状及其发展趋势；二是确定产品和服务的目标市场；三是识别营销机会和问题；四是评估营销活动及其成效；五是为营销科学决策和完善方案提供依据。

2. 市场调研内容

市场调研的目的不同，则调研的具体内容和侧重点也不相同。通常市场调研的内容包括：

（1）市场环境。包括政治、经济、社会、文化、科技和自然地理等环境因素。经济环境又包括经济形势、经济结构、对外贸易、经济政策等。

（2）市场需求。包括市场需求规模、结构，客户购买或消费心理、动机、行为、购买力，购买数量、地点、频率、时间、方式、习惯、偏好、购后评价等。

（3）市场供给。包括同类产品、替代品的供给规模、结构、价格、供需关系，同类产品、替代品的功能、质量、外观、包装、系列、价格、品牌影响力，生产厂商数量、结构、产能、竞争力。

（4）营销因素。包括本产品的产能、功能、外观、质量、包装、系列、价格、品牌影响力，消费者评价、产品生命周期，新产品研发能力、新市场开拓能力，营销费用投入及费效比、市场占有率，竞争对手的产品、价格、渠道和促销策略及其组合，与同类产品、替代品对比的优势、劣势，等等。

3. 市场调研流程

市场调研是一项涉及面广且十分复杂而又细致的工作。市场调研的阶段通常包括调研准备阶段、调研实施阶段、资料整理分析阶段、编写调研报告阶段和调研结论的追踪反馈阶段。每个阶段又可分为若干具体步骤。

（1）调研准备阶段。明确调研目的，确定调研对象；制订调研计划，设计调查问卷；成立调研团队，培训调研人员。

（2）调研实施阶段。预先调研，发现问题，完善计划、问卷；实施调研计划，进行问卷调研；收集数据资料，做到真实可靠。

（3）资料整理分析阶段。去伪存真，纠错补缺，确保数据资料完整、统一；根据数据特征，采用科学方法处理；找出影响因素，总结变化规律；发现存在问题，剖析造成原因。

（4）编写调研报告阶段。制表、绘图、分析，撰写研究报告；报告内容包括调研目的、对象、方法、范围，数据来源、处理方法、分析结论以及提出建议、制定对策；制作PPT或汇报提纲，通过提交报告和口头汇报供高层决策；

文字语言简明扼要，多用数据和事实说话。

（5）调研结论的追踪反馈阶段。围绕调研结论、对策建议，开展后续调研验证；发现问题，及时反馈、调整、修正。

三、农产品市场营销战略

市场营销战略要解决的问题是"市场需要什么？我们需要往哪个方向努力？"具体而言，就是通过市场细分，发现目标市场，制定科学的营销组合，完成营销任务，实现营销目标。

1. 市场细分

市场细分是指营销部门通过市场调研，根据消费者需求和欲望、购买动机和行为、习惯等方面的差异，按照一定标准将某一产品或服务的整体市场划分为若干消费市场的分类过程。每一个细分市场内的消费者具有相同需求性质、相似需求倾向和特征，不同的细分市场之间的消费需求具有明显差异。市场细分的作用：一是发现市场机会，以便开拓新市场。通过市场细分，可以深入了解各细分市场需求的同质性和它们的差异性，对比分析其购买满足程度、购买潜力和市场竞争状况，找出尚未满足和潜在的市场需求，以便紧紧抓住这个市场机会，采取有效的营销策略和措施扬长避短，通过迭代投产、产品研发等方式，迅速占领市场并取得优势地位。二是便于集中资源，投入目标市场。根据市场细分的结果，结合生产经营实际，充分发挥自身优势，集中所有资源投放目标市场，先争取局部市场优势，然后迅速占领目标市场，使有限资源产生最大化的经济效益。三是利于选择目标市场，制定正确的营销策略。通过市场细分可以了解和掌握消费需求特点以及消费者对不同营销策略和措施的反应，进而选择自身的目标市场，制定针对性很强且切实有效的营销策略组合方案和应变方案，增强自身市场竞争力和应变能力。同时，加强对目标市场变化的实时监测，一旦市场需求有变就能快速做出反应，从而立于不败之地。

（1）市场细分依据。主要从地理、人口、心理、行为、收入/价值、使用地点、购买因素、需求等维度对消费市场进行细分。

①地理。包括地理位置，如国家、地区、城市、农村、气候、地形等，以

及城市的人口规模、密度，交通等。通常，不同地区甚至同一地区的消费者对同一种产品的需求都存在很大差异。因此，单纯按照一定地理因素如大城市进行市场细分，不足以客观反映消费者需求的共性和差异，还需要结合其他因素如其中的流动人口进行市场细分，因为流动人口本身就是一个很大市场，其市场需求也不同于常住人口。

②人口。包括年龄、性别、职业、收入、教育，家庭人口、类型、发展阶段，国籍、民族、宗教、种族等。这些不同类别消费者的产品需求、偏好和利用率差别很大，如不同收入群体在农产品采购、休闲观光、交通工具、餐饮住宿等选择上差异很大，因此食品、服装、化妆品、旅游等产品和服务需要根据消费者的收入水平来细分市场。在家庭发展的不同阶段，家庭的购买力、成员等对商品的需要、兴趣和偏好也有很大不同。

③心理。包括社会阶层、生活方式、性格、购买动机等。不同社会阶层消费者的价值观、思维习惯、兴趣爱好和行为方式有很大差异，这些都将影响消费者的产品和服务需求。不同生活方式如传统或时尚、节俭或奢侈、运动或稳定、冒险或安逸、绿色环保或随意消费等，对产品和服务需求完全不同，并且会形成独特需求，如喜欢运动的人们着装休闲、宽松，倾向于夹克、运动服，热衷户外运动的更注重安全、轻量、舒适的防晒服、夹层服、羽绒服等。人的性格通常表现为自信、自主、支配、服从、保守、适应等，购买动机有求实、求廉、求新、求美、求名、求安等，这些都是市场细分的重要依据，如化妆品、啤酒和保险等。

④行为。包括购买时间、数量、频率、习惯、准备，使用度、利用率等。许多产品的购买和消费具有明显的时间性，如中秋节月饼、春节烟花爆竹、周末休闲观光、节假日旅游、寒暑假出行、暑期空调、冬季保暖，以及母亲节、父亲节、情人节、儿童节等相关产品、服务，厂商均可提前加大宣传力度，以优惠价促销。根据购买数量可将客户分为大、中、小三类，企业可以以大客户为目标市场组织营销，获取更多利润。根据购买频率可分为频繁、一般、不常、潜在、首次购买。大企业往往专注于频繁购买、一般购买、潜在用户转化为实际用户，以量大、价廉取胜；而中小型企业则专注于通过个性化产品、特色服务等以留住现有用户、激发潜在用户、吸引新的用户。购买习惯体现对品牌的忠诚度，有的客

户忠诚于产品的质量、性能、性价比,有的忠诚于企业信誉、售后服务等;有的是品牌忠贞不渝者,有的是大品牌、多品牌忠诚者,还有的是无品牌消费者。企业应根据客户的类型、性质和态度(积极、消极、中间型),采取有区别且针对性很强的优惠、特色策略和措施,如以优惠价回报老客户、差别价吸引新客户、会员价和特殊服务固定和扩大客户群、广告和人员促销转化客户的态度等。购买阶段可分为准备、等待、购买、已购买、买后消费体验。企业可据此细分市场,采取不同的营销策略,如购买后询问使用情况、做好售后服务,可以稳定客户,培养对企业的忠诚度;做好销售过程服务,能加速购买过程,实现产品销售。在准备阶段,有些消费者有产品需求但并不知道其存在,有些是知道其存在但不了解其性能、质量、性价比、售后服务,或对其有所怀疑,还有些是有需求、有认识但不急于购买或在等待时机和条件,这些需要企业加强广告宣传和人员推销、优惠促销等,以加深顾客认识,创造购买条件,促成顾客购买。

此外,还可根据消费者是否使用、使用程度和频率等将其分为重度、中度、轻度用户。重度用户数量可能不多,但在总消费中占比很大。如美国一家啤酒公司市场调研发现,美国80%的啤酒被50%的顾客消费,且大量喝啤酒的人大多是25~50岁的工人,他们喜欢看体育节目,每天看3~5小时电视。基于这些信息,该公司瞄准大量喝啤酒的人,积极改进定价、广告传播等方面的策略,很快获得了良好的经营业绩。

(2)市场细分步骤。确定营销的目标对象,即根据自身条件,以市场为导向,确定生产什么、经营什么以及要满足哪一类消费者的需求;选择进入市场范围,列出包含潜在消费者在内的全部需求,如要想进入高档牛肉市场,就必须尽可能详细列出消费者对高档牛肉的部位、品种、口味等的全部需求;市场细分,即通过对不同消费者需求的全面、系统和深入了解,分析可能存在的细分市场,如消费者对不同部位、品种的高档牛肉的口味细分。

2. 目标市场选择

农产品目标市场的选择一般是基于市场细分,选择一个或几个细分市场作为营销对象,但并不是所有细分市场都可作为目标市场。

(1)目标市场应具备条件。细分市场具有一定的规模和潜在需求;属于该细分市场的消费者具有一定的购买力和消费倾向；该细分市场不完全被竞争对手控制；企业有足够的经济实力和营销实力。

（2）目标市场策略。通常有以下三种：

①无差异策略。是指针对目标市场不再细分市场，而是全面系统研究目标市场的需求特性，设计和采取针对性的营销策略组合。该策略适合同质市场，或有差异但不大的商品，或大宗商品。优点：一是可大批量生产和储、运、销，降低单位产品成本；二是无须市场细分，操作简单，营销成本低。缺点：一是忽略差异和个性，有可能导致部分需求不能满足，大批量生产，易造成过剩或过度竞争；二是市场适应能力低，营销风险比较大。

②差异性策略。是指将目标市场进行细分，然后根据每个细分市场的不同需求和差异及其特性或个性，设计和采用不同的营销策略组合，以充分满足每一个细分市场的需求。该策略适合大多数异质性产品。优点：一是满足不同需求，扩大销量，增加销售收入和利润；二是树立企业形象，提高消费者信赖。其缺点则是营销费用多，单位产品成本高。

③集中性战略。是指选择一个或几个细分市场作为目标市场，设计和采取专门化、针对性很强的营销策略组合，集中全部力量力求占有较大的市场份额。该策略适用于实力不强或刚进入市场的企业，或特色农业、地理标志农产品等。优点：一是有利于快速占领市场，提高新产品的知名度和市场占有率；二是节约营销成本，获得较高的投资利润率。缺点：一是市场狭窄，收入有限；二是市场应变能力较差，风险较大。

3. 市场定位

市场定位是指经营者根据竞争者现有农产品在市场上所处的位置，针对顾客对该产品某些特征或属性的重视程度，塑造自己的产品与众不同、给人印象深刻的鲜明形象，并把其生动地传递给顾客，从而确定该产品在市场中的适当位置。

（1）市场定位的依据。主要包括产品、消费者、竞争对手三大方面。

①根据产品特性定位。如产地环境、种源、生产技术、生产过程等，诸如地理标志、高原苹果、脱毒土豆、绿色农产品等。

②根据产品属性定位。如产品品质、成分、材料、价格等，如高等级质量包

括色泽、大小、形状、香味、口味，特定营养成分如糖分、蛋白质、氨基酸、油酸等含量，纯天然、无添加剂等，高价位以突显高品质、高品位等。

③根据产品用途定位。许多农产品具有多种用途，有的既可直接食用又可用于食品加工，如柑橘、桃等既可鲜食又可加工果汁。随着农业育种技术进步，又培育出许多专用型品种，如强筋小麦生产饼干、面包，弱筋小麦生产面条、馒头，玉米有常用、甜糯、水果、爆裂、饲料、高油等品种，葡萄有鲜食、酿酒等品种。

④根据产品性价比定位。如价廉物美的合格大宗农产品，高价优质的高档农产品、绿色食品、有机食品、地理标志农产品等。

⑤根据消费者需要和习惯定位。如针对糖尿病和高血糖人群的无糖、低糖食品，婴幼儿配方奶粉，针对喜欢啤酒但又担心发胖人群的低热量啤酒等。

⑥根据竞争对手定位。如快餐业的肯德基针对麦当劳服务标准化定位特点提出"鸡肉烹调专家"的差异定位，强调人无我有、人有我优、人优我特。

（2）市场定位的步骤。

①分析目标市场现状，确认自身竞争优势。通过目标市场调研，了解目标顾客的产品需求、有效需求及其满足程度、潜在需求种类和规模，摸清竞争对手的产品定位情况，掌握顾客对本企业的期望，研究本企业应该做些什么以及能够做些什么，从中确认自身的竞争优势。

②对比分析研究评价，找准最强竞争优势。从经营、管理、产品、技术、研发、生产、采购、营销、财务等方面与竞争对手对比分析和综合研究评价，找出自身的竞争优势和最强竞争优势项目。

③创建独特竞争优势，确立自身市场定位。通过独特的营销策略组合如避强定位、迎头定位、创新定位、重新定位等，将企业的竞争优势进行综合性的优化、美化、强化、亮化，形成特色鲜明的竞争优势，通过一系列促销活动将其准确传播给所有客户，并在客户心目中形成独特的产品、服务、企业等美好形象。因此，第一，企业要让目标客户了解、认可、喜欢和偏爱自己的市场定位；第二，努力稳定和强化目标客户的印象、态度和感情，进一步巩固市场定位；第三，要密切关注目标客户对市场定位认识的偏差和自身的宣传失误，及时纠正与

市场定位不一致的形象；第四，一旦竞争者的新产品定位或消费者需求、偏好发生变化，企业则要根据市场定位转移的成本与收益决定是否重新进行市场定位。

四、农产品市场营销策略

市场营销策略是有计划地组织协调各项生产经营活动，在目标市场上为顾客提供满意的商品和服务而实现经营目标的谋划和手段。市场营销主要有产品、价格、渠道、促销四大基本策略。市场营销策略要解决的问题是"如何满足这些需求？这些想法如何做到、如何落地？"

1. 产品策略

传统意义上的产品是指为满足消费者需求而生产出来的有形物品；现代意义的产品还包括服务（农机农技）、人员和知识理念（教育培训）、地点（休闲观光旅游）等。市场营销中的产品是指为满足消费者需求而提供给市场的一切东西，包括产品实体及其功能、外观、包装、属性、附加值、服务等方面。其中，功能是消费者购买产品的真正原因和目的，是满足消费者需求的核心，如购买农产品就是为了获得各种营养，满足人体生长发育和健康所需；产品的包装、实体、外观是保护和实现满足消费者物质和精神、生理和心理需求的形式和手段；属性主要指产品的质量如安全、高效、节本、方便、简单、低碳、环保等；附加值是产品经过精深加工等工序和环节后因功能、属性等改善提高所增加的价值，这是企业获得超额利润以及与农户等合作者的利益基础；服务涉及销售过程服务和售后服务，包括服务的态度、质量、内容、效率等。产品的功能、属性、服务等是吸引消费者继续购买消费的主要原因。

（1）产品组合。是指产品生产线、产品项目的组合，包括大类产品、品种、规格、质量等特定产品，主要有组合的宽度、长度、深度、关联度，具体是指不同类产品的生产线数量，每类产品生产线生产的产品项目数量，每个产品项目生产的品种数量，所有生产线在生产用途、生产条件、分销渠道等方面的相互关联程度。如水果食品加工厂有果汁、罐头、果脯、脆片加工生产线，每条生产线可加工桃、柑橘、苹果、蓝莓，每种水果的果汁、罐头、果脯、脆片有玻璃或塑料瓶包装、盒包装、袋包装，这些产品的功能、生产条件（如车间、卫生、主要生产设备和技术)、分销渠道、消费者等相同,关联度很高。产品组合的方法是增减产品线的宽度、长度、深度、关联度,既能适应市场需求,又能使产品组合的质量和效率达到最佳,同时管理简单、科学,生产成本最低,废弃物能做到资源化利用。

(2)新产品开发。新产品分全新、改进、系列、低成本、新定位。其中,全新产品涉及原理、技术、材料、结构、功能的全部创新、全球首创,故难度很大,仅占10%;改进型是改进老产品,使其结构、功能、品质、款式、包装等有新突破或具有新特点,如结构更合理、功能更齐全、品质更优、款式更多,能更好满足消费者多样化需求,约占26%;模仿型属于本企业的新产品,约占20%;系列型指增加原产品的品种、花色、规格等形成系列产品,约占26%;低成本型指利用新科技、新材料改进生产工艺、提高生产效率,从而降低成本但其功能不变,约占11%;新定位型指老产品进入新市场,约占7%。相对应的新产品策略主要有首创(全新产品)、进取(改进型)、紧跟(改进型、低成本型)、维持(新定位型)。首创策略适合经济实力、融资能力、研发能力、营销能力、抗风险能力很强的大型和超大型企业,进取策略适合上述居中上水平的大中型企业,紧跟策略适合上述居中下水平的中小企业,维持策略适合小微企业或成熟、夕阳产业的中小企业。

全新产品的开发过程一般要经过6个阶段,即构思及筛选、概念发展和方案设计、营销规划和调研分析、实体开发和测试、试销和消费体验、商业化生产和营销。新产品被购买和消费都要经过知晓、兴趣、评价、试用性购买、体验满意后批量和连续购买。因此,新产品开发要在充分满足消费者需求的前提下尽可能缩短开发过程,加速新产品的购买和推广进程。

不同产品和不同市场的营销策略组合见表4-1。

表4-1 不同产品和不同市场的市场营销策略组合

市场	产品	
	现有产品	新产品
现有市场	市场渗透(价格、促销)	产品开发(产品、促销)
新市场	市场开发(渠道、促销)	多角化经营(产品、渠道、促销)

（3）产品生命周期。是指产品从进入市场到退出市场所经历的时期，通常包括引入期、成长期、成熟期、衰退期四个阶段。一般的产品生命周期的产品销售量或销售额、利润额、生产总成本、价格的发展变化如图 4-1。此外，还有特殊的产品生命周期，如风格型、时尚型、热潮型、扇贝型，如图 4-2 所示。

图 4-1　一般的产品生命周期

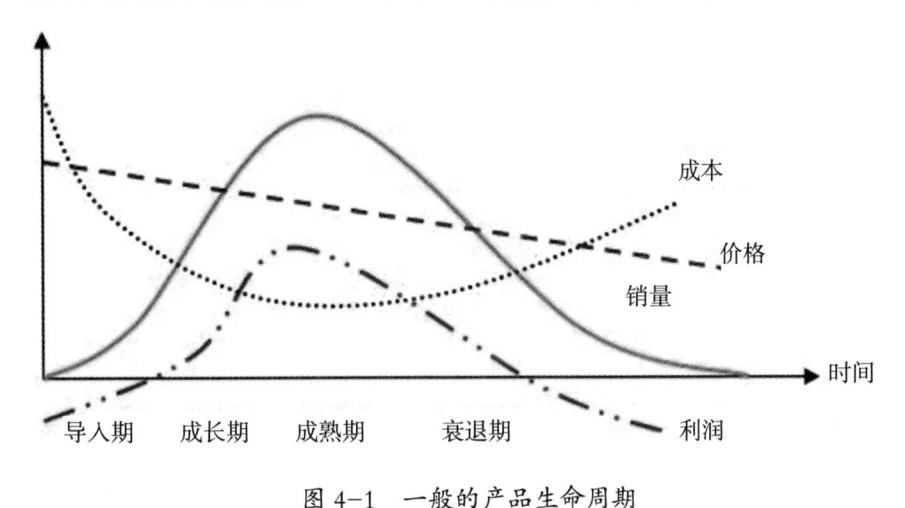

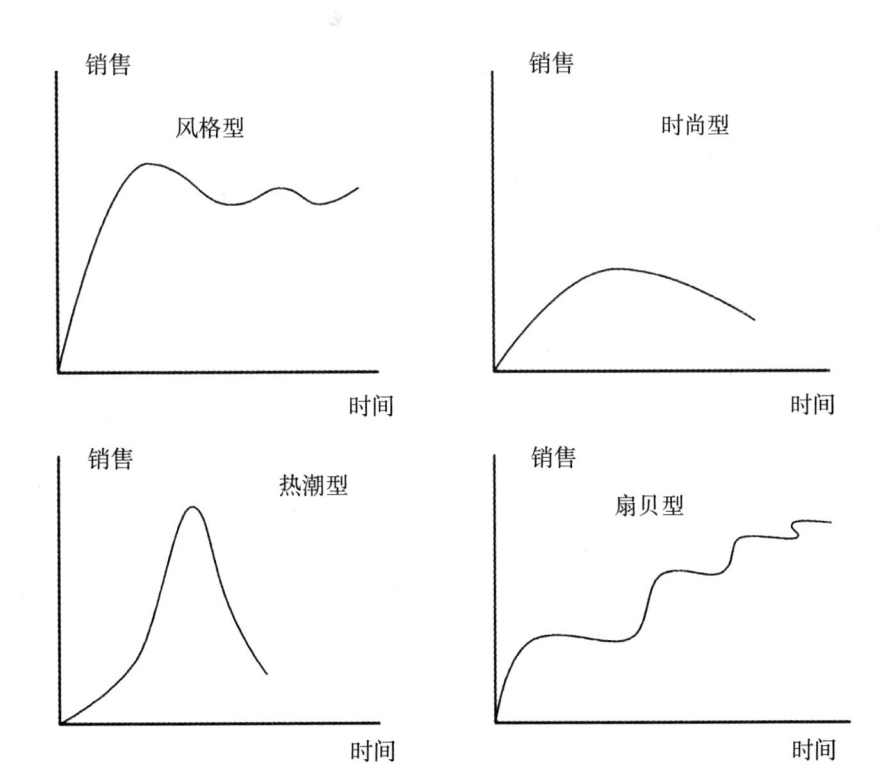

图 4-2　特殊的产品生命周期

①引入期（试制—试销）。产品新上市，消费者对产品有认识和熟悉的过程，前期销售缓慢，后期渐增。一是采用高价或低价快速销售策略，同时配合大量的公告、宣传、推销，先声夺人，在竞争还没大量出现前就能收回成本获得利润，或通过低价有效限制竞争对手的出现，扩大市场占有率。前者适用于潜在市场需求量很大、产品品质特别高、功效较特殊、很少有替代产品、很少有潜在竞争对手的产品；后者适合市场容量很大，消费者对产品不太了解但对价格十分敏感、潜在竞争比较激烈的产品。二是采用高价或低价渗透策略，高价利于早日收回投资，低价利于市场快速接受产品、扩大销量。前者适用于产品市场比较固定明确，潜在消费者熟悉产品且愿出高价购买，产品生产经营难度大、要求高，潜在竞争不迫切的产品；后者适合市场容量很大，消费者对产品有所了解同时对价格又十分敏感，当前存在某种程度竞争的产品。

②成长期（试销成功—扩大生产）。该阶段产品已经相当知名且被越来越多消费者接受并购买使用，销售递增、速增，利润大幅增加。受此吸引，更多竞争者进入市场，威胁企业的市场地位。这一阶段的营销重点是保持并扩大市场份额，加快扩大销量增收，同时注意成长速度变化，一旦发现递增变为递减，马上调整营销策略。具体策略：一是迅速扩大产能；二是改进产品质量，增加品种如款式、规格，改进包装，调整价格；三是细分市场，开拓新市场，创造新用户；四是拓宽、疏通老销售渠道，增加新销售渠道；五是从宣传产品转为树立美好形象；六是适时择机降价促销。

③成熟期（大批量生产）。该阶段销量和销售额、利润增长趋缓、稳定、达峰、渐降，产品已被普遍接受，潜在买家渐趋为零，市场竞争激烈，老顾客开始退出。营销策略：一是市场改良，开拓新市场，深耕老市场，争夺现市场，如发现并占领未开发市场，则扩大消费者购买频率和数量，以夺走对手市场等；二是产品改良，增加特色，如改善品质、属性、款式、观感等；三是调整营销组合，如进一步降价，改进服务、广告、货款结算，大型展销，附赠礼品等。

④衰退期。该阶段销量和销售额、利润加速下滑，市场优胜劣汰，竞争者越来越少。营销策略：一是维持现状，延长寿命，如通过价值分析降低成本和价格，增加产品功能和用途，改进产品设计，提高性能、质量，改变外观、包

装等，创新服务内容、开拓新市场；二是缩减生产和营销规模，集中力量深耕少数关键市场，以大幅降低成本和增加利润；三是撤出目标市场，停产转让设备资源，留足维修配件服务。

产品生命周期不同阶段的市场营销策略组合见表 4-2。

表 4-2 产品生命周期不同阶段的市场营销策略组合

产品生命周期不同阶段		引入期	成长期	成熟期		衰退期
^		^	^	前期	后期	^
主要特征	销售量	低	快速增大	继续增长至最大	逐渐降低	急剧下降
^	现金流量	负数	适度增加	继续增加至最大	逐渐减少	迅速下降
^	利润	负值或微小	快速增大	继续增加至最大	逐渐下降	低或负
^	购买者	新奇爱好者	较多	大众	大众	追随者
^	竞争	甚微	兴起	增加	激烈	减少
营销工作	重心	扩张市场	渗透市场	保持市场占有率		提高生产率
^	支出	高	高但有所下降	下降		低
^	重点	产品知晓	品牌偏好	品牌忠诚度		选择性
^	目的	提高知名度	追求最大市场占有率	追求最大利润，保持市场占有率		减少支出增加利润回收
营销策略	产品	让用户了解产品，试产试销	改进产品保质量扩大产量强服务	实行产品差异化、多样化提高质量，扩大用途，力创名牌		改造产品或淘汰产品
^	价格	成本加成法按新产品定价	渗透性价格适当调价	竞争性价格		削价
^	渠道	选择性分销寻找合适中间商	密集分销逐步扩大销售渠道	更加密集式分销充分利用各种渠道		充分利用中间商去除不合适、效率差的渠道
^	促销	介绍产品	大量广告营销宣传产品品牌	宣传用户好评建立品牌差异及利益		保持产品信誉维持品牌忠贞度
销售追踪		大量促销及产品试用	充分利用消费者需求增加	鼓励改变购买企业品牌		将支出降至最低

（4）产品包装。包装是保护产品、延长货架期、方便储存运输、促进销售而使用的容器或包扎物。包装有三个层次：第一层次为内包装，与产品相连；第二层次为外包装，用时即弃；第三层次为运输包装，消费者到手即弃。通常在产品或产品内包装上附带产品说明，包括文字、数字、照片、图案、雕刻、饰物等，外包装和运输包装会有运输标志、指示性标志、警告性标志，有文字、图案予以提醒，如易碎、酒杯、向上、箭头、易燃品、着火状等，以指导运输、装卸、使用。第一、第二层次包装常常是营销的重点。包装的基本原则是适用、美观、经济。精心设计的包装已成为一种有力的营销手段，可以为消费者创造便利价值，为生产者创造促销价值。产品包装的营销策略包括以下六点：

①外观相似。采用相同或相似图案、色彩、材料、形状的包装，既便于顾客识别产品、扩大企业影响，又节省设计、生产成本。多用于同类产品。

②重复使用。产品用完后，包装可作他用或回收再作他用，如作为艺术品、装饰品、盛装他物，纸盒、塑料、木质等包装回收加工后可再作他用。该策略可让消费者感到包装一物多用，使其得到额外满足，既能激发其购买欲望，也可做产品的宣传广告。但应用不当会增加成本，提高商品价格，影响产品销售。

③附赠礼品。在包装物中附赠一些礼品，激发消费者的购买兴趣和意愿，造成重复购买，如积攒包装中的实物、优惠券、包装本身等可兑换礼品，或组成工艺品、装饰品等，或方便产品消费使用如葡萄酒开瓶器、水果削皮器等。

④组合包装。把若干有关联的同类产品、新老产品等包装在同一容器内，如化妆品、水果等，既能促进购买又能推销产品，以老带新。

⑤分组包装。同一种产品根据顾客不同需求采用不同级别包装，如礼品、高档产品精包装，自用、低档产品简包装，以降低产品成本。

⑥改变包装。使用新设计、新技术、新材料更新或改进包装，以更好地保护产品、满足消费者求新求异心理，或改变产品的不良形象，扩大销量。该策略须与广告宣传做好配合，以免造成误解。

（5）提供服务。服务是指伴随产品而在销售、售后过程中提供给消费者的附加利益和活动，其目的是使消费者满意、加深产品印象，并借此美化企业形象。通常，产品越复杂，服务内容越复杂，周到和完善的服务成本占产品最终价格的70%~80%。服务的原则是让顾客满意，服务内容主要根据企业和产品特征而定。其营销策略是：接待来访，提供产品有关咨询，承诺质量保证，安装调试产品，维修和供应配件，提供商业信用，定期提供检查、维修和保养服务，提供用户特殊服务。

2. 价格策略

产品价格是影响市场需求和购买行为的最重要的因素之一，直接关系到生产经营者的收入水平和经营成败，是决定企业市场份额和盈利率最重要的因素，也是唯一能产生收入的营销策略。产品价格合理，可促进销售，扩大市场份额，增加销售收入和利润。

（1）产品定价。产品定价非常重要，首先是产品第一次销售如何定价；其次是产品随着时空变化如何定价；最后是面对竞争如何定价。产品定价主要考虑定价目标、市场需求、生产成本、竞争对手等影响因素。

（2）产品定价程序。

①选择合适目标。基本目标是满足市场需求，实现企业盈利。具体目标包括：利润目标，如最大、满意、预期利润；销售目标，如销量增加、扩大市场占有率、争取中间商；扩展目标，如维持生存、扩大规模、多品种经营；竞争目标，如稳定价格、对付竞争、质量优先；社会目标，如公共事业、社会营销。

②确定市场需求。根据市场供求与价格理论，结合自身农产品特性，通过经验、试验、市场调研和计算机模拟仿真运算等，了解目标市场、相关市场、其他同类产品市场、替代品市场对产品不同定价的需求和心理反应，量化自身产品需求价格弹性，摸清目标市场供求与价格变化规律，为后续正确定价提供可靠依据。

③测算成本。价格是成本（固定成本+可变成本）和目标盈利之和。因此，测算分析不同生产条件下的产品成本及其变化，对正确设计和运用价格策略具有决定性意义。

④分析竞争性产品价格。通过市场调研了解和掌握竞争性、替代性产品的功能、质量、服务、价格及其市场反应、生产成本等相关信息，对比分析本企业的产品优势劣势。

⑤选择定价方法。通常，产品成本决定着价格的底线，而市场需求决定着价格的最高限，因此，产品定价的区间基本可以确定。之后再参考竞争性产品和替代品的价格，结合企业不同时期的盈利目标和竞争策略，基本上就可以确定应该采用的价格策略。

（3）基本价格定价。除特殊情况外，正常的定价既不能低得无法盈利，又不能高得没有市场，而是要介于其间。因此，产品成本是定价的下限，竞争品和代用品的价格是定价的定向点，消费者对产品独特性的评判是定价的上限。常用的基本价格定价方法主要有成本导向定价、需求导向定价、竞争导向定价。

①成本导向定价。一是目标利润定价。单位产品价格＝（固定成本＋变动成本）/产品数量＋单位产品目标利润。适用于经营一种或几种产品，加价的多少因产品而异。通常，产品越复杂、成本越高，加价越多；季节性、周转慢、储运成本高、易腐易损、价格低、零星产品等，加价较多；同一产品越接近消费终端，加价越多，因其销量较少或向买方提供的服务较多，需要更高的加价来补偿。二是变动成本定价。固定成本不变，仅在单位产品变动成本的基础上加成一定的目标盈利进行定价。三是盈亏平衡定价。在销量既定的情况下，产品的定价必须确保企业盈亏平衡或收支相抵，此时企业盈利为零。四是投资收益率定价。根据投资总额、预期销量、投资回收期等因素定价。五是经验曲线定价。许多产品，每当其生产和销售增加一倍时，单位成本便会降低 10%~30%，价格也经常随着经验曲线成本的下降而下降，据此可以根据这些经验曲线进行定价。

②需求导向定价。需求导向定价是根据顾客和消费者对产品的感受和需求强度进行定价。一是理解价值定价。根据消费者对产品价值的主管评判和理解、认可程度定价，故企业既要千方百计提高产品价值，更要利用营销策略和手段提高顾客和消费者对产品价值的认可度。二是需求差异定价。根据市场需求强弱的差异，在同一产品的同一市场制定两种或更多的价格，两种价格之差要大于其成本之差，既能最大限度适应市场需求及其差异，又能促销使企业获得最佳经济利益。三是逆向定价。根据顾客和消费者能接受的价格，逆向推算出中间商、批发商、生产商的价格。此方法的优点是定价能充分满足市场需求，保证

中间环节厂商利益，加强与中间商关系，从而扩大产品销量，定价十分灵活；缺点是不考虑成本，给企业节本增效带来巨大压力。

③竞争导向定价。如果市场竞争十分激烈，企业必须认真细致地研究自身与竞争对手在生产条件、服务、价格、成本、营销策略等方面的优势和劣势，重点参考竞争对手的产品价格等情况，结合市场供求状况和自身成本、竞争实力进行产品定价。一是随行就市定价。在完全竞争和寡头垄断竞争市场结构下，企业将产品价格保持在平均水平，以避免引起价格波动造成过度竞争而带来损失，同时保证获得平均报酬。二是产品差别定价。通过不同营销，使得同种同质产品在顾客和消费者心目中树立不同形象，进而根据自身特点和竞争需要，确定高于、等于或低于竞争者的产品价格。三是密封投标定价。由多个投标方匿名、独立、竞相参与某个招标方的产品买卖、工程建设、设备制造、小型业务等投标，最终由招标方从中选择最低价格的投标方中标，该最低价格即为承包价格。

（4）基本价格修正。企业除了根据不同定价目标和市场供求、竞争情况选择合适的基本价格定价方法，还要根据自身产品服务性质、未来发展趋势、竞争策略灵活修正基本价格。

①撇脂定价法。新产品上市之初，没有竞争，顾客对其无理性认识，可以像撇取牛奶表层的奶脂一样定高价，来满足其求新求异、新潮时髦、高贵新贵心理，提高顾客身价，短期内获得高额回报，尽快收回投资。新产品进入成熟期后价格再分阶段降价，有利于吸引新的顾客。其优点是：有助于开拓新市场，主动性很强，可限制需求快速增长，适应自身产能扩大速度；缺点是：价格高不利于扩大市场，很快招来竞争者，迫使降价，好景不长。该定价是一种短期营销策略，适合需求价格弹性较小、产品高档、复杂、质量上乘的细分市场。

②渗透定价法。正好与撇脂定价法相反，即把新产品价格尽可能定低，使其迅速被消费者接受，以打开销路、增加产量，降低单位产品成本，同时通过薄利多销使竞争者望而却步，减缓竞争，获得最大市场占有率。适合新产品没有显著特色、市场竞争激烈、需求价格弹性较大的产品。其缺点是利润空间小，投资回收期长，易造成产品质次档低的印象。对仿制品而言，可选择采用"优

质中价、优质低价，中质中价、中质低价，低质中价、低质低价"的市场渗透竞争策略。

③心理定价法。一是尾数定价法或整数定价法。前者意在造成顾客对产品产生价廉或定价精准认真、不糊弄顾客的感觉和印象；后者意在迎合顾客"便宜无好货、好货不便宜"的心理。二是声望性定价。通过高定价，表明产品质优名贵档高，以提高产品形象，突显购买者地位，满足其消费心理。三是习惯性定价。由于同类产品很多，在市场上已经形成了消费者公认且已经习惯的价格，如果降价会让消费者对产品品质产生怀疑，如果涨价则会受到众多消费者的抵制，如涉及国计民生的大宗农产品，粮食，大米，面粉，普通的肉、蛋、奶等。

④折扣定价法。是指通过价格折扣让利消费者，以刺激、鼓励消费者及早付款、大量购买、淡季采购等，加快企业资金周转，减少收账费用和呆账、坏账。一是现金折扣，即对及时付清账款的消费者给予现金折扣。二是数量折扣，即对大量购买产品的消费者给予价格和数量折扣，如购买100单位产品，单价为10元；购买150单位产品，单价为9元等。三是季节折扣，即制造商给予中间商额外折扣，使其可获得低于目录价格的价格。四是贸易折扣，即鼓励消费者淡季购买的价格减让，以保持企业一年四季生产、销售稳定。五是推广津贴，即生产企业向中间商或零售商提供促销津贴，以扩大销路，如生产企业除负担中间商或零售商的部分广告费、橱窗费等之外，还给予其一定的价格优惠。

⑤差别定价法。是指根据不同的消费者、购买时间、地点场所等，为同一产品确定两种或两种以上的价格，以满足消费者的不同需求，从而扩大销售、增加收益。该定价不反映成本变化，主要适应不同的消费群体、花色品种、款式、部位、不同时间、不同地区等，如旅游景区的门票，流行服装，猪、牛、羊肉，中秋节后的月饼，超市每天下午5:30以后的部分食品、蔬菜，节假日商品等。其主要适合可细分且需求强度不同的市场、不能转手倒卖的产品等。

此外，企业还要根据市场供需关系变化、竞争者策略、顾客反映、财务状况、科技进步、通货膨胀等进行必要的降价和提价。"贪图便宜"是很多人的潜在心理,"一个便宜三人爱",故降价销售是最常用且非常有效的促销手段。

3. 渠道策略

(1)营销渠道。是指产品从生产者向消费者转移过程中,与各个中间厂商连接的通道。通常,中间厂商有代理商、收购商(商贩、经纪人)、物流配送商、加工商、批发商(一级、二级等多级)、零售商等。最基本的营销渠道有以下两种:

①直接渠道模式。是指生产者直接向消费者销售产品的渠道,没有中间厂商,最直接、最简单、最方便,营销渠道最短。适用于产品有固定的采收、劳动时间,产量少,生产者有足够的销售时间,或有其他成员专门从事销售,如蔬菜、水果种植户,禽蛋养殖户等直接在农贸市场摆摊向城乡居民出售蔬菜、水果、禽蛋。

②间接渠道模式。是指在生产者和消费者之间存在若干个中间商的渠道,其中营销渠道最长的模式是:生产者→代理商→收购商→加工商→批发商→零售商→消费者。该模式的中间商最多,环节最多,链条最长,吸收就业人数最多,产品增值最多,产品价格最高,如生猪或肉牛产业、葡萄酒产业、食品行业、面粉行业等。农产品生产者可根据自身情况和是否有利于自身增收自由选择中间商。中间商的质量将直接影响企业的产品销路及经济效益。通常,应选择其服务对象、经营业务与本企业的目标市场相一致,最好是专门经营产品的中间商;同时其经济实力强、经营业绩和财务状况好、企业信誉好;最好能提供良好的技术、商业信用、物流储运等服务,承担部分促销费用;一般不选择销售竞争对手产品的中间商,但如果自己产品质量比竞争对手好的例外。

(2)营销渠道策略

①经销商。主要由生产商、经销商、批发商、零售商构成。与经销商签订购销合同,稳定产销关系。其优点是可利用经销商现有的网络渠道组织批发和零售,将产品尽快销送到消费者手中;充分利用专业营销组织、人员做专业的事,可节省财力、人力,提高销售效率。其缺点是难以控制经销商,如果与其发生利益冲突,有可能致使销售网络瘫痪。

②代理商。主要由生产商、代理商(总代理→分代理)、批发商、零售商构

成,即代理商通过代理合同取得产品代理销售权或原料采购权,交易完成后收取佣金。代理商分独家代理、多家代理,有无授予代理权的总代理、分代理。适合海外市场。其优缺点同上。

③厂家直销。是指生产厂家直接将产品销售给消费者。适用于自身有优秀的专业销售团队和销售渠道,需要投入大量的营销费用和建立自己的营销网络的企业。其优点是可精准了解顾客和消费者需求,做好跟踪服务。

④垂直营销。是指通过产权、特约代理或加盟合作等方式建立生产、批发、零售的统一联合体。一是公司式,由同一个所有者名下的相关生产部门、销售部门组成。二是管理式,由某个规模大、实力强的企业出面组织。三是契约式,生产商通过契约统一所有渠道成员的行动。

⑤连锁式营销。是指将企业外部的数个营销渠道的总店、分店通过契约、协议组合成连锁企业,成为自己的经销店、特约经销店、批发商、连锁店、代理店等,或将企业内部的销售公司、分公司、办事处、营业所等优化组合,在批零渠道组成营销渠道网络,解决代理商、经销商等中间商不能很好配合企业产品营销的问题,使企业营销重心贴近市场、接近顾客,有效提高销量、增加销售收入。一是紧密组合式,即通过购买或兼并,统一连锁店铺的标志、商号,在各地建立连锁店、特约批发店、特约经销店等实体店;适用耐用产品、高科技产品。二是松散组合式,即通过契约、协议将店铺变成商业伙伴关系,设立储运、分销机构,统一价格、促销手段和方法;适合生活资料、产量较少的产品。三是派遣自营式,即派遣人员在目标市场自设店铺、摊位销售自身产品;适合小微企业、季节性产品、短线产品。四是佣金租借式,即利用目标市场的仓储设施、经销组织,通过支付租金、佣金,自我定价来销售产品;适合中间商支付困难、大宗商品、长线产品。五是宣传促销式,即利用经销商的经营场地、经销组织派驻人员驻店宣传促销;适合长线产品、耐用品。

⑥水平式营销。由两个及以上的企业联合开发一个营销机会、共同发展。如麦当劳与可口可乐、肯德基与百事可乐等捆绑式销售。适用于均具有一定的品牌优势,产品互补、相互促进、合作共赢的联合企业。

如有可能,企业尽可能将营销渠道网络化,其意义在于,利用营销网络的多渠道、多节点、多触角、伸缩性,实现多渠道优势互补、劣势相避,能产生"1+1>2"的效应,迅速适应市场变化,加快市场渗透、延伸、扩张,提高营销效率和绩效。一旦确定营销渠道策略,要加强对中间商的能力业绩评估、考核激励、优化调整等管理。

4. 促销策略

促销策略就是通过广告宣传、人员推销、公共关系、营业推广等多种促销方式向顾客和消费者传递产品信息,以引起其注意和兴趣,激发其购买欲望和行为,扩大销售。常用的促销策略有四种:广告宣传、人员推销、公共关系、营业推广策略。

(1)广告宣传。是指针对产品定位、目标市场、表现主题,根据消费者需求和心理,结合自身实际,通过付费的大众传播媒介和特定媒介,连续不断地将商品和服务信息广泛告知目标公众,以改变其态度并诱发其购买欲。广告宣传的手段有语言、文字、图案、色彩、声音、光电、标识物等。

①广告宣传形式。一是刊登广告,如报纸、杂志、传单、图书、名录等;二是播放广告,如广播、电视、电影、录像、幻灯片等;三是特定建筑物广告,如在车站、机场、码头、街道、公路等设置路牌、霓虹灯、电子显示屏、橱窗、灯箱、墙壁广告;四是专用场所广告,如影剧院、体育场馆、文化馆、展览馆、宾馆、饭店、游乐场、商场等;五是交通工具广告,如车、船、飞机等;六是邮寄广告,如邮件、快递等;七是馈赠礼品广告;八是互联网广告;九是其他媒介和形式广告。

②广告宣传定位。一是产品定位策略,即正面宣传产品功能、营养成分、质量、价格等鲜明特征,强调优于同类产品及其特殊效益,形成健康、文明的消费习惯和生活方式,以确立其在市场占有适当位置。如高锌、高碘、高钙、富硒、绿色的生态农产品,非酒精、非可乐饮料,低碳、环保产品等。也可采用逆向产品定位策略,即通过故意暴露产品缺点,暗示本产品虽然不如著名竞争对手,但正在努力追赶,以吸引消费者关注并唤起同情、信任和支持,从而在市场竞争中赢得一席之地。二是市场定位策略,即根据不同目标市场的特点,采取差别、集中等市场策略,着重宣传不同于其他同类产品的市场定位而居于

该市场的特定位置和档次，努力塑造独特的个性，打造特殊的消费群体。

③广告宣传媒介选择。根据广告宣传的产品或市场定位策略，同时要考虑媒体性质、受众习惯、市场竞争、广告预算等因素，合理选择和使用广告媒介。媒介的传播范围大小、发行量多少、传播的内容质量都会影响受众人数；媒体的社会地位、社会声望则会影响广告宣传的效果；人们的职业、兴趣、生活习惯不同，文化、素质水平不同，所接触的媒体不同。总之，广告宣传对象越接近媒体对象，广告宣传效果就越好。如果目标市场面积很大，应选择传播范围广、覆盖面广的全国性媒体，反之选择区域性媒体；如果市场时效性很强，就应该选择更新速度快、传播范围广的报纸、广播、电视、手机，以便在短时间内迅速扩大广告宣传的影响力。此外，市场竞争和广告预算（包括媒体费用和广告设计制作费用）也是选择媒介必须考虑的且十分重要的因素。

④广告宣传内容的策划与设计。一般包括主题构思、内容安排、艺术表现、媒体组合、广告系列、投放时间等内容。第一，广告宣传必须遵守《中华人民共和国广告法》。第二，广告的主题和内容、形式和风格等，要根据各个时期目标市场的特点、产品生命周期的不同阶段和营销策略不断优化、适当调整，以适应不同目标市场的消费需求和消费心理。第三，合理安排投放强度，在预定期内有计划地连续投放统一设计形式或内容的系列广告，或设计形式相同但内容不同的系列广告，以在短时间内迅速制造话题、扩大影响、加深印象、强化记忆、美化形象，不断开发购买潜力。第四，注意投放时间，如特定节假日、季节性消费、运动会、博览会、展销会等，通常是事前开始广告，其间连续广告，销售旺季广告达到高峰，旺季过后广告收缩，销售季节结束广告停止。

广告策划注意事项：一是确定广告诉求点及其应放位置；广告是树立产品形象还是企业形象；侧重点是传递信息、提供生活情报，还是调动情感、激发需求。二是广告手法是展开正面竞争还是侧面竞争，是直言不讳还是迂回曲折。三是确定广告目标是以提高产品和企业知名度为主，还是以直接促销为主。四是策划要围绕广告目标进行，同时要因产品、因人、因地、因时制宜，灵活机动地选择和运用各种广告宣传策略，特别要注重创新以打动人心，同时又要切实可行、高效。广告、产品、价格营销策略与顾客不同状态之间的关系见图4-3。

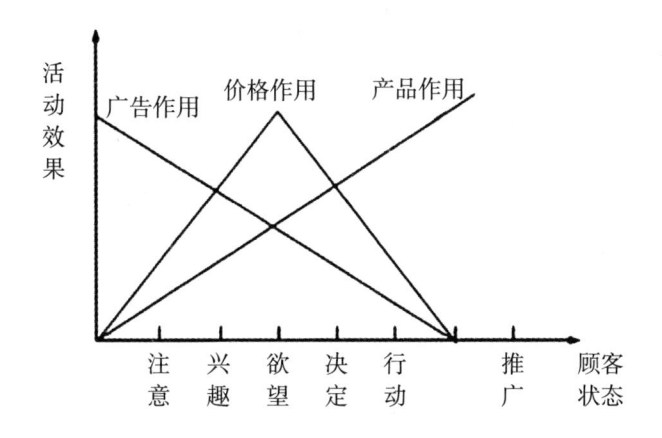

图 4-3　不同营销策略与顾客不同状态之间的关系

（2）人员推销。是指销售人员为促销而深入中间商或消费者中间宣传、介绍产品或服务。古今中外，人员推销都是非常普遍且十分重要的促销策略和手段。

①人员推销形式。一是上门推销，即由推销员携带产品样本、说明书和订单等走访顾客、上门推销产品。如郊区农民进城卖大米，常会拿出名片分发给单位、社区、居民，并说"吃完米饭，如果你觉得味道还可以，就给我们打电话，我们送货上门"，希望以此吸引回头客。该方式可针对顾客需求提供有效、方便的服务，故被顾客广泛接受。二是柜台推销，指在适当地点设置固定门市，由营业员接待上门顾客并推销产品。该方式坐等顾客上门，因为门店的产品种类齐全，可满足顾客多种需求，且方便顾客、服务周到，可保证产品完好无损，故深受顾客欢迎。三是会议推销，即利用各种会议如订货会、交易会、展览会、物资交流会等，向与会者宣传介绍产品，开展推销活动。该形式接触面广、推销集中，可同时向多家企业推销产品，故成交额大，推销效果好。

②人员推销策略。通常，推销员要有良好的外表和气质，要注意仪表端庄、举止文雅、作风正派、谦虚礼貌、平易近人，给顾客亲切、愉悦之感，以赢得对方信任，为推销成功奠定重要基础。同时，推销员要具有吃苦耐劳的精神，并需要接受专门培训，以提高观察洞察、应变创新、沟通谈判、市场开拓、组织控制等能力。此外，推销员还需要掌握人员推销策略：一是试探性策略，即在事先不了解客户需求情况下，用准备好的话试探，密切关注其反应，然后根据

反应进行产品宣传和说明；二是针对性策略，即事前已基本了解客户需求，见面后进行针对性说服，以引起客户共鸣并促成交易；三是诱导性策略，即首先设法引出顾客需求，然后说明要推销的产品或服务正好能满足客户这种需求，该策略要求具有很高的推销技术和技巧，让推销在不知不觉中成功。

③人员推销技巧。一是选好上门对象，做好推销准备。通过大众媒体、厂商广告、门户网站、商业手册、商业网点等寻找客户名称、地址、产品、商标等，并对客户需求和基本情况有所了解；同时要十分熟悉推销产品的研发状况、结构原理、功能、使用、优缺点等，能做到有问必答。二是掌握开门方法，把握成交时机。通过熟人引荐、名片开路，或电话、微信、电子邮件等自我推荐，将有关文字资料传给客户，约好面谈时间、地点，以免吃闭门羹；在双方面谈时注意给客户留下好感、赢得信任，同时察言观色，力争签约成交。三是注重仪表言行，讲究洽谈艺术。

④人员推销的客户：一是批发商，其最关心的是差价和利润，故推销的产品应该让其获得满意的市场利润。二是代理商，其最关心的是产品的市场前景和建立稳定的合作关系，故推销员应着重介绍产品的功能、质量、品牌知名度等，以引起代理商的兴趣。三是企业家，其最关心产品的功能、质量、价格、性价比、加工转化率等，故推销员应介绍产品的结构原理、材料、产品质量控制等，以增强其对产品质量等方面的信心。四是机构团体，如学校、医院、酒店、饭店、俱乐部、集体食堂等，这些组织最关心能否保证产品的质量和绝对安全，故推销员要找到单位负责人重点表达产品绿色安全、营养健康、质量保证体系和可追溯体系建设。五是超市、连锁商店，这些客户关心的也是产品的质量和安全以及相关的服务，特别是售后服务等，因此，推销员也要对此做好准备予以充分介绍，以打消其顾虑。

（3）公共关系策略。是指为获得公众信赖、加深受众印象而用非付费方式进行的一系列促销活动。主要包括：突出公关功能的公共关系策略、促进组织发展的公共关系策略两大类。

①突出公关功能的公共关系策略主要有以下五种类型：

一是宣传型，即运用各种传播沟通媒介，将需要公众知道和熟悉的信息规范、快速地传达给组织内外的公众，以形成有利的公众舆论和社会环境。其特点是主导性和时效性强、传播面广、易操作等，原则是真实客观、双向沟通。常见的有公关广告、新闻宣传、专题公关活动。

二是交际型，即运用人际交往手段，通过人与人的直接接触深化交往、加深感情，巩固和提高传播效果。其特点是直接、灵活、富有人情味，交际双方互惠互利，关系稳定可靠。常用的有招待会、座谈会、茶话会、宴会、娱乐比赛、交谈、拜访、信函、馈赠礼物等。

三是服务型，即通过为公众提供优质服务来获得公众的了解和好评。其特点是用实际行动说话、说服力很强，原则是言必信，行必果，承诺必须兑现。常见的有扩大服务范围、丰富服务内容、优化服务方式、改进服务态度、提高服务质量和效率。

四是社会型，即开展各种社会性、文化性、公益性、赞助性、慈善性活动，以提高组织的知名度和美誉度，塑造良好的社会形象和模范公民现象。其特点是文化性强、影响力大、活动费用高，原则是主题突出、活动紧凑、量力而行，切忌华而不实。常见的有向灾区捐款，赞助文化、教育、体育事业，帮助残疾人、养老院等，利用重要节日组织大型歌唱会，邀请嘉宾参加，烘托气氛等。

五是征询型，即根据组织需要，通过各种方式收集相关信息，征求相关公众意见，以掌握有关情况和公众舆论，为组织决策提供可靠依据。其特点是长期、复杂，需要诚意、耐力和持之以恒。常见的有热线电话、有奖征询、问卷调查、民意测验等。

②促进组织发展的公共关系策略主要有以下五种类型：

一是建设型，即通过高姿态、高频率的宣传和交际，向公众作自我介绍，以在公众心中形成良好且深刻的第一印象，以提高知名度，扩大影响力，为今后发展壮大奠定坚实基础。该策略多适用企业初创阶段或开创新局面阶段，或产品生命周期的导入期。

二是维系型，即通过各种传播媒介，以低姿态连续不断向公众传达各种信息，不断巩固业已形成的良好的公众关系，将组织的良好形象潜移默化在公众心中。该策略适合企业的稳定发展阶段，或产品生命周期的成熟期。

三是防御型，即通过内部各种渠道，及时向决策层和有关部门提供外部信息，特别是批评性的信息，并提出改进性的参考意见，用事实对全员进行公关教育和警示教育，使全员从思想到行动都能自觉维护组织形象。该策略适合外部环境形势严峻、与外部公众发生摩擦和矛盾、与外部整合出现困难等情况。

四是矫正型，即当组织公共关系严重失调或组织形象严重受损时，应及时与相关公众包括上级机关、媒体机构等取得联系，同时采取一系列有效措施做好传播沟通与善后工作，以尽快平息风波，恢复公众信任，挽回声誉，改善受损形象。

五是进攻型，即当组织与周围环境或公众发生严重不协调甚至形成某种冲突时，以攻为守，抓住有利时机和条件，主动调整策略和相应措施，以改变对周围环境或某类公众的过分依赖，从而摆脱困境，获得新机遇，创造新环境，开创新局面。

（4）营业推广。是除广告宣传、人员推销、公共关系之外，用于鼓励购买、短期促销而采取的所有营销活动的总称。根据推广对象的不同可分为三种类型。

①面向消费者的营业推广，主要采取以下九种手段：

一是赠品赠券、赠印花赠服务。选在商店或闹市区散发，或公开广告赠送、入户派送、附于其他产品赠送礼品，如果农进城销售苹果，赠送用自家玉米皮编织的各种果篮，苹果很快被抢购一空；通过购买商品、广告或直邮赠送折价券，以供顾客下次购买商品打折；购买一定金额的产品赠送商业印花一张，累计后可兑换奖品或赠品；对购买产品者免费送货上门、安装调试、技术指导等。该方式费用较高但最为有效。

二是样品试用。在广告活动的支持下，采用邮寄，上门派送，店员分发小包装、小分量的样品以让消费者免费试用的方式，培养消费者使用该产品的习惯。适用于质量优质可靠、可分装、购买频率高的产品。如免费试吃传递产品美味，特别适合鲜食农产品、小食品、咖啡、果汁等的促销。

三是包装促销。以优惠价格提供组合包装和搭配包装的产品。

四是设置特价品。采用产品包装上特别标明或特价方式推广，以低于正常价的优惠价让利消费者。

五是赠送抽奖。为刺激购买而以赠送或低价形式提供给消费者使用物品,如买剃须刀赠送刀片、买牙膏赠送牙刷等;购买一定量的产品后可获得抽奖券,凭券抽奖或摇号、组合抽奖获得奖品或奖金。该策略适合非必需品促销,目的在于提高产品形象,扩大顾客基数,增加近期销售。

六是现场演示。由促销员在销售现场演示产品,介绍产品的特点、用途、使用方法等。

七是会议促销。通过展销会、展览会、推介会、业务洽谈会等各种会议现场介绍、推广促销产品。

八是参与促销。举办消费者技能竞赛、知识比赛等各种活动,奖励参与者和获胜者,以促进产品销售。

九是联合推广。与零售商联合促销,在橱窗、商场集中陈列产品,边展览边销售。

②面向中间商的营业推广,主要采取以下七种手段:

一是批发回扣、推广津贴。为争取批发商、零售商等中间商多购进、多推销产品,在一定时期内给予中间商一定比例回扣或推广津贴。

二是货位、陈列、广告、回购津贴。为获得新产品占有货位的特权,或安装特殊设计陈列产品的货架、柜台和场地,补贴零售商广告费,回购未售出产品或竞争对手产品,而支付一定数额的津贴。

三是销售奖励。根据各个中间商的产品销售业绩,或为了使中间商达到特定的目标销售额,给予各种奖励,如现金奖、实物奖、免费旅游奖。

四是扶持零售商。对零售商的装潢资助、提供广告、代培销售员等。

五是贸易折扣。给所有中间商设定某一幅度的贸易折扣,并向他们提供短期折扣或资金上的优惠条件,再由中间商通过短期减价或特卖等形式将这部分贸易折扣转让给顾客和消费者。

六是合作广告。为推出新产品或宣传某产品、迎接竞争对手,而向中间商补偿其经销区域内用于本产品、标志或本企业广告的全部或部分费用。通常合作广告要求中间商提供广告发票和发布证据,或要求中间商使用给其提供的广告用品，以保证统一的产品和企业形象。

七是中间商聚会。通过举办中间商聚会来推介新产品、宣布新的营销推广方案、展示销售业绩、举办销售和服务培训班等。

③面向员工的营业推广。通过销售竞赛、免费提供培训和技术指导、奖励提成、职务提升、荣誉奖励等方式，鼓励和激发全体员工特别是销售部门员工努力创造最佳销售业绩。

营业推广的促销效果十分显著，但使用不当，反而会影响促销效果，甚至损害产品和企业形象。因此必须加以控制。

一是要选择适当方式。应结合产品性质、不同方式的特点和使用范围、消费者的接受习惯选择合适的营业推广方式。二是确定合理期限。通常应根据消费者平均购买周期或淡旺季间隔确定推广期限。推广期过长会使消费者感到习以为常，失去刺激需求的作用，甚至产生疑问或不信任感；过短则会使部分顾客来不及接受营业推广的好处，收不到最佳的促销效果。三是严禁弄虚作假。本来营业推广就有贬低商品之意，如果再不严格规范和约束控制，将会严重损害产品和企业形象，根本无法达到促销的目的。因此，必须严格禁止营业推广中的徇私舞弊、弄虚作假、随意乱用现象。四是注重中后期宣传。通常营业推广比较注重前期宣传，但中后期宣传更为必要，因为这是消费者验证营业推广是否可信、能否兑现的关键时期。如果宣传到位、高效，既能刺激消费者的购买欲望，达到促销目的，又能换取公众对企业的良好口碑，有利于进一步美化企业形象。五是注意预算和效果测算。

五、市场营销策略组合

市场营销策略组合，是指企业在选定的目标市场上，综合考虑外部环境、自身能力、市场竞争状况以及自身可控因素，将产品、价格、渠道、促销策略进行优化组合并加以运用，以完成企业的营销目标和任务。市场营销策略组合由美国哈佛大学的教授尼尔·鲍顿于1964年最早采用。随后，理查德·克莱维特教授把营销组合要素归纳为产品、定价、渠道、促销。

1. 4P 营销策略组合

（1）买方市场的 4P 营销策略组合。

20 世纪 60 年代，市场开始由卖方市场向买方市场转变，企业也随之实现了由传统经营向现代经营观念的转变，与此相适应的是市场营销手段也多种多样且十分复杂。1960 年，美国市场营销专家麦卡锡教授在大量企业市场营销实践的基础上，提出了著名的 4P 营销策略组合理论，即产品（Product）、定价（Price）、地点（Place）、促销（Promotion），奠定了营销策略组合在市场营销理论中的重要地位，也为企业实现市场营销目标提供了重要的市场营销方案和手段。见表 4-3。

表 4-3　4P 市场营销策略组合

市场营销策略	目标市场
产品（Product）	种类、质量、设计、性能、品牌、包装、规格、服务、保证、退货
定价（Price）	目录价格、折扣、折让、付款期限、信用条件
地点（Place）	销售促进、广告、人员推销、公共关系、直接营销
促销（Promotion）	渠道、覆盖区域、商品分类、位置、存货、运输

（2）特定市场的 6P 营销策略组合。

20 世纪 80 年代以来，世界经济发展滞缓，国际市场竞争日益激烈，许多国家特别是经济发达国家的贸易保护主义抬头，政府干预、支持力度加强，企业外部的政治、社会环境对市场营销的影响和制约越来越大。因此制定和优化市场营销策略组合，一方面应该在充分考虑企业自身的资源要素以及营销目标，另一方面还要认真考虑不可控的外部环境特别是政治、社会等因素的影响和制约。与此同时也要充分利用市场营销策略组合对周围的外部环境施加影响，从而为进一步拓展市场，促进企业发展壮大创造有利条件。为此，1986 年，美国著名的市场营销学家科特勒教授提出大市场营销策略，即在原 4P 基础上增加政府权力（Power）、公共关系（Public Relations），简称 6P 营销组合理论。其大市场营销是指为了成功进入壁垒森严的封闭性或保护型的特定市场，在策略上必须协调使用经济心理、政治、公共关系等手段，以获得外国或地区有关方面的合作和支持。企业要想成功打入这些特定市场、实现营销目标，除了需要做出较大让步之外，还必须运用大市场营销策略组合即6P组合。其重点在于深入分析如何满足目标客户需求的同时，要详细研究企业相关的外部公共关系，特别是主要来自政治方面的人为阻力和障碍，并制定对策，巧妙借助政治力量和公共关系技巧，消除产品销往目标市场的各种障碍，并取得有关方面的支持和合作。其特点是注重调和企业与外部的公共关系，强调用公共关系去排除政治和人为障碍；突破了市场营销环境的不可控因素，主张可以通过市场营销活动施加影响或运用权力疏通关系来改变这些不可控的环境因素。

（3）客户至上理念下的11P营销策略组合。

1986年8月，科特勒又提出11P营销策略组合，即在6P基础上增加探查（Probing）、分割（Partitioning）、优先（Prioritizing）、定位（Positioning）、员工和客户（People），并将其称为"战略营销4P"，将产品、定价、渠道、促销称为"战术营销4P"。该理论认为，"战略营销4P"的计划过程必须先于"战术营销4P"的制定；只有搞好"战略营销4P"，才能据此顺利制定"战术营销4P"；前面6P策略组合确定得是否恰当有效，取决于"战略营销4P"组合；企业只有牢固树立"客户（1P）至上"的指导思想，在"战略营销4P"的正确指导下，通过制定和实施"战术营销4P"，合理运用政府权力和公共关系（2P），企业员工（1P）共同努力，就可以排除打开目标市场的各种障碍，实现营销目标。最后的1P即企业员工，贯穿企业市场营销活动的始终，也是前面10P实施成功的重要保证。见表4-4。

表4-4　11P市场营销策略组合

策略分类	市场营销策略	目标市场
战术营销4P	产品（Product）	质量、功能、款式、品牌、包装
	定价（Price）	在产品生命周期的不同阶段，制定相应的合适价格
	地点（Place）	建立合适的销售渠道
	促销（Promotion）	尤其是要做好广告

续表

策略分类	市场营销策略	目标市场
特定市场 2P	政府权力（Power）	依靠国与国的政府谈判，打开对方市场，依靠政府人脉打通各方面关系
	公共关系（Public Relations）	利用新闻宣传媒体的力量进行有利的报道，消除或减缓不利的报道，树立良好形象
战略营销 4P	探查（Probing）	通过市场调研了解消费者对某种产品的需求状况和具体要求
	分割（Partitioning）	按照影响消费者需求的因素进行市场细分
	优先（Prioritizing）	选出目标市场
	定位（Positioning）	赋予产品一定特色，在消费者心目中形成一定印象，确立竞争优势
1P	客户和员工（People）	只有充分调动员工积极性，才能发现客户需求、满足客户需求，吸引更多客户，实现营销目标

2. 4C 营销策略组合

20世纪90年代初，随着信息网络技术的进步和通信交通的飞速发展，世界进入全新的电子商务时代，人们消费的个性化和感性化更加突出，企业为了深入细致地了解众多消费者的需求和欲望，迫切需要与消费者进行双向信息沟通。1990年，美国市场学家罗伯特·劳特伯恩教授提出 4C 理论，即顾客（Customer）、成本（Cost）、便利（Convenience）、沟通（Communication）。该理论主张以消费者为中心，强调企业营销活动应围绕消费者所求、所欲、所能来进行，如产品策略应更加关注顾客的需求与欲望，价格策略应重点考虑顾客为得到商品或服务所愿意付出多大代价，促销过程应保持与顾客双向沟通。企业不能只卖所能生产的产品，而是应首先研究消费者欲望和需求，据此设计生产出能满足消费者需求的产品、卖客户想要购买的产品；暂时放弃主观的定价策略和已成定式的地点策略，了解消费者为满足其需求愿意付出的成本，优先考虑如何为消费者选购产品提供便利；最后用面向客户、双向沟通、精准定价和便利选购，实现营销目标。见表 4-5。

表 4-5　4C 市场营销策略组合

市场营销策略	目标市场
顾客（Customer）	通过满足消费者需求或改变其价值观和生活方式来占领和巩固市场
成本（Cost）	包括生产成本和交易成本，如购买时间、风险成本
便利（Convenience）	方便顾客，为顾客提供全方位的优质服务
沟通（Communication）	围绕消费者并与其进行经常性信息交流，建立基于共同利益的产销关系

3. 4R 营销策略组合

20 世纪 90 年代中期，美国学者舒尔茨提出 4R 市场营销策略组合，即关联（Relevancy）、反应（Reaction）、关系（Relationship）、回报（Reward）。4R 理论以竞争为导向，构建了一个全新的市场营销框架和理念，强调消费者对企业至关重要，主张企业不能只关注自身利益，应该与消费者建立长期关系，形成良好友善的亲密关系，让消费者感受到企业对他的重视与关爱，提出企业与顾客及其他利益相关者应建立起事业和命运共同体，以巩固和发展长期的合作关系，与此同时，也必须考虑市场营销的投资和利润及其价值的回报。4R 理论站得更高、看得更远，强调的是长期的利益关系，而不仅仅是一次性的市场交易，这种长远的目光也催生了企业对社会的责任。

4. 4V 营销策略组合

进入 20 世纪 90 年代以来，高科技产业迅速崛起，高科技企业、产品与服务不断涌现，互联网、移动通信工具、发达交通工具和先进的信息技术，使世界面貌焕然一新，人类社会俨然变成一个"地球村"。企业和消费者之间的信息不对称得到极大改善，沟通渠道多元化，越来越多的跨国公司开始在全球范围进行资源整合。在这种背景下，营销观念、方式也不断丰富与发展，并形成独具风格的新型营销理念，在此基础上，国内学者吴金明等提出了 4V 营销组合理论，即差异化（Variation）、功能化（Versatility）、附加价值（Value）、共鸣（Vibration）的营销组合理论。其特点是强调差异化营销，使自己与竞争对手区别开来，树立自己独特形象，同时也使消费者相互区别，以满足消费者个性化需求；要求产品或服务有更大柔性，能够针对消费者具体需求进行组合；更加重视产品或服务中的无形要素，通过品牌、文化等来满足消费者的情感需求。

（1）差异化。是指顾客需求个性化、市场营销差异化。管理大师德鲁克认为，企业的宗旨就是创造顾客。创造顾客的本质就是创造差异，只有产品有所差异，才会有顾客和消费市场，才能在激烈的竞争中立于不败之地。产品差异化既是满足顾客个性化需求的关键，又是与竞争对手区别的标志。市场营销差异化所追求的是产品的"不完全替代性"，即企业为顾客所提供的产品功能、质量、服务、营销等是竞争对手不可替代的。差异化营销主要分3个方面：一是产品差异化，即凭借自身技术和管理优势，生产出质量、性能明显优于市场同类的产品，从而吸引不同的顾客群体，并形成独自的市场；二是形象差异化，即通过实施正确的品牌策略和企业形象战略，运用得力的广告宣传，树立企业不同一般的良好形象，从而使顾客对企业的产品服务消费发生偏好；三是市场差异化，即通过产品的差别性价格、合理的分销渠道、有特色的宣传活动、灵活的推销手段、周到的售后服务细分市场，满足不同的消费群体。

（2）功能化。产品功能分3个层次：一是核心功能，主要由基本功能构成，这是产品存在的理由，如手表的计时、手机的移动通话、电脑的计算和编辑功能等；二是延伸功能，即功能向纵深方向发展，如手表的计数、手机的储存、电脑的上网等功能；目前许多产品正由单功能向多功能、全功能发展；三是附加功能，如美学功能等。但产品的功能越多，其成本越高、价格也越高；产品的功能越少，其成本越低、价格也越低。因此，企业必须运用功能弹性化策略，根据消费者的不同需求，提供不同功能的系列化产品，功能较多就是高档产品，减掉一些功能就是中低档产品。消费者可根据自己的需求、购买能力和消费习惯从中选择相应功能的产品。

（3）附加价值。产品价值包括基本价值和附加价值，前者由生产和销售产品的物化劳动和活劳动消耗所决定，后者则由技术、营销、服务、品牌附加构成。随着科技进步和管理创新，前者在产品价值构成中的比重将逐步下降，而后者的比重却显著上升。许多著名企业的产品竞争已不仅仅局限于核心产品与形式产品，而是附加产品的竞争，即更强调产品的高附加价值。因而，当代营销新理念的重心在产品的附加价值化，一是用科技创新增加技术含量提高产品的附加价值,从技术创新走向价值创新;二是用服务与营销创新提升服务质量,让客户满意,提高产品的附加价值;三是通过塑造优秀的企业文化、培育著名的商标品牌、扩大企业的知名度和美誉度、塑造良好的企业形象,提高产品的附加价值。顾客购买产品既是购买产品的使用价值,更是购买产品的价值;消费者表面上是消费企业提供的产品,实质上是消费企业的文化。因此优秀、著名的企业的产品从来不会轻易降价,因为价格代表企业及其品牌的价值,代表企业的信誉、产品服务的质量。

(4)共鸣。通常,消费者购买产品和服务所追求的是产品和服务的价值最大化,即通过最低的价格获得最大的价值。这里的价值主要指产品、服务的功能(基本+延伸+附加)、质量(外在+内在)、效用(物质+心理)与价格之比。企业只有将技术进步和管理创新顺利转化成产品和服务创新以及内含在产品和服务之中的价值创新,才能真正满足顾客购买产品和服务的目的,才能让顾客和消费者最大限度地体验和享受产品和服务的实际价值,获得最大限度的满足。一旦消费者能稳定地获得这种"价值最大化",将会不可避免地成为该企业的终身顾客,从而使企业与消费者之间产生共鸣,企业也会因此实现利润最大化。

随着科技进步和人类经济社会的不断发展,由"价值创新"构成的附加价值在产品和服务的价格中占比越来越大,并从更深层次上提高了企业的竞争能力。价值创新的着眼点就是将企业的经营理念直接定位于消费者的"价值最大化",通过强调"客户至上"和建立"顾客导向",为目标市场上的消费者提供高附加值的产品,以此实现向顾客让渡价值,即顾客整体价值与顾客整体成本之差。二者分别指顾客从购买的产品和服务中所期望得到的全部利益(产品价格+服务、人员、形象等价值)、所愿意付出的全部成本(产品价格+时间、精力、精神等成本)。顾客让渡价值的实现要求顾客得到的整体价值要大于整体成本,即产生整体上的消费者剩余。每个顾客在消费产品和服务时都有一定的价值取向,其购买行为都是在成本与利益比较和心理评价之后发生的。顾客只有在其整体价值最大化后,才乐意倾注其整体成本的全部。因此,企业不仅要创造价值,而且更要关注顾客在购买产品和服务时所倾注的全部成本。企业只有在"价值提供"上达到顾客要求时才能获得顾客整体成本的全部，从而实现"利润最大化"，达成供求双方的共鸣。

4V营销的特点：一是其核心内涵是以顾客忠诚（CL）为制高点开展营销活动，既兼顾社会和消费者的利益，又兼顾企业与员工的利益；二是达成顾客忠诚（CL）目标的具体途径，顺利实现"顾客导向（CI）→顾客满意（CS）→顾客忠诚（CL）""3C"的成功转变；三是只有以CL为主导、以CI→CS→CL为操作主线开展4V营销，同时不断进行企业文化建设和战略管理体系的再造与重构，才能培育和构造出卓越的核心竞争力。

适用范围：一是企业能否拥有创新并以其持续不断的创新（含技术、管理与制度三大创新）形成并维持其产品或服务的独特性，且很难被竞争对手模仿，这里的独特性与4V策略中的差异化相对应；二是能否以其独特性（或技术或产品或服务的单一面与多面共存等）通过市场渗透与生产扩展形成完整的产业链和价值增值链。这里的独特性正好与4V策略中的功能化和附加价值密切相关；三是能否长期稳定地给顾客进行价值提供，并带给顾客更多的消费者剩余与超值效用，这也正是企业和消费者共鸣化的核心基础。

5. 4I营销策略组合

自从20世纪90年代互联网在全世界开始推广应用至今，互联网已经成为人们生活中必不可少的重要组成部分。尤其是伴随互联网的长足进步，许多消费者在基本物质需求近乎得到满足后开始充分追求个性发展，移动互联网、手机、笔记本电脑、平板、电子娱乐产品、网购、物流配送等的大量出现，让许多消费者的生活既丰富又孤独，大众娱乐的趣味性、张扬个性、追求多赢、不再被动接受而喜欢互动等，已经成为当今世人尤其是年轻人的重要特征。特别是当前的网络环境，信息产生如同"大爆炸"，而注意力成为稀缺资源，因此如何吸引眼球、引起注意成为现在市场营销的首要难题。4I营销策略组合理论，即"趣味性（Interesting）、利益性（Interests）、互动性（Interaction）、个性化（Individuality）"，应运而生。4I理论不仅能让众多消费者注意力大转移、快聚焦，更能让营销较以往更含蓄，常常是内容即广告，广告即内容，在潜移默化中占据消费者心智，在深层次进行精细化营销。

（1）趣味性。大众互联网除了通信、传播、引导等功能之外，其娱乐功能深受大众欢迎，泛娱乐化迅速显现。在电商、网购充斥人们日常生活的今天，如何通过充满趣味性的文字、图片、视频展现营销内容，在碎片化、社会化的当今显得尤为重要，故通过制造一些趣味、娱乐的糖衣和香饵，将营销信息巧妙包裹其中，已经成为吸引顾客、成功营销的非常有效的方式。枯燥的官话套话、广告宣传等已经被许多消费者摒弃，对于缺乏趣味性的话题和内容，网友会敬而远之，许多没有转发分享的传播内容将不再具有营销价值。

（2）利益性。营销必须产品、信息与服务并存共行，营销活动若不能为目标受众提供利益，必然寸步难行。利益是众多消费者关注和分享的理由，也是刺激信息交互的催化剂。这里说的利益更加宽泛，物质、金钱等实利只是其中一个部分，它还包括信息、功能、服务、心理满足、精神荣誉等。广告的最高境界是没有广告，只有资讯。消费者抗拒广告，但需要其需求产品的相关信息。直接推销吃闭门羹的概率很大，但是提供资讯则会让消费者十分受用，如果再辅以优惠甚至免费服务和精神享受，消费者自然会笑纳。

（3）互动性。互动是网络营销最有效的手段，也是区别于传统媒体如报纸杂志、广播电视等广告宣传和传统营销最显著的标志、最具革命性的优势。一是只有充分挖掘网络的交互性，不再让消费者单纯接受信息，不再局限于单向布告、强制灌输式的营销，才能与消费者充分交流，做到扬长避短、事半功倍。二是当今数字媒体技术的进步，已经能让企业以最小成本便捷地深度参与和消费者之间的平等互动交流，并给消费者留下更为深刻的品牌印象。但是在传统营销环境中，个性化营销成本非常高，很难推广。但在网络媒体中，数字流的特征让这一切变得极其简单，细分出一小类人，甚至一个人，做到一对一营销都成为可能。三是企业可通过设置话题、建立社区、开展社交媒体营销等多种方式进行适当引导，有效缩短客户与品牌的距离感，帮助企业形成口碑传播，有助于客户消除疑问、加深了解、增加对品牌的忠诚度，为企业带来独特的竞争优势。

（4）个性化。其包括个性化需求识别、做出积极的营销反应，即企业首先要通过大数据挖掘技术，对目标客户的购买行为、地域信息、消费特征等数据进行分析,将消费需求分众化、个性具体化,然后针对不同目标客户的若干个性化需求制订针对性营销方案。其次有计划地开展用户体验活动,根据用户信息显示个性化内容,让用户感觉到精准无误、特别对待、个性专属、心满意足。总的来说,不管是个性化筛选还是个性化体验,其目的都是给予客户"焦点关注",知客户所喜、投客户所好,满足个性化需求,激发其购买行为,让营销有的放矢。

上述五种市场营销策略组合的主要内容和优缺点比较见表4-6。

表4-6 五种市场营销策略组合的主要内容和优缺点比较

营销策略组合	营销策略	基本内容	优缺点
4P	产品(Product)	产品组合、产品生命周期、包装、品牌	优点:使营销理论体系化,使复杂现象和理论简单化,为营销提供易于操作的框架,做到了理论上概括、实务上可操作 缺点:不足以涵盖所有行业的可控变量,只适合制造业中消费品营销,仅适用于卖方市场
	定价(Price)	决定定价导向、做出调价反应、评价调价风险	
	地点(Place)	确定渠道模式、优选中间商,组织协调、实体分配	
	促销(Promotion)	广告宣传、人员推销、营业推广、公共关系	
4C	顾客(Customer)	客户至上,忘掉产品、记住需求、不忘期望	优点:以客户为中心进行一对一传播,注重资源整合、宣传企业形象,以传播和双向沟通为基础 缺点:与市场竞争导向矛盾,不能形成营销的个性优势,未遵循企业经营的原则,未解决满足客户需求的创造性问题,被动适应客户需求的色彩较浓
	成本(Cost)	忘掉价格,统筹企业成本,兼顾客户费用,让客户相对满意	
	便利(Convenience)	忘掉地点,记住方便客户,提供便利购物通道	
	沟通(Communication)	忘掉促销,记住与客户沟通,培养其忠诚度	
4R	关联(Relevancy)	与客户建立关联,提高其满意度和忠诚度,介绍客户流失	优点:以竞争为导向,概括了新框架,体现并落实关系营销新思想,反应机制为互动合作、建立关联提供良好保证,回报兼容了成本和双赢的内容 缺点:需要企业具备足够的实力或某些特殊条件
	反应(Reaction)	提高市场反应速度,倾听和满足客户的需求与渴望	
	关系(Relationship)	与客户保持合作关系,建立长期而稳定的关系	
	回报(Reward)	注重投资的利润和价值回报	

续表

营销策略组合	营销策略	基本内容	优缺点
4V	差异化（Variation）	以不同特色产品、周到服务树立良好企业形象	优点：弥补了 4C 策略的差异化问题，兼顾了社会和消费者、企业和员工的利益，可培养构建企业的核心竞争力，是达成客户忠诚度的具体途径 缺点：对企业实力的要求较高
4V	功能化（Versatility）	提供不同功能系列产品，满足不同客户的消费需求和消费习惯	
4V	附加价值（Value）	提高产品服务的附加价值，充分满足客户需求	
4V	共鸣（Vibration）	使客户获得最大限度满足，实现企业效益最大化	
4I	趣味性（Interesting）	用趣味性的文字、图片、视频展现营销内容	优点：有助于吸引顾客注意、缩短距离、消除疑问、加深了解、识别个性需求，便于针对性营销，实现个性化体验，形成口碑，快速传播，增加品牌忠诚度，为企业带来独特的竞争优势 缺点：需要数字媒体技术和大数据挖掘技术支持
4I	利益性（Interests）	用营销尽可能满足客户物质和精神、信息和咨询、产品和服务等利益需求	
4I	互动性（Interaction）	用双向沟通互动和适当引导缩短与客户距离，形成口碑，快速传播	
4I	个性化（Individuality）	用大数据挖掘筛选识别个性化需求，用针对性营销实现个性化体验和满足	

第二讲　农产品电商与物流

一、农产品电商

电商是电子商务的简称，即利用电子计算机、网络、数据库、电子支付、远程通信等技术，实现所有商务活动及其过程的电子化、数字化和网络化。电子商务是一种理念，也是采用先进信息技术的买卖方式，是现代信息技术和商务的集合，并非简单地采用电子设施完成商务活动，而是通过电子计算机网络和网上众多的商品信息、完善的物流配送系统、方便安全的资金结算系统进行交易，用电子媒介代替纸质媒介的单据、现金进行买卖交易。企业电子商务系统构成及其外联网络如图4-4所示。

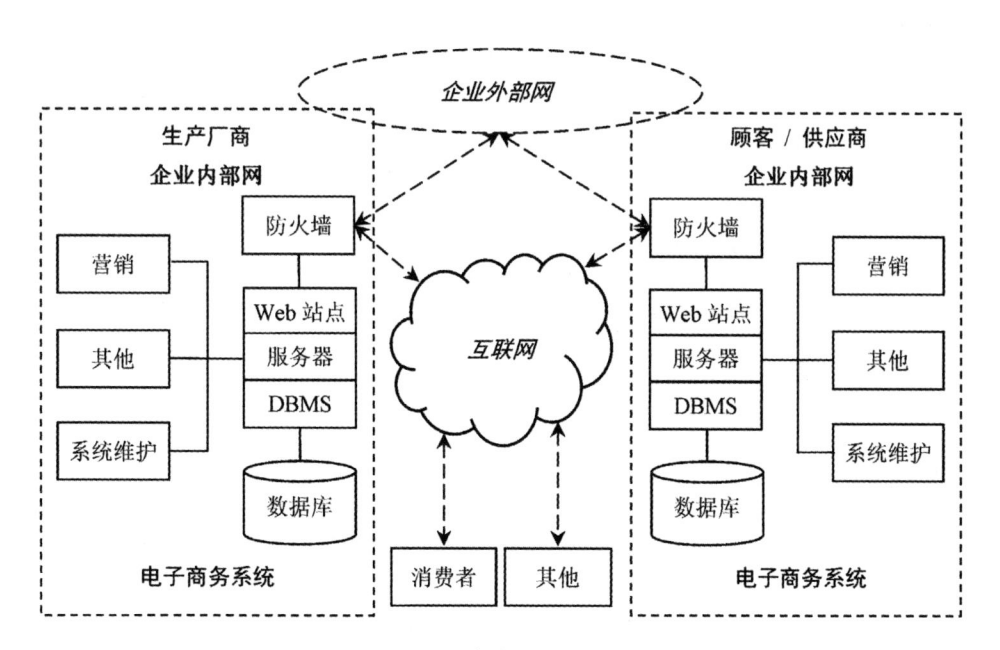

图4-4　企业电子商务系统构成及其外联网络

电商的优点：一是通过业务运作的电子化、无纸化和流程化，大大提高了交易速度，加快了完成交易的进程。二是通过电子邮件和电子数据交换节省了大量费用和人工，简化了管理。三是通过电子商务系统网站使买卖双方均能了解对方最新数据，通过电子数据交换可加强双方合作。四是通过快捷方便提供产品信息和服务有效提升服务质量。五是通过提供交互式销售渠道，能及时得到信息反馈、改进工作。六是能提供全天候服务。七是能在全球范围内选择贸易伙伴，大大增强企业的市场竞争力，能以最小的投入获得更多的利润。

电商的应用条件：一是第三方交易平台，即在电子商务活动中为交易双方或多方提供交易撮合及相关服务的信息网络系统总和。二是第三方交易平台经营者，即在市场监督管理部门登记注册并领取营业执照，从事第三方交易平台运营并为交易双方提供服务的自然人、法人和其他组织。三是第三方交易平台站内经营者，即在电子商务交易平台上从事交易及有关服务活动的自然人、法人和其他组织。四是有大量的企业门户网站经营所需要的、比较完善的信息流、资金流、商流、物流等。

企业电子商务系统与外部环境如图 4-5 所示。

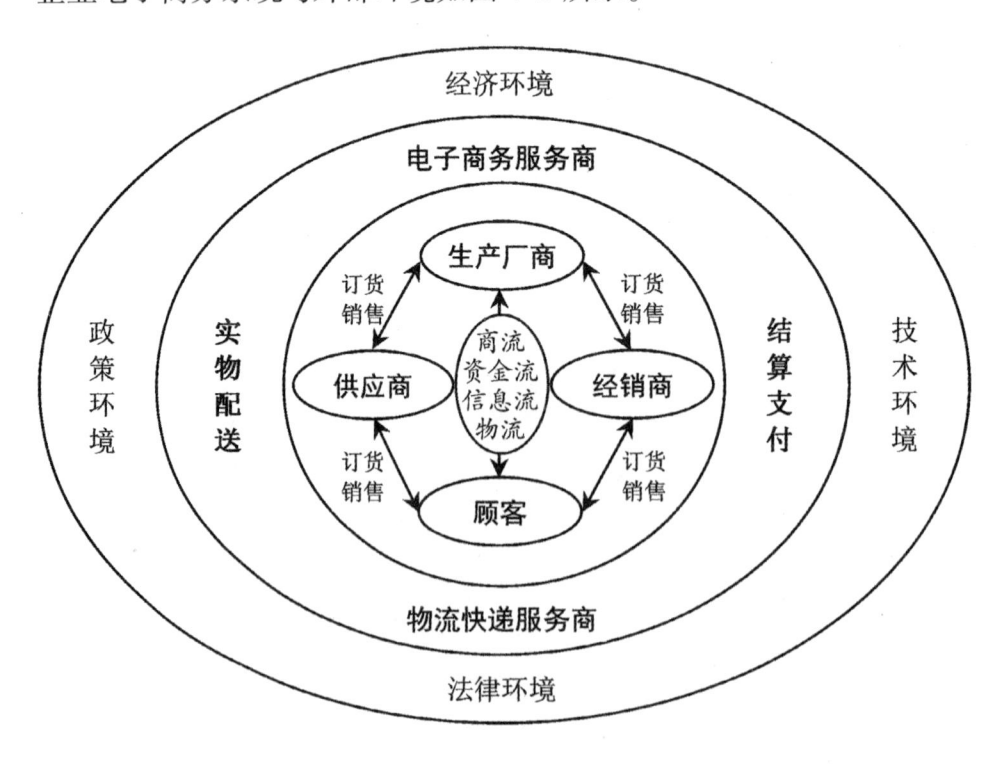

图 4-5 企业电子商务系统与外部环境

1. 电子商务的功能

电子商务可以提供网上交易和管理等商务活动的全过程服务。其主要具有以下八个功能：

（1）广告宣传。企业可通过网络服务器和客户浏览，在互联网上发布企业和商业的各类信息供客户浏览。客户可借助在线搜索工具快速找到所需的商品信息，而商家可利用网上主页和电子邮件在全球范围内做广告宣传。网络广告成本较低，可为客户提供更多信息，可覆盖全球。

（2）咨询洽谈。交易双方可使用非实时的电子邮件、新闻组、实时讨论组和实时论坛等了解商品和市场信息，洽谈交易，也可使用在线互动平台如白板会议、腾讯会议等交流即时图形信息。在线咨询洽谈可以超越面对面谈判的局限，提供多种方便的异地远程对话形式，还可在线传输实时的图片和视频片段，营造面对面交谈的感觉。

（3）网上订购。企业可借助网络的产品介绍页面提供友好的订购提示信息和订购单，当客户填完采购订单后，系统将通过邮件、微信、短信等其他方式通知客户确认订单信息。通常，订单信息是以加密的方式传输和存储的，以确保客户的商业信息不会泄露。

（4）网上支付。交易双方可使用网上银行、信用卡账户、虚拟电子货币等实现支付。网上电子支付比传统支付方式更加高效和方便，还可节省交易过程中的人工成本。但在线支付涉及商业机密，需要更可靠的信息安全控制，以防止欺诈、窃听、冒用、病毒和非法入侵等非法活动。

（5）电子账户。银行、保险公司等金融机构为客户提供网上操作的金融服务，并做好电子账户安全管理。信用卡号或银行卡账号是电子账户的符号，应采取必要的技术措施，如使用数字证书、数字签名、加密等手段，为电子账户及其操作提供可靠的安全保障。

（6）服务传递。通过网上服务信息传递，可将交易过程中的订购、支付、物流配送等信息以及相关的软件、电子读物等，通过网络直接传给客户。

（7）意见征询。在网页上可采用"选择""填空"等问卷方式收集用户对产品和服务的意见反馈，通过统计、分析反馈意见和交易数据，可了解用户的需求和爱好，以便改进产品、拓展市场，有效把握市场发展趋势。

（8）交易管理。交易过程涉及企业的人、财、物，企业与客户，企业内部等各方面的协调与管理。因此，企业一方面要加强内部局域网和互联网的互联互通，另一方面要通过提高内部业务往来与外部交易管理的集成化和自动化水平，同时要做好加密和签名机制、分布式安全管理、存取控制、防火墙、安全万维网服务器、防病毒保护等安全防护工作，以确保电子商务的安全、高效、快速、便捷。

2. 电子商务的分类

（1）企业内部电子商务。企业通过防火墙将内部网与外部的互联网隔离；企业内部网主要用于自动处理企业内部产供销、人财物技等管理业务操作和工作流，增加对重要系统和关键数据的存取，共享经验，共同解决客户问题，并保持部门间的联系。目的是快速敏捷处理各项业务，对市场变化能做出快速反应，能更好为客户提供优质服务。

（2）企业间电子商务（B2B）。是指企业与企业之间通过电子商务网络系统进行产品、服务的采购、销售及信息的收集和交换。它包括发布供求信息，订货及确认订货，支付过程及票据的签发、传送和接收，确定配送方案并监控配送过程等。

（3）企业与消费者的电子商务（B2C）。是指企业网上销售或消费者网上购物。由于该模式大大节省了企业和客户双方的时间、空间，加快了交易进程，提高了交易效率，节省了各类不必要的开支，目前已经成为企业和消费者的首选。B2C 模式是我国最早的电子商务模式，如今的 B2C 电子商务网站非常多。

（4）消费者之间的电子商务（C2C）。是指买卖双方在第三方提供的电子交易平台上发布商品信息或提供商品进行网上拍卖，让买方自行选择和购买商品或参与商品的竞价拍卖。

（5）ABC 电子商务。它被誉为继阿里巴巴 B2B 模式、京东商城 B2C 模式、淘宝 C2C 模式之后电子商务界的第四大模式，是由代理商、商家和消费者共同搭建的集生产、经营、消费为一体的电子商务平台。代理商、商家和消费者之间可以转化。大家相互服务，相互支持，你中有我，我中有你，真正形成一个利益共同体。

（6）企业与产品销售者或经理人之间的电子商务（B2M）。该模式对 B2B、B2C、C2C 模式而言，是一种全新的电子商务模式，其与其他三者的根本区别在于目标客户群的性质不同，其他三者的目标客户群都是以消费者的身份出现，而 B2M 的目标客户群是该企业或该产品的销售者或为其工作者。

（7）管理者与消费者之间的电子商务（M2C）。M2C 是针对 B2M 模式的延伸。B2M 模式中，企业通过网络平台发布该企业的产品或者服务，职业经理人通过网络获取该企业的产品或者服务信息，并且为该企业提供产品销售或者提供企业服务，企业通过经理人的服务达到销售产品或者获得服务的目的。

（8）企业与政府机构之间的电子商务（B2G）。是指企业与政府之间通过电子商务网络系统进行产品、服务的招投标或直接采购、销售及信息的收集和交换。

3. 电子商务的运营模式

（1）综合商城。是指拥有 N 个品牌专卖店的网上商城。通常，综合商城有庞大的购物群体，有稳定的网站平台，有完备的支付体系、诚信安全体系，促进了卖家进驻卖东西、买家进去买东西。综合商城自己不卖东西，而是提供完备的销售配套。而线上的综合商城优势在于人气旺盛，产品丰富，物流便捷，成本很低，24 小时不休息，无区域限制，这预示着网上综合商城具有美好的发展前景。

（2）专卖商店。是指只销售某个企业的多个或系列品牌的网上商店。

（3）百货商店。商店的卖家只有一个，而产品琳琅满目，可满足广大消费者的日常消费需求。商店有自有仓库，备有更快的物流配送和客户服务。如线上的沃尔玛等。

（4）垂直商店。商店在网上服务于某些特定的人群或某种特定的需求，提供有关这个领域需求的全面及更专业的服务。

（5）复合品牌店。该模式利用传统品牌商加入电商市场，以抢占新市场，扩充新渠道，优化产品与渠道资源。由于线上的消费者和线下的消费者不同，可大胆运用价格差异，通过其完善的仓储调配管理和网络销售降低商品店面陈列成本，摊分库存成本，优化现金及货品流通。

（6）轻型品牌店。该模式轻制造、重品牌，是一种"无工厂模式"，就是将产品设计、技术和市场营销等少数核心环节集中管理，而将生产制造外包出去。轻制造包括生产外包、商业众包、营销驱动、服务型制造等；产品价格的主要构成是品牌成本而非生产制造成本，由于品牌成本是企业可控，不受上游控制，当生产制造成本上涨时，可通过减少品牌成本调节或忽略不计。商业众包是指企业原本需要花钱雇人去做，而众人却很高兴免费去做的商业模式。如耐克公司一般都是邀请巨星拍摄球鞋广告，为应对危机，耐克通过网站等新媒体召集运动爱好者，让他们将自己的运动过程拍成视频，最终由耐克挑选其中片段作为耐克的主打广告发布出去，既节约了资源又达到了很好的宣传效果。

（7）衔接通道型。是指以节省厂商销售成本和帮助中小企业的供应链资源整合的新型电子商务运作模式。

（8）服务型网店。该模式是在网上提供专门服务以满足人们不同的个性需求，只收取适量的服务费，如帮你排队买电影票、火车票、飞机票，旅游照片冲洗、邮寄或制作相框、镶嵌有照片的瓷杯等。

（9）导购引擎型。网友们可以在这里分享产品体验，他们也热衷于将自己用过的产品体验告诉给更多的人。作为 B2C 的上游商，给商家们带去客户。服务业只有站在消费者的角度，从消费者的需求出发，才能获得成功。

（10）网购导航型。以导航模式收录正规诚信的商城，解决用户需要记忆繁多的网购商城的烦恼，而且可以避免用户因进入"钓鱼网站"而造成经济上的损失。该型网站能让对网上购物不了解的用户迅速找到自己所需要产品的正规商城。

（11）社交电子商务。该模式借助微信、微博等网络社交平台或媒介，通过社交互动、用户自生内容等手段传播分享商品信息，以引导用户购买或消费商品。一是专注于商品信息，主要是借助用户在社交平台上分享个人购物体验、在社交圈推荐商品的应用。二是通过社交平台直接介入商品销售过程，主要是让终端用户也介入商品销售过程中，通过社交媒介来销售商品。如电商顺便开个社区，以增加客户们的交流沟通，增加黏性，引导买卖；再比如卖家意识到增强社交属性可增强用户黏性，或发现邀请社交领域的意见领袖作为自己商品的导购，商品的转化率会更高。通常，许多电商先从主题社区起家，如恋爱社区，人气聚集起来之后，再上线一个在线付费教育网站；垂直社区则是先建立一个能满足人们社交欲求的社群，通过优质内容能邀请一些兴趣相投、志同道合的人参加，然后顺带卖些东西。该社区里常有意见领袖、红人、导师等，如小红书。

（12）团购模式。该模式团体线上购物，指认识或不认识的消费者联合起来，加大与商家的谈判筹码，以取得最优价格购物。根据薄利多销原则，商家可给出低于零售价格的团购折扣和单独购买得不到的优质服务。该模式通过消费者自行组团、专业团购网、商家组织团购等形式，提升用户与商家的议价能力，并极大程度地获得商品让利，引起消费者及业内厂商甚至是资本市场关注。网络团购的商品价格更为优惠，尽管团购还不是主流消费模式，但它所具有的爆发力已逐渐显露出来。

（13）线上订购、线下消费模式。该模式是消费者在网上的众多商家提供的商品中挑选并订购最合适的商品，然后到线下实体店体验，满意后再付款购买。该模式是网购的改进型，也是近年来新兴的一种模式，即将线下商务机会与互联网相结合，让互联网成为线下交易的前台；企业是线上揽客、线下服务，消费者是线上筛选产品服务、线下体验付款购物，完成产品和服务交易。优点：一是将传统的O2O的在线支付结算变成线下体验满意后再付款，彻底消除了消费者对网购诸多方面的不信任心理，顾客购物不仅放心有保障，而且也可享受快乐的购物过程；二是能够吸引更多热衷于实体店购物和网上购物的消费者参加；三是传统网购的以次充好、图片与实物不符等虚假信息的缺点将大为改善；五是推广效果可查，每笔交易可跟踪，深受广大消费者喜欢，交易规模增长很快。

4. 电子商务的运营策略

（1）定制策略。通过电子商务获得的信息，可掌握顾客和消费者的趋向、记录、习惯和个人特性，并根据客户的个别需要生产制造产品，从而为其提供定制产品、客制化服务、一对一营销。

（2）社区策略。通过主动的社区活动为社区客户提供所需产品和服务，以形成归属感，来提高社区用户的忠诚度。

（3）内容策略。通过网络为用户提供有附加价值的信息情报，具体包括网页设计特性，如页面构成是否合理，内容是否丰富、重点突出，色彩图案设计是否得体，利用方式是否便利，风格是否有趣、统一等；网页的技术特性，如内容检索是否便利，诸如企业情况、产品信息、品种规格和价格等，个性化数据构建、用户关联性信息。

（4）营销策略。以互联网为营销环境，通过联机网络、电脑通信和数字交互式媒体等，传递营销信息，开展营销活动，有效促成交易，实现营销目标。其主要包括深度挖掘网上资源，如收集信息、发布信息、支持服务客户等；做好网络营销准备，如宣传推广，通过抢占优良网址，做好网址宣传、用户连接、网页设计，提高用户访问率；开展网络管理维护，如通过网上分销联系进行网上调研，通过网上营销集成进行网上直销等。

（5）沟通策略。通过网页、电子邮件等手段给顾客和消费者提供专业知识和积极、负责任的信息，强化顾客对企业的了解，形成对企业的意见和看法。

（6）连接协力策略。通过电子商务与上下游企业和中间商无缝对接、商务外包结成战略合作伙伴；通过电子商务与同类企业联合购销、员工培训，协同创新，打造战略合作同盟。

5. 电子商务管理

（1）ERP系统管理。ERP（Enterprise Resource Planning）即企业资源计划，就是通过计算机及其相关软件实现企业资源计划的科学管理。它强调对产品研发与设计、作业控制、生产计划、产品采购、市场营销、销售、库存（投入品、半成品、成品）、财务、人事等方面进行集成优化的管理。主要包括ERP的模块结构、生产控制（计划、制造）、物流管理（分销、采购、库存管理）和财务管理（会计核算、财务管理）、ERP的功能与应用等。

（2）供应链管理。是指在生产及流通过程中，为将货物或服务提供给最终消费者，连接上游与下游企业创造价值而形成的组织网络，是对商品、信息和资金在由供应商、制造商、分销商和顾客组成的网络中的流动管理。对公司内和公司间的商品、信息、资金的流动进行协调和集成是供应链有效管理的关键。

其主要包括供应链的组成、特点与功用，供应链管理的含义、层次、原则、步骤与技术支持等。

（3）客户关系管理。是指以客户需求为中心来组织推动整个企业的经营，主要功能是记录客户与企业的交往和交易，并将有可能改变客户购买行为的信息加以整理和分析，同时进行商业情报分析，了解竞争对手、市场和行业动态。主要包括客户类型，客户满意与忠诚度衡量，客户关系管理的作用，客户关系管理系统的结构、功能、实现技术等。

（4）电子商务系统评价。主要包括评价类型、评价原则、评价内容、评价方法、系统性能指标、与直接和间接经济效益有关的指标等。电子商务系统评价对电子商务的应用和发展具有重要的意义。

二、农产品物流

1. 物流

物流是指根据实际需要，将运输、储运、装卸、搬运、包装、流通加工、配送、信息处理等基本功能实施有机结合，使物品从供应地向接收地进行实体流动的过程。其中，配送是指根据客户要求，对物品进行分类、拣选、集货、包装、组配等作业，并按时送达指定地点的物流活动。第三方物流是指由独立于物流服务供需双方之外且以物流服务为主营业务的组织提供物流服务的模式。随着市场经济的发展，流通的作用越来越重要。商品流通是商品所有者之间所有相互关系的总和，包括商流、物流、信息流和资金流。物流配送是流通领域的重要活动和组成部分，现代物流主要包括分拣智能化、包装标准化、运输合理化、仓储自动化、装卸机械化、加工配送一体化、信息管理网络化等。

2. 物流管理

物流管理是指为满足客户物流需求所实施的一系列物流活动过程及其产生的结果。具体是指根据物质资料实体流动规律，运用管理原理和科学方法，对物流活动进行决策计划、组织指挥、监督控制，实现各项物流活动最佳协调配合，以降低物流成本，提高物流效率和经济效益。其任务为：设计物流系统和物流网络，规划物流设施，确定物流运作方式和流程，形成需要的物流能力，监控和调整物流系统运行。物流管理主要有以下五个方面的内容：

（1）物流战略管理。是指站在企业长远发展的立场上，就企业物流的发展目标、战略定位、物流服务水准、物流服务内容等重大问题做出总体规划设计。其目标是成本最低、投资最少、优质服务、满足需要。

（2）物流作业管理。是指对物流活动或物流功能要素的管理，主要包括运输与配送管理、仓储与物料管理、包装管理、装卸搬运管理、流通加工管理、物流信息管理等。

（3）物流成本管理。物流成本是指货物在空间位移和静止过程中所消耗的各种活劳动和物化劳动的货币表现形式，如包装、装卸、运输、储存、流通加工、配送、管理等活动所花费的人力、财力和物力。物流成本管理是对物流成本的决策计划、组织指挥、监督控制；具体包括：成本核算、成本预测、成本决策、成本计划、成本分析、成本控制。

（4）物流服务管理。是指根据客户物流需求提供全过程、多功能且低价满意的物流服务。也就是从处理客户订货开始，直至货物运送到达客户的过程中，能减轻客户物流作业负荷，保质保量、及时安全、经济高效地完成货物供应，充分满足客户需求。

（5）供应链管理。是指运用系统的观点，通过对物流供应链的物流、商流、信息流、资金流的规划、设计、优化、控制，以寻求建立供、产、销企业以及客户之间的战略合作伙伴关系，最大限度地减少内耗与浪费，实现供应链整体效率最优化，在充分满足客户需求的同时，确保供应链的各个成员取得相应的绩效和利益。

3. 物流运营策略

物流营运策略是指根据物流的流量、流体、流向、流速、流程和时间、地点，科学选择最佳物流方式、制订和实施物流计划，以满足客户需求，降低物流成本，获取最大经济效益。

（1）精准策略。传统的物流管理，要求根据市场需求预测，确定生产批量和时间，生产要适当提前，并保证一定库存量，以满足客户需求，防止生产出现意外而供应不上。但在现代信息社会，企业的通信交通十分发达、水电供应很有保障、市场预测和信息传递精准及时可靠、生产能力很强,故在获得订单后完全可以按照订单要求的数量、质量、交货期、交货地点,统一、科学地安排订单生产和物流配送,既不提前也不推后,而是准时生产,做到精准生产、没有库存、供应到位。

(2)集中运输策略。目前,农产品、食品等市场需求呈多样化、多元化、绿色化等发展趋势,这要求很多产品生产倾向于小批量、定制化、柔性化,甚至单件生产、单件运输,因此采用集中运输策略效果更好。区域化集中运输,即将运往某个区域的不同客户的货物集中起来运输。其前提是客户运量是否足够;如果最终消费区域数量不够,可集中若干区域的运输量运达某个集散地,再分送到各自目的地;如果每天运量不足但需求比较稳定,即可计划好运输间隔期,集中多天的运输量一次运送。预定送货,即由于在预定期内有可能集中较大规模运输量,可与客户沟通、商定运送计划和运送时间、地点,强调集中运送,双方互利,如果客户不同意,则可提高运送价格。通常只要时间允许,客户都会选择预定送货。

(3)联营送货策略。是指由第三方提供运输服务。因为专业运输公司的服务对象众多、广泛,信息、渠道众多,具备将多个货主的分散货物集中运输的条件。

第三讲　农产品品牌建设

一、农产品品牌

1. 品牌

（1）品牌的定义。1967年，现代营销学之父科特勒在《营销管理》中提出了品牌的定义：品牌是用来识别一种（一系列）产品或服务的名称、术语、标记、符号和图案，或是它们的相互组合，使之与竞争对手的产品和服务相区别。

（2）品牌的种类。一是根据品牌的知名度辐射区域划分为地区品牌、国内品牌、国际品牌。二是根据生产经营的环节划分为制造商品牌、经营商品牌。三是根据品牌来源划分为自有品牌、外来品牌、嫁接品牌（合资、合作双方品牌的组合）。四是根据品牌的原创性和延伸性划分为主品牌、副品牌、副副品牌等。五是根据品牌的层次划分为企业品牌、家族品牌、产品品牌、品牌修饰。六是根据品牌本体特征划分为个人品牌、企业品牌、区域品牌、城市品牌、国家品牌、国际品牌。

2. 品牌的构成

（1）品牌名。是指品牌中可以读出的词语、字母、数字或词组等的组合，如华为、TCL、国窖1573等。

（2）品牌标志。是指品牌中不能发声的符号、图案、色彩、字体等，如李宁的L字母变形体、小天鹅的天鹅造型等。

（3）品牌角色。是指用人或拟人化的标识来代表品牌，如海尔兄弟、康师傅、老干妈等。

（4）商标。是指受到国家法律保护的整个品牌、品牌标志、品牌角色或各个因素的组合。

（5）区域品牌。是指在特定的自然生态环境、历史文化、产业集群、行政区域内产生，由该区域的相关组织注册且具有自主知识产权，由该区域的若干生产经营者共同使用的品牌。它主要由"原产地名称＋产品名称"组成，产地要明确。如信阳毛尖、灵宝苹果、寿光蔬菜、宁夏枸杞、新疆大枣等。

3. 品牌的特征

（1）表象性。品牌本身不具有独立的实体、不占有空间，但其有直接或间接的物质载体和存在形式，直接的主要是文字、图案、符号等，间接的主要有产品质量、服务、知名度、美誉度、市场占有率等。

（2）无形性。品牌是一个或一组容易记忆的符号或称呼，也具有一定的价值，是企业十分重要的无形资产。品牌拥有者可以通过它开拓市场、融通资金、买卖交易、入股加盟、特许经营等获取经济利益。品牌的价值越高则其拥有者的竞争力越强，二者相互促进。

（3）专有性。是指排他性，品牌本身就是用以识别生产和销售厂商的产品和服务的，其拥有者是经过法律认可且享有其专用权的，有权要求他人不能仿冒、伪造。

（4）维护性。品牌的价值受其拥有者的生产经营风险和业绩影响很大。一旦品牌拥有者的产品质量出现意外、服务不过关、资本盲目扩张、运作不佳、经营业绩很差等情况，都会严重影响品牌的价值及其影响力，故品牌创建之后，还需要拥有者不断进行精心维护、科学运营。

（5）扩张性。品牌代表企业及其产品和服务，也代表着客户和消费者的信任和支持，因此企业可以通过品牌的科学运作，达到资本扩张、规模扩大、市场份额提高、销售利润增加的目的。

二、农产品品牌化经营

品牌化经营是指农产品生产经营者根据市场需求与当地资源环境以及产品特性，给自己的产品设计一个富有个性、与众不同的品牌，并在管理部门登记注册，采取科学合理的品牌创建和维护策略，才能树立良好的品牌形象，并得到广大客户和消费者的认可，扩大市场占有率，实现企业的经营目标。农产品品牌化经营是一个复杂的系统工程,也是生产经营者必须认真研究和持续不断改进的重大活动。

1. 品牌创建

(1)培育和扶持品牌主体。任何农产品品牌在期初只有通过精心培育和扶持才能逐渐做大做强、做精做优。各地各级农业部门要结合农业标准化、产业化和农业结构调整等重大项目的实施,培育、扶持或引进一批农产品研发、精深加工、市场拓展和出口创汇等能力较强的龙头企业,对本地的优势农产品进行深度开发。

(2)开发与创建品牌产品。第一,结合优势农产品区域布局规划和特色农业发展规划,有计划地创建和注册一批有特色优势和生产基地的农产品品牌;第二,选择市场占有率高、市场前景好、发展潜力大的品牌,在基地建设、标准化生产、技术培训、质量控制、产品核心价值提炼、包装及市场开拓等方面进行重点扶持;第三,通过弱小品牌整合、强势品牌带动,开发和培育区域优势品牌、对外主打品牌,重点解决高档农产品短缺、普通农产品积压滞销的普遍现象,通过区域优质品牌创建和培育,力争从根本上解决优质不知名和优质不优价的问题,不断提高当地优势主导农产品的市场竞争力。

(3)参加品牌评选认定。根据省级、国家级农产品品牌的认定办法和评价指标体系,结合区域农产品品牌和农产品生产实际,针对重点、难点、痛点、堵点、漏点等,制订和实施科学有效、切实可行的改进方案,发挥优势、补齐短板,通过组织参加各类省级、国家级农业名牌产品的评选认定,逐渐形成一批影响力大、效益好、辐射力强的国内知名名牌,带动全域农业高质量发展、农民增收,实现乡村振兴。

(4)持续做好品牌宣传推介。策划和组织本区域农产品品牌的国内外宣传、市场推介等大型活动,通过报纸、广播、电视、手机、网络等大众传播媒体,开展市场营销和各种公关,扩大品牌知名度、提高品牌美誉度。同时,对消费者进行合理引导,帮助其正确认识我国农产品品牌,培养健康的消费心理和良好的消费习惯,鼓励消费本地和国内名牌农产品。

(5)加强农产品品牌的监督保护。健全相关法律法规,建立相应管理制度，切实加强农产品品牌质量保证体系、追索体系和诚信体系建设，严厉打击农产品品牌使用的假冒等违法违规行为，切实维护农产品品牌形象，加强保护农产品品牌主体合法权益，树立良好的社会形象，防止出现劣币驱逐良币现象和破窗效应。

2. 品牌维护

品牌维护是对包括品牌名称、标识、包装、广告语、形象代表等在内的品牌要素进行积极性的维持与保护。其目的是使品牌的各项识别要素免受内部人员损害和竞争对手的模仿、盗用、不当使用和滥用，保护品牌形象不被破坏、品牌资产不受侵蚀。常用的品牌维护策略有：

（1）品牌系列登记注册。虽然根据中国的相关法律法规，无论注册与否，商标都可以受到法律保护，但实际上，两者受法律保护的条件和程度存在很大差异。

企业注册商标时要注意：品牌要素一旦设计并确定下来要及时注册，避免被他人抢先注册；品牌的一系列相关标识，包括包装、广告语等尽可能一并注册；与该商标近似、容易引起消费者误用的商标也一并注册；除注册品牌产品所在行业，还要注册相近的行业；除注册传统的品牌元素，还要注册网络域名；除在国内注册，还要尽可能多地在境外国家注册；有必要的话还要申请原产地产品专用标志，以获得原产地保护；当发现有人恶意抢注商标时，要及时向当地相关部门举报并申请撤销；当注册商标有效期结束时，要及时续注，以免被人捷足先登。

（2）品牌基础维护。

①筑牢品牌的物质基础和载体。诸如产品和服务质量、工艺先进、外观新颖、企业信誉、经营业绩等。如果品牌脱离了上述基础，很快就会被客户和消费者唾弃。

②做好技术保密。为防止品牌产品的专利技术被窃取和复制，一是要积极向国家专利局申请专利，以获得法律保护；二是要建立一套严格的内部技术保密制度，确保核心技术不被泄露。只有在专利技术泄露，造成企业损失的情况下，法律保护才能发挥作用，但此时已晚。

③利用科技防伪。目前常见的主要有印刷防伪、物理防伪、化学防伪和数字防伪等。

（3）品牌延伸升级。一是通过优秀品牌背书策略，将一个品牌增加为一系列品牌，将主品牌增加到若干副品牌，拓展不同的细分市场等。二是如果企业实力允许，研发跟得上，质量确保，时机成熟，可及时将产品品牌升级为企业品牌、产业品牌，将区域品牌升级为国内、国际品牌。三是合作品牌，即将两个及其以上的具有一定影响力的品牌联合在一个产品之上，希望它们相互促进，强化购买意愿或整体形象。四是品牌更新，即基于创新形象、竞争需要、时代变化、产品更新换代、管理创新等需要更换整个品牌或其中某个组成部分，以适应消费者需求和心理变化，从而在顾客和消费者心目中形成新的印象和新的形象。其优点是利于加快新产品定位，减少新产品的市场风险，加速新产品被消费者接受信任的过程，有助于强化品牌效应，增强核心品牌形象，提高品牌的经济价值和品牌组合的投资效益；缺点是由于近因效应有可能损害原有品牌形象，在品牌之间容易产生此消彼长的跷跷板现象，一旦应用不当，还会产生株连效应，淡化原品牌的特性和地位，特别是品牌地位不当、差异性不太显著时，更会如此。

（4）新品牌策略。为新产品设计新品牌，特别是原有品牌不太适合新产品的特性和用途或有更好的新品牌时，可以考虑此策略。

（5）品牌打假。假冒品牌已成为品牌发展的"毒瘤"，大量知名品牌都受到假冒品牌的严重影响，世界各国都为打击假冒品牌做出了不懈努力。但真正及时打击假冒品牌，需要生产经营者自己从法律、技术、管理等方面共同努力，才能让侵权者无处可逃，为假冒付出应有代价；作为消费者，也应该有意识地维护良好的市场秩序，而不是贪图便宜。不要买假冒商品，让假冒者没有市场、没有利润，假冒现象就会自然消亡。

3. 品牌危机处理

品牌危机是指由于组织自身失职、失误、缺漏等内部原因，对品牌信任度、形象、资产造成严重的负面影响，诸如该品牌的产品销量或市场占有率急剧下降、企业股价巨幅下跌、品牌美誉度遭受严重打击等。

（1）品牌危机产生的根源。

一是缺少科学的整体发展战略。二是缺乏监控体系和预警机制，不知危机的产生、积累、临近和后果。三是管理制度和机制不健全，出现危机后不知由谁应对、如何应对，缺乏应对预案和措施手段；一旦突发危机就会方寸大乱、不知所措。四是缺乏危机意识，如骄傲自大、崇洋媚外、盲目追求高大上、不考虑投资效益、过度追求经济利益。五是产品、服务质量出现问题，如领导和员工不重视质量，产品缺乏创新，以次充好、缺斤少两、偷梁换柱，销售过期、变质产品等。六是品牌延伸不当，如风马牛不相及、盲目定位、与产品特性和用途不符、产品和品牌不分等。七是国外名牌冲击。

（2）品牌危机管理的原则。包括全面、一致、联动、集权、互通、创新。如图 4-6。

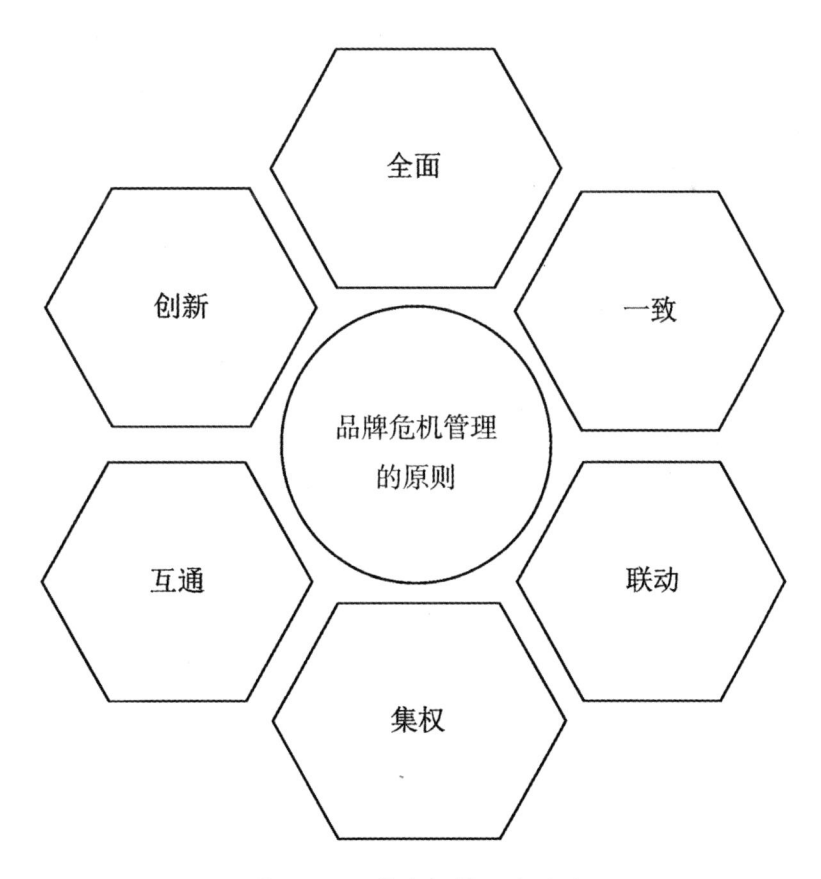

图 4-6 品牌危机管理的原则

①全面。危机危机，危中有机。故危机管理的目标不仅仅是"使企业免遭

损失",而是"能在危机中发展"。为此,危机管理必须切实贯彻全面原则:一是危机管理目标要与企业发展目标相一致;二是危机管理要涵盖企业的所有业务和环节的一切危机,每个危机都要有专门、对应的岗位来负责;三是危机管理能够处理企业面临的一切危机。

②一致。危机管理"有道亦有术,道术须一致"。其"道"要根植于企业的价值观与社会责任感,这是赢得社会公众认可和尊敬的根基;其"术"所指的操作技术和方法可以通过学习和训练来掌握,但需要将企业的价值观、社会责任、客户至上等意识贯彻其中,并落实在危机管理的行动上。

③联动。危机管理有效并获得成功,需要企业诸多系统的协同配合、相互支持和有效运作,诸如信息、沟通、决策、指挥、后勤保障、人财物支持等。

④集权。其实质是在企业内部建立一个职责清晰、权责明确的危机管理权威机构,以便处理危机能闻"危"而动、雷厉风行、从容应对、有效把控,消除威胁,把握机遇,减少损害,重赢信任,持续发展。

⑤互通。危机管理能够获得成功,很大程度上取决于相关信息充分和真实可靠,相关部门以及社会公众、媒体之间沟通渠道畅通、时机把握正确、内容准确无误、技巧运用得当。任何瞒报、迟报、不报的行为很有可能都是致命的。

⑥创新。危机管理虽然需要充分借鉴成功经验和吸取失败教训以免走弯路,节省时间,快速应对,但也要根据危机的具体情况来应对,特别是要借助新技术、新信息、新思维进行大胆创新,切不可一味地墨守成规、故步自封。

(3)品牌危机的处理策略。

①第一时间。一旦危机发生,无论危机的性质、类型和原因是什么,危机管理团队成员和所有员工都应该在第一时间投入危机处理中,与当事者、媒体和公众及时沟通。特别要注意沟通艺术和技巧,以积极的态度求得谅解,用快速的反应争取时间,以时间换取处理的空间。总之,必须迅速决策,制订方案,果断行动,从而迅速控制局面,缩小影响范围,防止事态恶化蔓延,使危机不升级、不扩散,将危机造成的损失降至最低,在最短的时间内恢复品牌声誉和形象。

②真诚坦率。这是企业面对危机的最佳策略。通常,危机出现后,企业会面

临新闻曝光、政府批评、公众质疑等"四面楚歌"的境地,而公众对企业的反应高度敏感,企业稍有不妥,就可能引起民愤,甚至危及企业的未来。在危机面前,任何掩饰和隐瞒都无济于事,不能像鸵鸟一样把头埋在沙子里,即使侥幸避免了暂时的危机,也会很快导致更大的灾难。因此,危机发生后应该尽快调查事情的原因,理清真相,并尽快与公众沟通,积极联系新闻媒体,尽可能公开全部事实,合理解释真相。媒体出于职业习惯,往往对发生的事情有强烈的好奇心,管理层应该实事求是,既不能为媒体设置障碍,更不能利用媒体对行业不熟悉的弱点进行搪塞和欺骗,因为媒体会提出更多疑问并引起猜测,这对事件的处理是极其不利的。只有公布真相,才能避免公众的各种无端猜疑、谣言和指责。在向公众公布真相时,不能像挤牙膏一样一点一点地公布,这会增加人们的怀疑。在沟通过程中,要及时了解公众的需求和愿望,尽量及时解决,对暂时解决不了的,要做好解释工作,以赢得公众的理解,特别要防止因为一些细节不周产生新的危机。

③责任承担。品牌危机发生后,消费者常会关注两个方面:一是利益。这是顾客关注的焦点,所以无论谁对谁错,企业都要有承担责任的勇气。即使受害者在事故中负有一定责任,企业也不应首先追究受害者的责任。否则,由于利益的原因,双方就会产生分歧,加深矛盾,引起公众的反感,不利于问题的解决。二是情感。顾客一般都很在意企业是否在意他们的感受,所以企业应该站在受害者的立场上给予一定的同情和安慰,并通过新闻媒体解决顾客深层次的心理、情感等问题,这样即使有些顾客受到了伤害,也能取得他们的理解和信任。

④权威证明。在危机的余波中,如果企业整天用"扩音器"哭诉委屈往往是行不通的,甚至会适得其反,要学会迂回前进,请重量级的第三方在前台发言,他们的声音会更有说服力和可信度,让客户打消疑虑,重建对企业的信任。

⑤留有余地。危机处理需要时间和过程。刚开始企业有许多问题还不清楚,如事故本质、发展方向、舆论反应、消费者的容忍程度、采取的措施是否正确有效等,但公众又等不及企业完全调查清楚后再发表意见。因此,企业既不能盲目关闭与公众的沟通渠道,又不能放弃回旋余地,正确的应对方法是:企业

高层一开始并不发表意见而是保持沉默，由关键部门负责人发布信息、传达意见。一旦情况发生变化或企业采取的措施不当，企业高层可以纠正，为未来危机的妥善解决留足够的空间。

⑥维护信誉。这是品牌危机管理的出发点和归宿。在整个危机管理过程中，管理者要时刻注意，努力减少危机事件造成的企业信誉和品牌形象损失，最终赢得消费者的理解和信任。

第五章
农业生产经营组织的资金与财务管理

第一讲　农业资金管理

一、农业资金构成及资金运动

从资金角度看，农业生产经营组织的基本活动可以分为投资、筹资、运营和分配四个方面。从时间角度看，农业生产经营组织的资金构成可以分为长期资金和短期资金，投资可分为长期投资和短期投资，筹资可分为长期筹资和短期筹资。由于短期投资、短期筹资和营业现金流管理有着密切关系，通常合并在一起讨论，称为营运资金管理。

二、农业资金管理的内容及原则

资金管理就是农业生产经营组织对其资金来源和资金使用进行计划、控制、监督、考核等工作的总称，是财务管理的重要组成部分。资金管理包括固定资金管理、流动资金管理和专项资金管理。资金管理的主要目的是：组织资金供应，保证生产经营活动连续进行；加强资金运营监管，不断提高资金利用效率，节约资金；提出合理使用资金的建议和措施，促进生产、技术、经营管理水平的提高。

1. 资金管理的内容

资金管理的主要内容包括：投资决策与计划；筹资决策与计划；营运资金使用与管理。其主要任务是：筹资管理；自有资金管理；投资管理；资产管理；债务管理；债权管理；利润管理；风险管理。

2. 资金管理的原则

一是划清固定资金、流动资金、专项资金的使用界限，一般不能相互使用。二是实现计划管理，各项资金使用既要适应国家相关政策、符合相关制度及要求,又要按照企业的经营决策有效地加以利用。三是建立使用资金责任制,实行统一集中与分口分级管理相结合,促使内部各单位合理、节约地使用资金。四是加强财务会计部门与使用资金的有关部门分工协作,实行专业管理与群众管理相结合,共同管好、用好资金。

三、营运资金管理

营运资金是指流动资产中用于生产经营活动中的资金,即流动资产减去流动负债后的余额。流动资产是指在小于等于1年或一个营业周期内能够变现的资产,具有占用时间短、周转快、易变现等特点。流动负债是指小于等于1年或一个营业周期内需要偿还的负债,具有成本低、偿还期短的特点。营运资金管理是对流动资产及流动负债的管理。任何一个企业要维持正常的运转就必须拥有适量的营运资金。一旦营运资金管理出了问题,轻者出现违约,重者导致资金链中断,严重影响企业的正常生产经营。

1. 营运资金的管理目标

营运资金具有四个特点:周转时间短,可通过短期筹资方式加以解决;变现能力强,如存货、应收账款、短期有价证券等容易变现,可应付临时性的资金需求;数量波动大,容易受内外条件影响;来源多样化,可通过短期或长期筹资方式解决,如银行短期借款、短期融资、商业信用、票据贴现等方式。因此,为了搞好资金运营管理,应当遵循以下原则:

(1)满足合理的资金需求。应当根据自己实际的生产经营状况,合理安排营运资金的时间和数量,确保生产经营所需。

(2)提高资金使用效率。尽可能加速营运资金周转,如业务流程优化再造,压缩流程时间,缩短营业周期,提高存货和应收账款周转率,均可提高营运资金使用效率。

(3)节约资金使用成本。权衡好生产经营需要和节约资金使用成本之间的关系,在保障生产经营的前提下,尽力降低资金使用成本。

(4)保持足够的短期偿债能力。如果流动资产较多,流动负债较少,说明其短期偿债能力较强;但如果流动资产过多,流动负债太少,会导致流动资产部分闲置或流动负债利用不足，运营资金使用效率较低。因此，二者应该保持合理的比例，既能满足合理的资金需求，又能确保足够的偿债能力，提高资金使用效率，节约资金使用成本。

2. 营运资金的管理策略

通常，企业对流动资产的需求量随着产品生产和销售量的变化而变化，但流动资产仍然可以分为永久性和波动性两部分。前者是满足企业长期最低需求的流动资产，其占流动资产的比率相对稳定，而后者多是由于季节性或临时性原因而形成，其占用量随当时的需求而产生波动，如季节性需求的农产品。根据管理者的风险导向和利率短期、中期、长期差异的影响，结合流动资产构成及其来源，流动资产的管理策略主要有三种：

（1）期限匹配策略。是指永久性和非流动资产以长期方式融资，波动性流动资产以短期方式融资。该策略就是将资金的有效期与资产的有效期进行匹配，但并非金额上绝对相同；同时在资金使用管理上采用紧缩策略，即维持低水平的流动资产与销售收入的比率，以节约流动资产的持有成本。该策略对管理者及其管理水平的要求很高。

（2）保守策略。是指非流动资产、永久性和部分波动性流动资产都由长期方式融资；同时资金使用管理采用宽松策略，即维持高水平的流动资产与销售收入的比率。但由于长期负债成本一般高于短期融资成本，所以该策略的融资风险低、成本高；且过多的流动资产投资会增加企业持有成本，降低企业收益。

（3）激进策略。是指企业仅对一部分永久性流动资产采取长期方式融资，而其余的永久性和波动性流动资产以短期方式融资。虽然该策略的融资成本相对较低，但是过多地使用短期融资会降低企业的流动比率，提高资金的流动性风险。

3. 营运资金的管理模式

当企业集团下属机构多、地域分布广，采用资金集中管理模式，实行资金统一筹集、合理分配、有序调度，可以帮助企业集团解决分公司多头开户、资金存放分散等问题，从而提高资金使用效率，确保企业集团战略实现目标和整体利益最大化。集团企业资金集中管理主要有以下六种模式：

（1）收支两条线模式。该模式以实施收支两条线为切入点，方便企业对资金进行集中管理，通过高效的价值化管理来提高企业效益。

（2）统收统支模式。该模式将企业的一切现金收入都集中在集团总部的财务部门，各分支机构或子企业不单独设立账号，一切现金支出都通过集团总部财务部门付出，现金收支的批准权高度集中。该模式有利于企业集团实现全面收支平衡，提高资金周转效率，减少资金沉淀，监控现金收支，降低资金成本。但是该模式不利于调动成员企业开源节流的积极性，影响成员企业经营的灵活性，以致降低整个集团经营活动和财务活动的效率，而且在制度管理上欠缺一定的合理性，如果每笔收支都要经过总部财务部门，则其工作量就会剧增。因此，该模式通常适用于规模比较小的企业。

（3）拨付备用金模式。是指集团按照一定的期限统拨给下属所有分支机构或子企业以备其使用的一定数额现金。各分支机构或子企业发生现金支出后，持有关凭证到集团财务部门报销以补足备用金。该模式相比统收统支模式具有一定的灵活性，但通常仅适用于经营规模比较小的企业。

（4）结算中心模式。是指企业集团内部设立结算中心，办理内部各成员现金收付和往来结算业务。结算中心通常内设于财务部门，是一个独立运行的职能机构。结算中心是企业集团发展到一定阶段，应企业内部资金管理需求而生的一个内部资金管理机构，是根据集团财务管理和控制的需要在集团内部设立，为成员企业办理资金融通和结算，以降低企业成本、提高资金使用效率的服务机构。结算中心帮助企业集中管理各分、子公司的现金收支。分、子公司收到现金后就直接转账存入结算中心在银行开立的账户。当需要资金的时候，再进行统一拨付，有助于企业监控资金的流向。

（5）内部银行模式。内部银行是企业引入社会银行的基本职能与管理方式而建立起来的一种内部资金管理机构，它将"企业管理、金融信贷、财务管理"三者融为一体，一般是将企业的自有资金和商业银行的信贷资金统筹运作，在内部银行统一调剂、融通运用。通过吸纳企业下属各单位闲散资金，调剂余缺，减少资金占用，活化与加速资金周转，提高资金使用效率、效益。内部银行通常具有结算、融资信贷、监督控制三大职能。该模式多适用于具有较多责任中心的企事业单位。

（6）财务公司模式。财务公司是一种经营部分银行业务的非银行金融机构，它一般是集团公司发展到一定水平后，需要经过人民银行审核批准才能设立的机构。其主要职责是开展集团内部资金集中结算，同时为集团成员企业提供包括存贷款、融资租赁、担保、信用鉴证、债券承销、财务顾问等在内的全方位金融服务。集团设立财务公司是把一种市场化的企业关系或银企关系引入集团资金管理，使集团各子公司具有完全独立的财权，可以自行经营自身的现金，对现金的使用行使决策权。另外，集团对各子公司的现金控制是通过财务公司进行的，财务公司对集团各子公司进行专门约束，是建立在各自具有独立的经济利益基础之上的。集团公司最高决策机构不再直接干预子公司的现金使用和取得。

四、农业固定资产管理

按农业资产的价值转移方式，可分为固定资产和流动资产。固定资产就是整体多次参加农业生产过程，但每次只将整体价值的一部分采取折旧的方式转移到新产品当中去，如房屋、设备、农机具、果树木林、种畜等。流动资产是指参加一次农业生产过程之后就被消耗，其价值一次性转移到新产品中去，如种子、化肥、农药、各种原材料等。

1. 固定资产的特点

在实际生产经营过程中，作为固定资产的劳动资料，一般应同时具备两个条件：一是使用年限长，即使用寿命超过一个会计年度；二是单位价值在规定的价值以上，为生产经营而持有的有形资产。凡是不同时具备这两个条件的劳动资料，均作为低值易耗品列入流动资产管理。在生产经营过程中，固定资产的周转具有三个特点：循环周期长，使用寿命超过一个会计年度；一次投资，分次收回；价值补偿和实物更新分离。

2. 固定资产的分类和计价

（1）固定资产的分类。按照经济用途分类可分为经营性和非经营性固定资产。按照使用情况分类可分为使用中、未使用和不需要用的固定资产。按照所有权进行分类可分为自有和租入的固定资产。

（2）固定资产的计价。是指用货币形式对固定资产进行计量。合理计价是核算固定资产和计提折旧的依据。固定资产计价一般分为两种：

一是以企业购置或建造某项固定资产实际支出的货币总额计价，主要包括外购的、自行建造的固定资产，需要以为获得该项固定资产实际支出的原始价值来计价。一般包括购买价款，相关税费，使固定资产达到预定可使用状态前所发生的可归属于该项资产的运输费、工程物资成本、人工成本、装卸费、安装费和专业人员服务费等。

二是其他方式取得的固定资产的成本，主要包括接受投资者投资、非货币性资产交换、债务重组、企业合并等。对于投资者投入的固定资产，应当按照投资合同或协议约定的价值确定，若合同或协议约定价值存在不公允的情况，应该以该固定资产的公允价值作为入账价值。

3. 固定资产折旧

固定资产折旧是指根据固定资产在使用过程中因磨损而转移到产品成本中去的那部分价值。加强固定资产折旧可以正确计算成本和利润，有利于固定资产更新，掌握固定资金的增减变化和实际占用情况。企业应当根据与固定资产有关的经济利益的预期消耗方式，合理选择折旧方法，如年限平均法、工作量法、加速折旧法等。企业选用不同的固定资产折旧方法，将影响固定资产使用寿命期间不同时期的折旧费用。因此，固定资产的折旧方法一经确定，不得随意变更。

五、农业无形资产管理

无形资产是指企业可以长期拥有或者控制的没有实物形态但可辨认的非货币性资产。其主要包括专利权、非专利技术、商标权、著作权、土地使用权和特许权等。

1. 无形资产的特点

（1）收益性。是指企业拥有该项无形资产的所有权，且该项无形资产能够给企业带来未来经济利益。但需要注意的是，由于风险未知，无形资产的未来收益具有不确定性，即可以在多个营业周期内为企业提供经济利益，但很难确切地计量其投资收回。

（2）无形性。主要表现为某种权利、某项技术或是获取超额利润的综合能力。它们通常不具有实物形态，看不见、摸不着。但是有些无形资产需要与特定的有形资产连为一体，才能实现其价值，如计算机软件。

（3）可辨认性。是指无形资产是能够区别于其他资产且可单独辨认。符合以下条件之一的，即认为具有可辨认性：一是能够从企业中分离或者划分出来，并能够单独用于出售或转让等，不需要同时处置在同一获利活动中的其他资产；二是产生于合同性权利或其他法定权利，无论这些权利是否可以从企业或其他权利和义务中转移或者分离。

（4）非货币性。是指企业持有的货币资金和将以固定或可确定的金额收取的资产以外的其他资产，主要指不能以固定或可确定的金额收取的资产。

2. 无形资产的计价与摊销

（1）无形资产的计价。无形资产通常是按实际成本计量，即以取得无形资产并使之达到预定用途而发生的全部支出，作为无形资产的计价成本。

（2）无形资产的摊销。无形资产是一项长期资产，会在较长时间内为企业带来收益，为了更合理地归集费用，对于使用寿命有限的无形资产需要在有效使用寿命内采用合理的方法进行摊销，并将其摊销价值计入相关资产的成本或当期损益；对于使用寿命不确定的无形资产则需要再进行减值测试，当发现无形资产明确发生减值时，需要计提减值。

六、农业资金的风险管理

1. 农业资金的主要风险

（1）投资风险。是指投资决策失误，引发盲目扩张或丧失发展机遇，导致资金链断裂或资金使用效益低下。

（2）筹资风险。是指筹资决策不当，引发资本结构不合理或无效融资，导致筹资成本过高或债务危机。

（3）调度风险。是指资金调度不合理、营运不畅，导致财务陷入困境或资金冗余。

（4）监管风险。是指资金活动管控不严，导致资金被挪用、侵占、抽逃或遭受欺诈。

2. 农业资金的风险原因

（1）资金管理意识比较淡薄。缺乏预算管理意识，有钱时不知合理规划使用，没有钱时不计成本四处筹措；资金使用时缺乏科学性和统一协调性，不考虑资金的时间价值。现金流量是企业筹资、用资的关键，资金管理的重点是资金的余额管理和流量管理，因此不能片面地追求产量和产值，避免产品占用大量资金。应加强产品开发的风险评估和日常监控，避免投资风险大的项目。

（2）资金管理模式脱离实际。资金管理模式主要有集中管理和分散管理。企业应根据自身实际加以选择。通常，集中管理模式有利于资金的集中控制和统一调配，但不利于发挥分公司的积极性，容易导致分公司在资金上过分依赖总公司，若配套措施不到位，可能影响资金周转速度，降低其市场应变能力；分散管理模式有利于调动分公司的积极性，但又难以避免资金分散、使用率低、沉淀比例大、使用成本高等缺点。因此，企业应结合两种模式的优缺点，根据自身实际情况混合选用，如成立资金管理中心、建立资金集中管理机制等。

（3）资金管理手段落后。尤其是对跨区域、跨行业经营的资金管理手段落后、监控能力不足，致使资金使用效益低下，经营付出沉重代价。其突出表现是，缺少统一资金管理系统，各个子公司、各种业务对资金流动的影响没有形成相关联的完整信息，难以对其进行有效监督，风险较大；由于缺少资金统一管理和规划使用，有的资金出现缺口，而有的资金富裕，却不能调配使用，只能对外贷款，增加财务费用，导致资金成本上升、资源浪费和资金使用效益低下，严重制约企业的健康发展，甚至威胁到企业的生存。

（4）资金风险管理不足。资金风险包括自身风险和外部风险。其主要表现在：资金风险管理重视不够，财务制度不健全，账户管理混乱，资金调拨不按流程和权限办理，造成企业资金的损失；违规对外担保或连环担保，给自身带来不必要的经济责任和法律责任，从而深陷担保诉讼泥潭。

3. 农业资金的风险防控

（1）加强现金流量管理。第一，坚持现金统一管理、规划使用。第二，树立现金流量观念，财务管理必须为管理人员提供现金流量信息，除年终提供的现金流量表之外，在日常工作中可根据不同情况，编制现金流量计划，以及短期现金流量预测报告和长期现金流量报告；同时，加强现金流量的控制和分析，严格控制现金流入和流出，保证企业始终具备支付能力和偿债能力。第三，提高资金管理的风险意识，充分估计各个项目风险，谨慎投入资金。

（2）提升集中管理水平。在当前竞争日趋激烈的形势下，不管是单一企业还是集团企业，资金集中管理都是必然趋势。实施资金集中管理，有助于完善整体资金链，实现整体利益最大化，有利于战略方向调整，有效降低控制成本，提高整体信用等级，降低财务成本，优化资金管理体系，提高资金使用效率。如果企业进行资金集中管理，就要按照自身需求相应归集各个子账户的资金，加强内部资金整合和统筹管理，实现内部资金相互平衡，提高资金使用效益。

（3）优化管理软件。计算机信息网络技术的发展为企业实施资金集中管理和监控提供了全新的手段和模式，而统一的财务管理软件是先进的管理思想、管理模式和管理方法的有效载体，也是实施资金集中管理和有效监控的必然选择。

（4）强化全程监督。首先，加强内部管理，增强风险防范意识，建立风险预警机制；对合同事前审批、事中执行、事后评价进行严格监控与分析；对业务采购、销售、库存等风险节点资金使用情况进行认真梳理，实时监控可能发生的风险并能有效应对，将风险控制在最低。其次，积极开展内部审计，前移监督关口，以强化监督约束机制，确保预算取得实效。如健全内部审计监督考核制度，保证财务信息真实可靠；变事后监督为事前、事中监督和适时监督，围绕发展目标和年度预算，对资金流向、财务变动等情况实施全程跟踪监控、定期检查、及时反馈，防微杜渐，确保预算的严肃性和资金的安全完整，最终实现企业的发展目标。

（5）拓宽融资渠道。企业一方面需要积极争取政府和金融机构的支持，确保信贷资金所需，同时应根据自身实际积极拓展融资渠道。内源融资方面，可采用员工持股和产权交易、预收账款、质押应收账款、专利权质押等方式融资；外源融资方面，除银行存款、风险基金、发行债券或企业上市等传统外部融资方式外，还可努力寻求企业间金融互助合作，有条件的可考虑风险投资、融资租赁和股权融资等创新型融资方式。

第二讲　农业项目筹资

一、农业项目筹资概述

农业项目筹资,是指企业为了满足农业项目投资、经营及其资本结构管理和其他需要,运用一定的筹资方式,通过一定的筹资渠道,筹措和获取所需资金的财务行为。

1. 筹资动机

农业项目筹资主要是为了保障农业项目投资和经营的资金需要和供给,但每次具体的筹资行为,往往受特定动机驱动。具体的筹资动机主要有四类:

(1)创立性筹资动机,即企业创立时为取得资本金并形成开展经营活动的基本条件而进行的筹资。

(2)支付性筹资动机,即为满足经营业务活动正常波动的支付需要而进行的筹资。

(3)扩张性筹资动机,即因扩大经营规模或对外投资需要而进行的筹资。

(4)调整型筹资动机,即因调整资本结构而进行的筹资。企业通常可以利用财务杠杆效应优化资本结构,调整债务内部结构偿还到期债务,从而降低资本成本,控制财务风险,提升企业价值。

2. 筹资方式

筹资方式是指企业筹集资金所采用的具体形式,主要受法律环境、经济体制、融资市场等筹资环境的制约,特别是受国家对金融市场和融资方面的法律法规制约。按照资金的权益特性不同,企业最基本的筹资方式有两种:一是股权筹资,即通过吸收直接投资、公开发行股票等方式筹资;二是债务筹资,即通过向银行借款、发行公司债券、融资租赁、商业信用等方式筹资。此外,根据是否借助金融机构可分为直接筹资、间接筹资；根据资金来源可分为内部筹资、外部筹资；根据资金使用时间可分为长期筹资、短期筹资。

3. 筹资管理的原则

（1）遵守国家法律法规，合法筹措资金。

（2）根据项目实际，科学预测资金需求时间、种类、规模，合理安排资金需求。

（3）充分利用各种融资渠道，选择筹资成本低且可行的资金来源。

（4）综合考虑各种筹资方式，设计筹资方案，优化资本结构。

4. 筹资管理的内容

筹资活动是企业资金运动的起点，筹资管理主要解决企业筹资目的、筹资金额、筹资渠道、筹资风险、成本协调、最优资本结构等问题。筹资管理的内容主要包括：

（1）科学预计资金需要量。采用各种定量方法科学计算农业项目投资和经营的资金需要时间及其需要数量。

（2）合理安排筹资渠道、选择筹资方式。根据各种筹资渠道和筹资方式的特征、性质，结合企业实际和农业项目的各种资金需求，选择合适的筹资方式和渠道，保证资金所需。

（3）降低资本成本、控制财务风险。企业筹资的方式和渠道不同，资本成本也不同。资本成本是指企业为了筹集和使用资金所付出的代价，主要包括筹资费用和占用费用。通常，债务资金比股权资金的资本成本要低。筹资的资本成本高低决定企业投资要求的最低投资报酬率。企业在筹集资金降低资本成本时，还需要充分考虑财务风险，并防范破产风险。

二、农业项目筹资管理

1. 资金需要量预测

资金需要量是筹资的数量依据，应当科学合理地预测。其目的是保证筹集的资金既能满足生产经营的需要，又不会产生多余而闲置。资金需要量预测常用的方法是因素分析法、资金习性预测法、销售百分比法。

2. 资金成本

资金成本是指企业为筹集和使用资金所付出的代价。资金成本是衡量资本结构优化程度的重要指标之一。只有项目的投资回报率大于资金成本时，该项目才值得投资。资金成本主要包括筹资费用，如手续费，股票、债券发行费用等，以及占用费用，如利息、股息等。影响资金成本的因素主要包括总体经济环境、资本市场的效率和风险、企业经营状况和融资窗口、企业对筹资规模和时限的需求等。

3. 杠杆效应

企业资金管理过程存在固定支出或费用，当某一财务变量以较小幅度变动时，与此相关的另一变量会较大幅度变动，类似于物理学中的杠杆效应，这类杠杆效应包括经营杠杆、财务杠杆、总杠杆。合理利用杠杆效应可以产生杠杆利益，但是也会带来杠杆风险。

4. 资本结构

资本结构及其管理是企业筹资管理的核心问题，可以根据资本结构理论并结合企业实际，通过筹资活动对资本结构进行优化。

（1）资本结构理论。资本结构是指长期负债与权益资本之间的构成及其比例关系。资本结构理论是现代企业财务领域的核心部分，美国学者莫迪格莱尼和米勒提出了著名的 MM 理论，这标志着现代资本结构理论的建立。

（2）影响资本结构的因素。一是企业经营状况的稳定性和成长率；二是财务状况和信用状况；三是资产结构；四是投资人和管理者的态度；五是行业特征和企业发展周期；六是经济环境的税务政策和货币政策。

（3）资本结构优化。最佳资本结构是在一定条件下，企业通过调整资本结构使企业平均资本成本率最低、企业价值最大的资本结构。资本结构优化的目标是降低平均资金成本或提高普通股每股收益；优化路径就是要权衡负债的低资金成本和高财务风险的关系，并确定合理的资本结构。

第三讲　农业项目投资

农业项目投资是指企业为获取未来长期收益而向农业项目投放资金的经济行为。

一、农业项目投资的分类

1. 直接投资和间接投资

主要按投资活动与企业本身生产经营活动的关系进行分类。直接投资是指企业将资金直接投放于形成生产经营能力的实体性资产，如新建生产加工厂房、畜舍禽舍，购买农机、灌排设施等；间接投资是指企业将资金用于股票投资、购买债券等的企业投资，以获取股息或利息，不直接产生经营利润。

2. 项目投资和证券投资

主要按投资对象的存在形态和性质进行分类。项目投资属于直接投资，是企业购买具有实质内涵的经营资产，包括有形资产和无形资产；证券投资属于间接投资，是企业购买属于综合生产要素的权益性权利资产的企业投资。

3. 发展性投资和维持性投资

主要按照投资活动对企业未来生产经营前景的影响进行分类。发展性投资是指对企业未来的生产经营发展全局有重大影响的企业投资，如企业兼并合并、转换新行业和开发新产品、大幅度扩大生产规模等；维持性投资是为了维持企业现有的生产经营正常进行，不改变企业未来生产经营发展全局的投资，如更新替换旧设备、配套流动资金投资、生产技术革新等。

4. 对内投资和对外投资

主要按投资活动的资金投出方向进行分类。对内投资是指在本企业范围内部的资金投放，用于购买和配置各种生产经营所需的经营性资产；对外投资是指通过联合投资、合作经营、换取股权、购买证券资产等投资方式，向企业外部其他单位投放资金。

5. 独立投资和互斥投资

主要按投资项目之间的相互关联关系进行分类。独立投资是相容性投资，各个投资项目之间互不关联、互不影响，可以同时并存；互斥投资是非相容性投资，各个投资项目之间相互关联、相互替代，不能同时并存。

二、农业项目投资的管理

农业项目投资管理包括投资计划制订、可行性分析、实施过程控制、投资后评价等。具体流程如下：

第一，提出农业项目的投资方案。

第二，估计农业投资方案的相关现金流量。

第三，计算农业项目投资方案的价值指标，如净现值、内涵报酬率等。

第四，比较各投资方案的价值指标与可接受程度。

第五，选择农业项目最佳投资方案。

第六，农业项目实施及监控。

第七，农业项目投资效果评价。

第四讲　农业成本管理

一、农产品成本构成

1. 农产品成本计算对象

为适应成本管理要求和简化农产品成本核算手续，首先要区分主要作物和次要作物。主要作物应当以每种作物为成本计算对象，单独核算其产品成本；次要作物以作物类别作为成本计算对象，先计算出各类作物的产品总成本，再按一定标准确定类内各种作物的产品成本。对于不同收获期的同一种作物必须分别核算。

2. 农产品成本相关概念

农产品成本是由在农产品生产过程中直接或间接产生的物质与服务费用、人工费用两项支出构成的，土地成本则作为间接费用的形式予以体现，其中物质与服务费用又可以细分为直接费用和间接费用。

农业税曾经是我国对从事农业生产、有农业收入的单位和个人征收的税种，是农产品生产过程中的一项间接支出费用项目。农业税全面取消后，便不再属于农产品生产成本统计核算范畴。

农产品成本核算一般采用完全成本制度，即包括在种植农作物过程中发生的全部费用，包括当年生作物和多年生作物的生产费用。

为归集农业生产费用和计算农产品成本，应设置"生产成本"账户，该账户是成本类账户，借方归集农业生产所发生的各项费用，贷方登记转出完工农产品的实际成本，期末余额一般在借方，表示期末在产品成本。农产品成本可粗分为直接成本和间接成本。对于能直接计入农产品生产成本的费用，如直接材料、直接人工、其他直接费用等，借记"生产成本"账户；对于发生的间接费用，先在"制造费用"账户的借方进行归集，期末按一定的标准分配后转入"生产成本"账户。"生产成本"账户应按成本核算对象（按作物或作物组）设置明细分类账，并按成本项目分设专栏。

在种植业中，由于农作物生产周期较长，产品单一，收获期比较集中，在年度中间各项费用和用工发生又不均匀，为适应这些特点，农产品成本计算期一般规定为一年计算一次成本。

农产品的生产费用按其经济用途可以划分为下列各成本项目：

（1）直接材料，即在农业生产中直接耗用的自产或者外购的种子、种苗、肥料、农药等产生的费用。

（2）直接人工，即支付给从事农业生产的员工薪资。

（3）其他直接费用，即直接材料、直接人工以外的其他直接支出，如机械作业费、灌溉费、田间运输费等。

（4）制造费用，即按照一定标准分配计提计入农产品的制造费用，如支付管理人员的薪资、业务招待费、差旅费、折旧费、办公费等。

（5）往年费用，即作物投产前发生的按照规定的摊销方法计算并摊入本期产品成本的费用。由上年结转本年的农业产品成本，如秋耕地、越冬作物等的成本，应按成本项目还原后，再计入本年各有关农产品的成本。

对发生的各项费用，根据材料费用分配表、工资分配表、固定资产折旧表等有关凭证编制记账凭证并记入"生产成本"账户及所属明细账户的借方。

3. 农产品成本计算

企业发生的生产费用在"生产成本"的各个明细账户中核算，各个生产成本明细归集该作物的全部生产成本，在期末结合各种作物的种植面积和产量等有关资料，即可计算农产品的成本。

（1）当年生大田作物，即作物生长期不超过一年的农作物，一般为当年播种、当年收获的作物。其产品成本计算包括单位面积成本、单位产量成本。

$$\text{某作物单位面积（亩）成本} = \frac{\text{某作物生产成本总额}}{\text{某作物播种面积}}$$

$$某作物单位产量（千克）成本 = \frac{某作物生产成本总额 - 副产品价值}{某作物产品产量}$$

农作物在完成生产过程时，一般可产出主产品和副产品两种。主产品是生产主要目的的产品，如小麦、水稻；副产品不是生产的主要目的，而是在生产过程中随着主产品附带获得的产品，如麦秸、稻草。由于主副产品是同一个生产过程的结果，所以它们的各种费用是联系在一起的。因此，必须将费用在主产品和副产品之间进行分配，以分别确定其成本。

分配方法一般有两种：一是估价法，就是对副产品按市场价格进行估价，以此作为副产品成本。从生产费用总额中减去副产品的价值，就是生产品总成本。二是比率法，就是按照一定比率把生产费用总额在主产品和副产品之间进行分配。这需要先求出生产费用总额对主副产品计划总成本的百分比，即实际总成本占计划总成本的百分比，再以主产品和副产品的计划成本乘以该百分比，即可计算出主产品和副产品的成本。若副产品既不能利用，又不能出售，则可不予计价，其生产费用全部由主产品负担。

（2）多年生作物，如人参、剑麻、胡椒等经济作物，其特点是生长期限长。因此，多年生作物抚育年限和提供产品的年限比较长。多年生长作物有两种情况，一是连续培育几年，一次收获产品，如人参；二是连年培育，年年获得产品，如剑麻、胡椒等。由于收获次数不同，其成本计算方法也不同。

①一次性收获的多年生作物，应按各年累计的生产费用计算成本。

一次性收获的多年生作物主产品单位成本 =

$$\frac{往年费用 + 收获年份截至收获月份累计费用 - 副产品成本}{收获的主产品总产量}$$

②多次收获的多年生作物，在未提供产品以前的费用，视同长期待摊费用处理，投产后按计划总产量的比例或提供产品年限的比例将往年费用分配计入投产后各年产出产品的成本。

多次性收获的多年生作物主产品单位成本 =

$$\frac{往年费用本年摊销额 + 本年全部费用 - 副产品成本}{本年收获的主产品总产量}$$

二、农业成本控制

农产品成本控制是指在农产品生产经营过程中，根据一定的控制标准，对形成成本的全过程进行指导、限制和监督，并采取有效措施及时纠正脱离标准的偏差，使实际成本的各种支出被控制在规定的标准范围之内，保证降低农产品成本的管理活动。

1. 农产品成本控制的内容

（1）事前控制，即制定农产品成本控制的标准。

（2）事中控制，即计算实际发生的农产品成本、进行成本差异分析。

（3）事后控制，即采取有效措施控制成本。

2. 农产品成本控制的程序

首先，根据往年的经验数据或参考《全国农产品成本收益汇编》的历年数据，制定农产品的成本控制标准，然后再根据实际的试验数据进行调整。其次，根据实际情况按照我国农产品成本的费用明细核算出实际发生的农产品成本，并将成本进行分类汇总。再次，对比各类农产品的实际成本和标准成本，分析两者之间的差异及其产生的原因。最后，根据问题及其产生的原因采取具体有效措施，以降低成本。通常，控制农产品成本的主要措施有：采取先进高效的农作物种植模式，用最少的投入获取最大单产提升；引进先进高效和智能化的农机设备，提高农业机械化水平，以提高农业劳动生产率、降低人工费用所占比例；完善成本核算体系，严格执行成本量化考核制度，做好事前分析、事中控制以及事后监督；根据自身实际采取农产品适度规模生产经营，防范自然灾害，参加农产品保险，完善仓储物流设施，做好农产品储藏保鲜等。

第五讲　农业项目的可行性研究

农业项目可行性研究是在农业投资项目拟建之前，通过对与项目有关的市场、资源、工程技术、经济、社会、生态环保等方面的问题进行全面分析、论证和评价，从而确定项目是否可行或选择最佳实施方案的工作。

一、农业项目可行性研究的作用及意义

1. 农业项目可行性研究的作用

农业项目可行性研究主要是为企业进行项目投资决策、筹集资金，编制设计任务书，进行项目设计、施工、设备购置，并为投资项目考核和评估提供重要依据。其可行性研究的结论也是企业与有关部门签订各种相关协议和合同，向当地政府、规划部门和环境保护部门申请有关建设许可文件，用于国家项目立项、银行贷款申请、进口免税申请、投资核准等的重要依据。除此之外，农业项目可行性研究报告也是国家各级计划综合部门对投资实行调控管理、编制发展计划、固定资产投资、技术改造投资的重要依据。

2. 农业项目可行性研究的意义

农业项目可行性研究是确定投资项目之前具有决定性意义的工作，主要是在投资决策之前，对拟建项目进行全面技术经济分析的科学论证，具体包括拟建项目相关的自然、社会、经济、技术等调研、分析、比较，预测建成后的经济、社会和生态效益，综合论证项目建设的必要性、财务的盈利性、经济上的合理性、技术上的先进性和适应性、建设条件的可能性和可行性，从而为投资决策提供科学依据。

二、农业项目可行性研究的主要内容

1. 项目摘要

包括项目名称、建设地点、建设规模、投资方案、投资估算、效益分析等基本情况。

2. 投资项目的必要性和可行性

采用 PEST 分析模型，从国家宏观、行业中观的角度，围绕政治法律、经济发展、社会文化、技术环境四个方面对项目进行总体概括分析，论述项目投资的必要性和可行性。

3. 市场供求分析与预测

一是市场容量、规模、发展速度、竞争状况；二是企业规模、财务状况、营销情况、投资与并购；三是客户需求、供应链上下游议价能力、供给需求特征、产品市场供求；四是产品销售重点区域和消费者群体及其特征等。

4. 项目承担单位基本情况

5. 项目地点选择分析

6. 项目技术分析

7. 项目经济、社会及生态效益分析

8. 项目实施方案

包括项目投资目的、进度安排、实施进度计划、建设内容及预算等。

9. 项目投资估算及资金筹措

包括投资所需资金量估算，资金筹措方式和金额，筹资方案的资本结构、资金成本率。

10. 项目财务评价

包括营业收入和营业税金及附加估算、成本费用估算、利润总额及分配、财务盈利能力分析。根据投资人的实际需求，依照投资项目的实际情况，利用现金净流量、净现值、内涵报酬率、投资回收期、权益净利率、投资回报率等进行分析得出财务结论。

三、农业项目投资的国家政策引导

随着农业投资热度的持续高涨,以及未来移动互联网、物联网技术农业技术的融合,农业一二三产业及其深度融合也将保持在农业投资的主流地位;与此同时,农业投资也将朝着集约化、标准化与规模化发展。新的"两型"农业(环境友好、资源节约)模式将会产生,农村城镇化将促进农业发展方式、经营组织、从业人员结构等多方面的转变。未来农业投资将更加看重农业企业的科技含量、生态化进程及电商金融应用等方面的发展。相关政策也为农业项目投资指明了投资方向。

1. 加快智慧农业发展,推进农业生产管理数字化

大力推广大田作物精准播种、精准施肥施药、精准收获,推动设施园艺、畜禽水产养殖智能化应用;构建智慧水利体系,以流域为单元提升水情测报和智能调度能力。

2. 增强农业综合生产能力,保障粮食等重要农产品供给

坚持最严格的耕地保护制度,强化耕地数量保护和质量提升,严守18亿亩耕地红线,遏制耕地"非农化"、防止"非粮化",规范耕地占补平衡,严禁占优补劣、占水田补旱地。以粮食生产功能区和重要农产品生产保护区为重点,建设国家粮食安全产业带,实施高标准农田建设工程。实施黑土地保护工程,加强东北黑土地的保护和地力恢复。推进大中型灌区节水改造和精细化管理,建设节水灌溉骨干工程,同步推进水价综合改革。加强大中型、智能化、复合型农业机械研发应用,将农作物耕种收综合机械化率提高到75%。加强种质资源保护利用和种子库建设,确保种源安全。加强农业良种技术攻关,有序推进生物育种产业化应用,培育具有国际竞争力的种业龙头企业。完善农业科技创新体系,创新农技推广服务方式。加强动物防疫和农作物病虫害防治,强化农业气象服务。

3. 调整优化生产布局,建设优势、特色农产品产业带、优势区

推进粮经饲统筹、农林牧渔协调,优化种植业结构,大力发展现代、节粮畜牧业,促进水产生态健康养殖。积极发展设施农业,因地制宜发展林果业。深入推进优质粮食工程。推进农业绿色转型，加强产地环境保护治理，发展节水农业和旱作农业，深入实施农药化肥减量行动，治理农膜污染，提升农膜回收利用率，推进秸秆综合利用和畜禽粪污资源化利用。完善绿色农业标准体系，加强绿色食品、有机农产品和地理标志农产品认证管理。强化全过程农产品质量安全监管，健全追溯体系。建设现代农业产业园区和农业现代化示范区。

4. 丰富乡村经济业态，加快农村产业兴旺

发展县域经济，推进农村一二三产业融合发展，延长农业产业链条，发展各具特色的现代乡村富民产业。推动种养加结合和产业链再造，提高农产品加工业和农业生产性服务业发展水平，大力发展净菜、中央厨房产业，壮大休闲农业、乡村旅游、民宿经济等特色产业，加快和美乡村规划建设。加强农产品仓储保鲜和冷链物流设施建设，健全农村产权交易、商贸流通、检验检测认证等平台和智能标准厂房等设施，引导农村二三产业集聚发展。完善利益联结机制，通过"资源变资产、资金变股金、农民变股东"，让农民更多地分享产业增值收益。

第六章
农业生产组织的人力资源管理

第一讲　人力资源规划

人力资源规划是总体发展规划的重要组成部分，是组织为了实现其总体发展目标对未来人力资源所做的统筹安排。其主要包括：科学预测、分析组织所处环境中的人力资源需求和供给状况；制定必要的政策和措施以确保组织在需要的时间和岗位上获得所需要的人力资源。

一、人力资源规划的内容

人力资源规划包括总体人力资源规划和具体人力资源计划。

1. 总体人力资源规划

总体人力资源规划是根据组织发展战略需要，对组织一定时期内人力资源的总体需求进行全局性的安排。包括人员总体配置数量和质量，人员招聘标准和方法，人员使用和配置方式，实现人力资源规划的工作步骤，总体成本核算。

2. 具体人力资源计划

具体人力资源计划是根据组织总体人力资源规划的目标和要求，对组织一定时期内各项人力资源管理工作进行的具体安排。包括人力资源的招募和更新计划、使用和调整计划、培训和发展计划，员工的绩效考评计划、薪酬及激励计划、退休和解聘计划。

二、人力资源规划的步骤及影响因素

制定人力资源规划，需要分析其外部影响因素和企业内部条件，依照企业的发展战略目标。人力资源规划分为长期规划（5年以上）、中期计划（3~5年）、短期计划（1~2年）。

1. 人力资源规划的步骤

（1）了解组织的总体发展战略，根据组织的结构层次确定岗位和能级。

（2）分析组织内部、外部的人力资源供求现状，预测组织的人力资源供求状况。

（3）编制人力资源计划，包括总体计划和具体分支计划。

（4）制定人力资源计划的执行监控机制，建立和完善人力资源计划评估和调整系统。

2. 影响人力资源规划的因素

（1）内部因素。一是企业目标。企业目标是根据企业内外环境制定的。一旦企业内外环境发生重大变化，企业目标也会发生变化，人力资源计划也会发生相应变化。二是员工素质。员工素质是人力资源计划中的一个重要方面，直接决定着企业目标的实现。员工素质不同，其人力资源管理的方式也会有所不同。员工素质发生变化，企业人力资源计划也需要做相应调整。三是组织形式。组织形式是为实现企业目标服务的，不同的组织形式具有不同的作用。组织形式根据企业战略和员工素质不同而发生变化，组织形式的变化必然影响到人力资源计划。

（2）外部因素。一是劳动力市场。劳动力市场是企业人力资源的主要来源，企业人力资源的招聘、使用和辞退，都与劳动力市场关系密切。企业制订的人力资源计划，必须根据劳动力市场的变化及时进行调整。二是政府相关政策。企业人力资源计划特别是人力资源的获取和使用，必须符合国家的相关政策。当国家相关政策发生较大变化时，企业也必须及时调整人力资源计划。三是行业状况。企业的生产和经营离不开行业情况，当行业情况发生变化时，企业就应当及时调整人力资源计划，以适应行业对人力资源的需求。

第二讲　职位分析

一、职位分析的概念

职位分析又称岗位分析、工作分析。广义的职位分析包括组织分析、机构分析和岗位分析；狭义的职位分析仅仅描述特定职位的工作内容、任职条件及该职位与其他职位的工作关系，是制定职位说明和工作规范的系统过程。职位分析的结果，通常是制作出一份翔实而合理的职位说明书。职位说明书包括岗位描述、用人要求。具体来说，职位分析就是要为人力资源管理活动提供与特定职位有关的各种信息。

二、职位分析的原则

1. 系统性原则

组织中的每个职位和工作都不是完全独立的，而是与其他职位和工作密切相关。所以在职位分析时，不仅要考虑该岗位工作的特点及其对就职人员提出的要求，还需要考虑与相关岗位的工作关系及其对该岗位提出的要求，从整体上把握该岗位的特点并加以补充。

2. 动态性原则

随着组织内外环境的变化，组织中同一个岗位的工作内容、任职要求也可能会发生变化。因此，职位分析需要与时俱进，即不能仅仅只做静态考虑，而应根据情景变化不断做出调整。

3. 目的性原则

职位分析的内容非常广泛，其用途也非常多。职位分析目的不同，则分析的重点也不相同。如果职位分析的目的是明确工作职责，则分析的重点就应该考虑工作范围、工作职能、工作任务的界定；如果是为了甄别人才，则职位分析的重点应在于任职资格的确定。

4. 岗位性原则

职位分析的重点应该放在岗位任务、工作范围等方面，而不是分析岗位上的某个人现在如何。所以职位分析要从组织对岗位的要求出发，以避免现任岗位员工的素质、绩效影响岗位任职人员应有的素质、绩效要求。

5. 参与性原则

虽然职位分析主要是人力资源管理部门的工作，但其完成需要组织内各部门的共同参与。因此，在进行职位分析时，需要邀请组织内各部门，特别是高层管理者和业务部门的通力合作和大力支持，才能达到预期的效果。

6. 应用性原则

职位分析不仅仅是为了获得职务说明或资格证书等书面文件，而且可以用它指导组织的人力资源管理或其他方面的管理。如人员招聘、培训、绩效考核，甚至组织结构变革，都可能需要职位分析结果的支持。组织应充分利用职位分析的结果，有效提高相关工作的效率，同时扩大职位分析的实际应用范围。

三、职位分析的程序

不同的组织可能有不同的工作类型、工作性质、发展策略，其职位分析的目的和过程也各不相同。通常，职位分析分为六个阶段：规划、职位设计、信息收集、信息分析、结果表达、结果应用与评价。

1. 规划阶段

（1）明确是否有必要展开职位分析。职位分析需要耗费大量的人力、物力、财力、精力，如果组织目前不需要，就坚决不要开展相关工作。

（2）确定职位分析的目的。这将决定在调查、分析过程中要收集何种信息、如何收集信息、形成何种分析结果、如何使用结果等后续工作的开展。

（3）确定职位分析的范围。根据职位分析的目的，明确职位分析是在整个组织还是在某个部门，还是只在某一特定类型的工作中进行。之后，需要编制职位分析计划，说明职位分析的原因、目的、范围、时间和预算，并提交给最高管理层批准。

（4）组建职位分析小组。职位分析计划经上级批准后，成立工作小组负责具体实施后续的职位分析工作。具体由人力资源管理部组成工作小组，协调其他相关部门开展职位分析工作；也可以由各个部门成立工作小组，在人力资源管理部的指导下开展工作；还可以由外部的第三方专业组织负责，人力资源管理部及相关部门协助开展工作。

2. 职位设计阶段

职位设计阶段的工作主要有两类：一是对后续工作进行具体规划和设计，如确定职位分析的目标，明确需要收集的信息和收集信息的方法，规划每项工作的具体时间安排和分工；二是准备各种分析工具和表格，如撰写采访提纲、制作问卷和测试等。

3. 信息收集阶段

工作小组及其相关人员根据规划和计划，使用设计的方法和工具，从多个渠道收集所需信息。一是查阅内部文件，如组织机构图、工作流程图、相关规章制度、以前制定的岗位说明等；二是咨询相关人员，如组织内部的管理者或相关同事，组织外部的人力资源管理专家；三是收集组织外同行业的相关政策法规，参考其他组织的相关岗位。不同渠道可以获得不同的信息，但其成本、难度等也有所不同，应根据具体情况灵活使用。

4. 信息分析阶段

收集的信息可能杂乱无章，需要对其进行核对、筛选、统计、分析、研究、归类，才能使其成为有用信息。

（1）信息分析的内容。包括职位基本信息，如职位名称、所在部门、职位等级等；职位任务和工作程序等信息，如主要工作内容、工作范围、职权界定、工作设备和工具、工作流程等；职位环境和关系等信息，如职位的工作场景、工作时间、工作条件、可能的职业病、与其他职位的关系、需要涉及的人际交往、管理状态等；职位任职要求，如性别、年龄、学历等基本要求，经验、技能、专长等才能要求，体能、智能、健康状况等基本身体素质要求，政治思想状况、价值观、性格、气质、兴趣等心理素质要求，人际交往能力、团队协作能力等综合素质要求，等等。

（2）信息分析的步骤。①分析部门的工作任务清单，确定部门工作任务和权限。在信息分析的基础上，按照工作流程或不同职位之间的逻辑关系将整个工作团队或部门、组织的全部工作信息进行梳理，得到部门的工作任务清单，并进一步分析部门间的权限关系，确认部门工作任务及权限分配。②确定关键工作任务。针对部门内的每一职位，确认其工作任务清单，并根据工作任务的时间消耗在总作业时间中的占比、工作任务的相对重要程度等，判断任务清单中的关键工作任务。③针对关键工作任务进行分析，确认该工作的任职资格条件。

5. 结果表达阶段

该阶段的主要工作任务：一是根据前边工作的结果草拟"职位描述"和"任职资格"；二是将草拟的"职位描述"与"任职资格"与实际工作对比；三是根据对比结果判断是否需要修正以及如何修正，如果发现出入太大，还需考虑是否补充调查获取新信息；四是修订草稿，重复前两步工作，直到得到相对满意的结果；五是形成最终的职位说明书。

6. 结果应用与评价阶段

职位分析最终要用于指导组织的人力资源管理或其他组织管理工作。如果在应用中发现职位分析的结果对实践的指导意义不够明显，就需要进一步对职位分析工作的有效性进行评价，以从中发现不足，为今后的职位分析工作提供帮助。

第三讲　人员招聘

企业要想有效地进行人力资源开发与管理，一个重要的前提就是要了解每一种工作和能胜任该种工作的人员特点，这既是工作分析的主要内容，也是企业招聘与录用人的前提。

一、工作分析

工作分析是现代企业人力资源开发和管理的基础。工作分析有两个先决条件：一是明确组织结构；二是明确组织目标，这需要通过调查研究来完成。工作分析包括两个方面：一是工作本身说明，如工作内容、职责、权限、环境等书面陈述；二是工作人员基本条件，如资格、能力、性格、态度、教育程度、经历等书面表达。其具体内容包括以下四点：

1. 工作名称分析

目的是将工作名称标准化，使人们可以通过名称了解工作的性质和内容。工作名称由工种、职务、工作等级等组成，如高级树木养护工、农业设计师等。工作名称分析包括：①工作任务分析，主要是明确工作行为，如工作的中心任务、工作内容、工作的独立性和多维性、完成工作的方法和步骤、使用的设备和材料等。②工作责任分析，目的是通过了解工作的相对重要性来配备相应的权限，确保责任和权限对等，并尽量以量化的方式确定责任和权限，如财务审批的权限、金额、准休假天数的权限等。③工作关系分析，目的是了解工作的协作关系。包括该工作会制约哪些工作，受哪些相关工作制约，与哪些工作为协作关系，能在哪些工作范围内升职或调任。

2. 劳动强度分析

目的是确定工作的标准活动量，主要是对本工作活动中劳动强度指标最高的几项操作进行分析，如劳动定额、工作折算基准、超差度、不合格率、原材料消耗、工作循环周期等。

3. 工作环境分析

工作环境分析包括：①物理环境，如湿度、温度、光线、气味、空间，以及一个人每天暴露在这些因素下的时间。②社会环境，包括工作地点的生活便利程度，工作环境的孤独感，上级的工作作风，同事之间的关系。③安全环境，包括工作的危险性，可能发生的事故，事故的发生率，事故发生的原因，会对工作人员机体的哪些部分造成危害，危害程度如何，劳动安全和卫生条件，易患的职业病、患病率和危害程度。

4. 工作人员必备条件分析

旨在确定工作人员在履行工作职责时应具备的最低资格条件，具体为：①基本知识，即教育及专业职系的最低要求。②必要经验，指对执行人员完成每项工作任务所需要的操作能力和实际经验，包括执行人员过去从事类似或相关工作的年资和成就，应接受的专门训练及程度，具备工艺规程、操作规程、工作完成方法等活动所要求的实践能力。③必要的操作能力。根据前两项要求，通过典型操作定义执行工作所需的决策和组织能力，以及适应力、创造力、注意力、判断力、智力和操作熟练程度。

工作分析是通过岗位工作说明书来呈现的，见表6-1。

表6-1 岗位工作说明书

职位名称：		所属部门：	
职位编码：		编写日期：	
职位概要：			
职位职责：			
关键绩效指标（KPI）：			
任职资格：			
项目	必备要求	期望要求	
学历及专业要求			
所需资格证书			

续表

工作经验	
知识要求	
技能要求	
能力要求	
个性要求	
主要关系	
关系性质	
直接上级	
直接下级	
内部沟通	
外部沟通	
职位环境和条件	
工作场所	
工作设备	
工作条件	
工作时间	
备注	

二、人员招聘

通常，企业可以通过招聘来满足自身对人力资源的需求。因此，招聘要有明确的目标和严格的标准，即根据工作分析的结果来补充缺员。招聘方法要广开渠道，根据需要的人员类型采取相应的办法。一般招聘，可以从原员工中续聘，也可以对外招聘；可以由别人推荐，也可以自荐。总之，应该贯彻公平竞争和择优录取的原则。

1. 严格招聘标准

一般员工招聘的标准和要求是：工作勤奋、态度良好、经验丰富、稳定性好、机智、责任感较强。

2. 坚持招聘原则

企业招聘员工不难，但招到合适的人却不容易。为了保证员工的素质和质量，提高劳动效率，在招聘过程中要坚持六个原则：一是公开，即将考试的单位、职务种类、职务数量、报考资格条件、考试方法、考试科目、考试时间等向社会公布，公开实施。二是竞争，即通过考试竞争来确定人员的优劣。三是平等，即平等对待所有申请人，不人为创造各种不平等的限制、条件（如性别歧视）和各种不平等的优惠政策，努力为社会有志之士提供平等的竞争机会，不拘一格地选拔和聘用各方面的优秀人才。四是综合，即对应聘人员从品德、知识、能力、智力、心理、工作经验和表现等方面进行全面的考试、考核。一个人能否胜任一份工作及其未来如何发展，是由很多因素决定的。五是择优，这是招聘的根本目的和要求。只有坚持这一原则，广揽人才，选贤任能，才能为每个岗位选配最合适的人员。六是级能。人的能力有高低，精力有大小，工作有难易，要求各不同。招聘应该量才录用，做到人尽其才、用其所长、职得其人，从而使资源得到持续高效的利用。

3. 广开招聘渠道

可以通过多个渠道寻找合适的人选。一是企业内部，特别是不同的管理层。这种方法不仅方便，而且会获得更好的职员，提高士气。二是私人访问，即从工人、同事、朋友、亲戚、邻居中找到候选人，并了解候选人的情况。三是临时代理，特别是雇用临时工时，可以通过劳务公司等中介组织，更方便地找到合适的人选。因为在你雇用他们之前，你会有机会试用他们；如果不合适，中介会派来替换者；如果感到满意，大多数中介会用酬金或经过最短时间的委任来雇用他们。四是专业协会。大多数职业都有相应的协会，在那里有助于找到有专业知识的员工。五是中介公司。劳动力或人才中介机构可以帮助公司找到高质量的候选人来填补特定的专业职位。六是互联网，即在互联网上创建网页，发布招聘信息，还可以通过浏览人才网站找到合适的员工。七是招聘广告。在报纸广告上会找到一些自荐材料，在这里可能会有适合企业所设立的职位的候选人。八是设摊，即在政府人事部门或劳动部门指定的招聘地点设立摊位，寻找合适的候选人。

4. 提高面试质量

理想的面试有五步：第一，热情欢迎求职者。通过热情的问候和随意的交谈，使面试变得容易。常见的开场白是先闲谈一下，后谈自己在工作中寻求简易方法时遇到的困难，再谈他们是如何了解这个职位的。第二，简要概括职位，如简要描述工作职位情况、需要什么样的人选。第三，提问。问题应该与求职者所申请的工作相关，如求职者的工作经验、教育背景和其他相关话题。第四，找出候选人优缺点。尽管可以要求应聘者描述自己的优点和缺点，但这并不可靠，最好还是通过提问和回答予以了解。第五，结束面试。给候选人一个进一步阐述自身情况的机会，这是做出最终选择的关键。面试结束后要对他们参加面试表示感谢，并告诉他们公司联系他们的时间。

注意，提问是面试过程中十分重要的组成部分。通过提问和观察可以了解应聘者的目的和兴趣，应聘者属于哪一类人，能为企业做些什么？这项工作能否使其满意？在面试过程中可以做很多笔记，不仅是为了记住每个候选人的情况，也是评估候选人的重要依据。面试可以进行多次。在决定录用应聘者之前，一是要核实证件；二是向求职者现在或以前的上级了解情况；三是征求其同事的意见；四是一定要任人唯贤，不能只是为了填补空缺。

5. 制订招聘计划

招聘计划的制订，一方面能保证企业的招聘工作有的放矢、有条不紊，另一方面也是应聘人员了解企业录用员工要求的重要信息来源。招聘计划常用的呈现方式是招聘计划表，招聘计划表通常应注意以下三个方面：一是对拟聘的岗位和条件要做出充分说明，便于应聘人员选择是否竞聘，特别是聘用条件，应当详细具体。二是时间安排既要有利于企业的运作，也要方便候选人来应聘。三是招聘组织，通常要选择与招聘录用岗位相关的部门来参与招聘考核工作。常见的招聘计划表如表 6-2 所示。

表 6-2 招聘计划表

招聘目标		
职务名称	数量	任职资格

信息发布的渠道和时间：

招聘小组成员		
组长		职责
组员		职责

选拔方案及时间安排			
招聘岗位	步骤	负责人	截止时间

费用预算	
项目	金额（元）

招聘工作时间表	
时间	工作内容

制表人		部门经理	

分管副总经理意见：

制表日期：　　年　月　日

第四讲　员工培训与开发

现代人力资源管理的目的就是最大限度地发挥员工能力，提高组织绩效。大量的实践表明，员工培训与开发是端正工作态度、激发工作热情、培养工作兴趣、提升工作能力十分有效的途径。

培训与开发是指组织为使员工获得或提高与工作相关的知识、技能、动机、态度和行为，有效提高员工的工作绩效，帮助员工为企业的战略目标做出贡献而进行的有计划、系统的努力。建立员工培训开发制度是提高组织绩效的重要保障，科学的员工培训开发体系是提高员工整体素质和工作能力的重要环节。员工培训开发体系包括需求分析、目标确定、方案设计、培训实施、评价和反馈。

一、需求分析

主要是确定是否需要培训开发、需要哪些方面的培训开发、培训开发需要组织做出哪些支持、高质量完成培训开发需要具备哪些条件等。其具体包括组织分析、任务分析和人员分析三个方面。

1. 组织分析

组织分析是在企业的经营战略下确定相应的培训活动，并为培训活动提供可用的资源、管理和企业支持。这里需要分析三个问题：一是从战略发展的高度预测企业未来在生产技术、销售市场和组织结构上可能发生的变化，分析人力资源的数量和质量需求情况，确定适应企业发展需要的员工能力；二是分析管理者和员工对培训开发活动的支持态度；三是对成本、时间、相关专业知识等培训资源进行分析。

2. 任务分析

任务分析包括对培训中需要强调的知识、技能和行为的任务识别和分析，旨在帮助员工准确、及时地完成任务。任务分析的结果是对工作活动的详细描述，包括对员工执行和完成任务所需的知识、技能和能力的描述。与工作分析不同，任务分析主要研究工作人员如何履行职责和完成任务，即研究具体岗位员工的工作行为和预期的行为标准，找出两者之间的差距，从而确定他们需要接受的培训。

3. 人员分析

人员分析主要是通过分析员工当前的绩效水平和预期的工作绩效水平来确定谁需要培训。通常，员工工作绩效是指工作的成果，包括完成的工作数量和质量、完成单位工作量消耗和占用的资源（包括时间）数量以及事故发生率、造成的损失、影响范围等。影响员工绩效水平和学习动机的因素包括：个体特征，即员工是否具备完成工作所需的知识、技术、能力和态度；工作投入，即员工是否理解工作目标、工作态度和热情、工作投入的时间和精力以及工作方法与技巧等；绩效奖励，如种类、形式和强度；工作反馈，即员工能否及时收到工作表现等信息反馈等。

二、目标确定

培训开发目标一般包括三个方面：一是解释员工应该做什么；二是明确可接受的绩效水平；三是学员完成规定学习成果的条件。确定培训目标时应注意：第一，目标要明确具体到工作任务上；第二，每个任务都要有工作表现目标，使受训人员能够理解培训后所达到的要求，并具有可操作性；第三，培训目标要与企业的发展目标相一致。

三、方案设计

方案设计是培训开发项目目标的具体操作，即告诉员工应该做什么，如何完成任务，实现目标。其主要包括：选择和设计合适的培训方案；确定培训对象、培训方式和方法、培训地点、培训项目负责人（包括组织负责人和具体培训负责人）；根据培训目标确定培训形式、学制、课程设置方案、课程大纲、教材和参考资料、培训教师、教学方法、考核方法、辅助设备和设施等。

四、培训实施

培训实施是员工培训开发系统的关键环节。在实施员工培训时，培训者要完成许多具体的工作任务。要保证培训的效果与质量，必须做好以下工作：

1. 选择和准备培训场地

培训场地要交通便利、舒适、安静、独立、不受干扰，能够为学员提供足够的自由空间。座位安排要根据培训老师与学员、学员与学员之间预期交流的特点进行安排。

2. 课程计划和课程描述

课程计划主要是对培训期间的各种活动及其顺序进行安排和管理，旨在保持培训活动的连续性，帮助培训师和受训者理解课程和计划目标。课程计划包括课程名称、学习目的、报告主题、目标受众、培训时长、讲师活动、学员活动以及其他必要活动。课程描述源于培训需求分析，包括课程名称、培训对象、课程目标、时间地点、培训方法、需要的培训设备、培训教师名单和材料等。

3. 选择培训教师和培训材料

员工培训的效果与培训教师密切相关。教师不仅仅要传授知识、态度和技能，更要帮助受训者进行职业探索。企业应选择有任教意愿、表达能力强、理论知识广泛、实践经验丰富、培训技能扎实、有热情和受人尊敬的培训教师。培训材料和教材一般由培训师确定，主要有四种：公开出版、企业出版、培训公司出版和教师自己编写。培训教材应是对教学内容的总结，包括教学目标、练习、图表、数据和参考书。

4. 确定培训时间

培训时间要适应员工培训的特点，明确何时开始、何时结束、每个培训周期的培训时间等。

五、评价和反馈

评价和反馈是员工培训系统中的重要环节，一般包括六个方面：确定评价标准、评价方案设计、培训控制、培训评估、结果评估、结果反馈。

1. 确定评价标准

评价标准通常由评价内容、评价指标、指标含义等组成。制定标准的步骤是：第一，设计评价指标，对评价指标分解，形成评价指标体系；第二，制定各个评价指标的具体标准；第三，组织有关人员讨论、审议、征求意见、确定；第四，试评价和修改。制定评价标准时应注意，评价标准的各个部分应构成一个完整的整体；各种标准之间要相互联系、相互协调；所有标准之间应该有一定的统一性和相关性。

2. 评价方案设计

评价方案有培训前后比较、时间序列分析等。前者是将一组学员和非学员进行比较，应在培训前后收集培训结果及其有关信息。后者是用时间序列法收集培训前后的信息，从而判断培训的效果，通常用于评估随时间变化的可观察结果，如事故率、生产率和缺勤率等。

3. 培训控制

培训控制贯穿于培训实施的全过程，即根据培训目标、员工特点等调整培训体系中的培训方法和流程。它要求管理者观察力强，经常与训练者和被训练者进行沟通，以便及时掌握培训过程中的意外情况并进行妥善处理。

4. 培训评估

培训评估主要针对培训目标、方案设计、场地设施、教材选择、教学管理、培训人员整体素质等方面进行，具体包括：训练者、被训练者、训练项目的评估。其评估过程：一是数据收集，如培训前后的测试、问卷调查、访谈、观察，了解学员的观念或态度变化等；二是数据分析，即对收集到的数据进行科学处理、比较分析，得出结论；三是将结论与培训目标进行比较，提出改进建议。

5. 结果评估

培训结果分为认知结果、技能结果、情感结果、有效性、净投资回报。结果评估是对培训效果转移的评价,即对学员接受培训后在工作实践中的具体应用或工作情况进行评价。培训效果的评价要考虑评价的时效性。有些培训效果即时性很强,如新设备的操作技能培训效果在培训中或培训后表现明显,即时性评估就可以解释培训效果及其原因。但有些培训效果需要过段时间才能显现,如管理者综合管理能力培训,因此有必要对受训人员进行长期或后续评估。

6. 结果反馈

结果反馈是员工培训开发系统的最后环节。通过对培训效果的具体测定与量化,可以了解员工培训产生的收益,测算投资回报率;也可以为培训决策及培训工作改善提供依据。

第五讲　绩效考核

绩效是指个人或群体能力在一定环境下得以表现的程度和效果，以及个人或群体在实现预定目标的过程中采取一定行为所取得的成绩和做出的贡献。

一、绩效考核的内容

1.绩效构成因素

绩效包括工作效率、工作任务、工作效益，如组织效率、管理效率、制度效率，工作数量、质量，经济效益、社会效益、时间效益。

2.工作环境因素

环境因素主要包括人为因素、制度因素、条件因素、任务目标的难度。

3.个人因素

个人因素主要包括群体或个人的综合素质、工作能力、工作模式、主观努力等。

二、绩效考核的步骤

绩效考核的最终目的是提高员工的劳动效率，主要是通过目标激励、过程激励、结果激励，帮助员工集中精力、提升能力、提高绩效，进而在实现企业目标的同时实现员工的个人目标，如晋级、提拔、薪酬、奖励、补贴等。

绩效考核的步骤是：第一，设定绩效考核目标；第二，实施全程绩效监控；第三，分段及时评估绩效；第四，帮助员工提高绩效。

三、绩效考核的目标

绩效考核的效果主要取决于绩效考核的目标。因此,制定绩效考核的目标时要注意：一是要具体，即明确地告诉员工应该做什么、什么时候做、做多少、做成什么样。有了具体的目标，就很容易根据员工的表现来衡量其取得的进步。二是可衡量。如果绩效目标无法衡量，就永远不知道员工是否在朝着成功的方向前进，也不能显示员工的进步，更无法激励他们去实现目标。三是能达到。最好的目标是普通员工努力后就能实现的，而且不能走极端。也就是说，目标不应高于或低于标准绩效。目标设定过高，员工会很容易放弃，目标过低则没有任何意义。四是相关性。目标是实现企业愿景和使命的重要工具。因此，绩效目标必须与组织的总体目标一致。

第六讲　薪酬管理

员工薪酬是促进企业战略目标实现最为有力的工具之一。一是薪酬对员工的态度和行为有重要影响。它不仅会影响到哪些种类的员工会被企业吸引进来并被企业留住，而且还能成为使当前员工个人利益与企业利益密切联系的有力工具。二是员工薪酬也是企业的一项重要成本项目，需要特别注意。三是薪酬相关政策直接决定员工收入水平和生活水平高低，其薪酬的绝对水平所产生的客观物质后果，以及相对水平比较所产生的主观的公平性，都会严重影响员工的工作积极性、主动性、创造性。四是薪酬也常常被视为个人能力、地位和成功的标志。薪酬管理是人力资源管理最重要的组成部分。

一、薪酬的形式

薪酬是组织对其员工的工作及员工对组织的贡献所支付的报酬。员工对组织的贡献包括绩效、努力、时间、知识、技能、经验和创造的价值。薪酬的本质是组织和员工之间公平交易或交换的关系，是员工将其劳动或服务使用权转让给所在单位后所获得的报酬。薪酬的形式多种多样，包括工资、津贴、奖金、福利、股票等具体形式。在企业薪酬体系中，工资、津贴、奖金和福利是不可或缺的四个组成部分，发挥着不同的作用。工资具有基本的保障功能，津贴是工资的重要补充，奖金具有明显而直接的激励作用，福利具有吸引优秀人才、稳定员工队伍等特殊作用。

1. 工资

工资有狭义和广义之分。狭义的工资指组织支付给其劳动者的报酬的货币形式，包括两方面含义：一是报酬的主体是组织的劳动者；二是报酬的主要表现形式是货币。如果报酬的表现形式是物质，通常被称为福利。广义的工资包括货币形式和非货币形式的报酬。目前，企业主要的工资形式有计时工资、计件工资、浮动工资、提成工资，其中计时工资和计件工资是基本的工资形式。

2. 津贴

津贴是为补偿员工的特殊劳动、额外劳动消耗和其他特殊原因而支付的报酬。习惯上，人们把属于生产性质的称为津贴，把属于生活性质的称为补贴。津贴、补贴的种类、范围和标准，一般由国家统一规定。国家没有统一规定的，用人单位也可以根据实际工作需要，在政策允许范围内自行设立部分津贴、补贴。

3. 奖金

奖金是组织为鼓励员工提高劳动效率和工作质量，而支付给员工的超额劳动、增收节支的货币奖励。奖金是实行按劳分配的一种奖励形式，是基本工资制度的一种辅助形式。奖金是随着劳动绩效的变化而变化的，只支付给符合奖励条件的员工。

4. 福利

一般来说，福利有三个层次：一是以政府为导向，面向全民的社会福利；二是以企业的董事、员工为对象的企业福利；三是部分员工福利，由工会等劳动组织主管，以会员为对象的部分员工福利。因此，广义的员工福利包括文化、教育、卫生、各种社会保障、集体公益服务以及国家、地方政府、企业和劳动组织提供的福利待遇。狭义的员工福利，只是指企业为满足员工的生活需要，在工资之外向员工及其家属提供的金钱、实物和某些形式的服务。

二、薪酬的分类

薪酬是相当复杂的社会经济现象，薪酬的分类也多种多样。根据薪酬分发和获得形式可分为货币、非货币薪酬；根据薪酬的计算方式可分为小时薪酬、计件薪酬、绩效薪酬；根据薪酬形成机制的不同可分为外在薪酬、内在薪酬。下面重点介绍一下外在薪酬和内在薪酬。

1. 外在薪酬

外在薪酬是指组织为员工的贡献而支付的各种形式的收入，包括工资/薪金、奖金、津贴、福利、股票期权和以各种间接货币形式支付的福利。

外在薪酬又分为货币性薪酬、福利性薪酬、非财务性薪酬。对于绝大多数的薪酬接受者来说，货币薪酬实际上只是一种间接补偿。员工的最终需求可能是获得商品和劳务、社会的认可或尊重、友谊和爱情等。因此，要想充分发挥薪酬的激励杠杆作用，不仅要了解薪酬接受者对货币的需求，还有必要了解薪酬接受者的最终追求。福利补偿有货币性和非货币性两种，但以非货币性为主。福利通常不考虑薪酬接受者的绩效，组织内员工人人有份，但其仍然是一个非常重要的激励因素。其激励的基本取向是增强组织的凝聚力，加强员工的团队建设。非财务性薪酬包括终身雇用承诺、安全舒适的工作条件、感兴趣的工作、主管的鼓励和对成绩的肯定、引人注目的头衔、良好的工作氛围、良好的人际关系、名片、私人秘书等。与内在薪酬相比，外在薪酬更容易进行定性和定量分析，也更容易在不同的个人、公众和组织之间进行比较。

2. 内在薪酬

内在薪酬指的是由于自己努力工作而得到提升、表扬或重视而产生的荣誉感、成就感和责任感。其主要包括参与决策的权利、发展个人潜能的工作机会、自主和自由安排自己的工作时间、更多的权利、感兴趣的工作、个人发展的机会、活动多样化等。内在薪酬的特点是难以明确定义，难以定量分析和比较，没有固定的标准，操作困难，对管理艺术的要求很高。通常，如果从事重复性劳动的员工对内在薪酬不满意，可通过增加工资加以解决，而管理者或专业技术人员对内在薪酬的不满可以通过福利或非财务薪酬得到满意的解决。

三、薪酬设计的策略

薪酬设计是指必须在企业发展战略的指导下制定适合企业的薪酬策略。企业薪酬策略主要有水平策略、结构策略。

1. 薪酬水平策略

薪酬水平策略主要是企业根据自身实际情况，结合当地同行和竞争对手的薪酬状况制定薪酬。常用的薪酬水平策略主要有以下四种。

（1）市场领先战略。采用该薪酬策略的企业，其薪酬水平在同行业竞争者中处于领先地位。该策略一般基于以下考虑：市场处于扩张期，市场机会较多、增长空间很大，对高素质人才的需求迫切；企业本身处于快速成长期，支付能力比较强；在同行业市场中处于领先地位。

（2）市场跟随策略。采用该策略的企业一般都是建立或找准了自己的标杆企业，其经营管理模式与自己的标杆企业一致，同样薪酬水平与标杆企业也基本一致，但不要求其工资水平必须处于行业领先水平。

（3）成本导向策略。又称落后薪酬水平策略，即企业在制定薪酬水平策略时，不考虑市场和竞争对手的薪酬水平，只考虑尽可能节约生产、经营和管理成本。采用该薪酬策略的公司通常实行成本领先战略，故这类企业的工资水平普遍较低。

（4）混合薪酬策略。是指对企业中不同部门、不同岗位、不同人才采取不同的薪酬策略。如对企业核心和关键人才采用市场领先的薪酬策略，而对普通人才和普通岗位则采用非领先的薪酬水平策略。

2. 薪酬结构策略

薪酬结构主要是指薪酬的固定部分（主要是底薪）和薪酬的浮动部分（主要是奖金和绩效工资）在企业薪酬总额中的比例。常用的薪酬结构策略主要有以下四种。

（1）高度灵活的薪酬策略，即高度激励模式。其特点是员工的个人收入在不同时期波动较大，绩效工资和奖金占比较大。也就是说，绩效工资是薪酬结构的主要组成部分，而基本工资的作用非常小，占比非常低（甚至为零），即薪酬的固定部分相对较低，而浮动部分相对较高。在该模式中，员工能获得多少薪酬完全取决于工作绩效的高低。当员工的业绩很好时，薪酬就很高；当业绩很差时，薪酬就很低。

（2）高度稳定的薪酬策略，即高度稳定模式。其特点是员工薪酬与实际绩效关系不是太大，而是主要取决于企业工作年限和整体经营状况，员工薪酬比较稳定，给人安全感。采用该薪酬策略的企业，员工薪酬中基本工资所占比重相当大，奖金是根据公司的整体经营情况，按个人基本工资的一定比例发放的。换句话说，基本工资是薪酬结构的主要组成部分，而绩效工资等则起着非常次要的作用，所占比例非常低（甚至为零）。即薪酬的固定部分比例相对较高，浮动部分相对较小。在这种薪酬模式下，员工的收入非常稳定，很容易就能获得全额薪酬。

（3）协调补偿策略，即激励稳定模式。其特点是基本薪酬和绩效薪酬都占一定比例，既有高弹性部分以激励员工提高绩效，又有高稳定部分以促使员工注意长远目标。当两者比例不断变化时，薪酬模式可以转变为激励为主的薪酬模式，也可以演变为基于稳定的薪酬模式。该策略对应薪酬结构有以能力为导向的薪酬结构、岗位导向型薪酬结构和组合型薪酬结构。

（4）混合薪酬结构策略。在薪酬设计上，企业也可以选择一种混合薪酬结构策略。该策略的特点是针对不同岗位、不同人才的特点选择不同的薪酬结构策略，如对严格要求自己、积极主动求索、喜欢接受挑战的员工，可以采用高弹性薪酬模式；对于踏实做事、追求工作和生活稳定的员工，可以采用高稳定性薪酬模式。

第七章
农业生产经营组织的内外关系协调

第一讲　内部关系协调

农业生产经营组织的内部关系十分复杂。根据组织结构可以分为横向的部门关系、纵向的上下级关系；根据不同的利益主体可以分为股东关系、员工关系、团队关系等。通过对组织内部关系的协调，可以使组织内部各种力量都统一到为实现组织目标而努力的轨道上来。

一、内部关系

农业生产经营组织的内部关系主要包括股东关系、员工关系、部门关系、团队关系、上下级关系。

1. 股东关系

股东既是企业设立的发起人，也是企业的主要投资者。在所有权和经营权相分离的现代企业制度下，股东出资形成了企业的原始经营资本，由股东选举产生的董事会代表全体股东负责企业的经营管理，并选聘和监督职业经理人负责企业日常经营管理。股东关系是企业最重要的内部关系，良好的股东关系是企业生存和发展的基础。股东关系的协调方法：一是尊重、维护股东的合法权益，制定积极的股利分红政策；二是规范经营行为，按期完成计划目标任务，不断创造有利的投资环境，推动企业快速发展，实现股东队伍长期稳定；三是按相关要求，规范信息披露行为，定期如实向股东大会汇报经营情况、报送财务年度报表、发布股利政策等，以增加股东对企业的了解和信任，争取获得股东的大力支持；四是通过股权结构多元化，董事会、经理人、监事会相互制衡监督，不断完善法人治理结构；五是通过经营者年薪制、股权期权、股利挂钩企业经营业绩、理顺关系等，强化经理人激励约束机制，尽力消除内部人控制、高层管理人员的机会主义和各种败德、失职、渎职行为，确保全体股东尤其是中小股东的利益。

2. 员工关系

员工是指能胜任各个岗位的工作人员。员工是构成组织的最基本单元，组织只有对员工进行科学合理的分工协作才能顺利完成任务、实现目标。根据工作性质，员工分为管理人员、技术人员、操作人员。管理人员是各业务单位和职能部门的主管，其个人素质、威望、经验、工作能力甚至言行举止，都会对所辖单位及其员工的工作效率、工作热情、工作绩效等产生直接影响。管理人员因为位居重要岗位，直接掌握组织大量的资源和信息，在组织中交流沟通最为频繁，且最为关心组织的前途、利益和形象，故在内部关系中举足轻重。技术人员从事专业技能岗位工作，分别在组织的供产销等关键岗位，掌握企业的核心技术和信息，是企业生存和发展的核心力量。他们的独立性很强、专业技能水平很高，创新创造欲望强烈，是任何一个组织都非常重视的内部关系。操作人员尽管位居组织的基层和生产服务一线，但其数量占员工绝大多数，其性格各异、自身素质和能力又参差不齐，工作态度和热情、能力和技术水平、积极性和自觉性直接决定企业的生产效率、产品服务质量，甚至一言一行也会直接影响企业经济效益和形象声誉，故操作人员也是任何一个组织都不敢忽视的重要力量。员工关系的协调方法是：第一，提供良好的工作环境条件，设置科学合理的劳动定额；第二，搞好岗位培训，使员工掌握高效的工作方法，提高团队合作意识、技术熟练程度和工作效率，确保按时按质完成任务；第三，支付员工相应合理的劳动报酬、津贴和一定的福利待遇，尽量满足员工的物质利益需求；第四，大力倡导民主管理，定期公布公司的经营状况，经常收集员工建议，通过多种沟通渠道和方法，加强员工之间知识信息和感情的交流，确保沟通渠道畅通，及时调节矛盾分歧，增强凝聚力和责任感，最终赢得员工的信赖和支持。总之，员工关系是组织一切内部关系的基础，也是组织内部关系协调的重点。

3. 部门关系

部门关系是指组织机构同级的业务单位、职能部门之间的关系。部门关系通常是企业总目标一致基础上的分工协作关系，但是在实际运作过程中，由于各个部门在组织中的位置、职责、任务、掌握信息和资源不同，再加上人为因素影响，难免会在任务安排、资源分配、时间进度、工作配合、环节对接等方面发生矛盾和误会等问题。如果处理不当或处理不及时、不到位，就会使矛盾积累、激化，给组织造成严重伤害。部门关系的协调方法是：第一，通过行政体制设置单位、部门机构层级和人员编制，设定组织和利益边界；第二，确定各单位、部门的责权利及其分工协作关系；第三，明确单位、部门本身的工作目标和任务，做好各项工作流程设计再造；第四，做好内部人员分工协作和责权利划分，强化团队和合作意识，不断优化工作方法程序，提高工作效率，在上述基础上形成完善、科学的规章制度，如管理制度、工作标准、工作流程等，以规范和协调各种组织关系；第五，定期或不定期召开单位、部门联席会、协调会、通气会等，开展健康丰富的联谊活动，加强信息和经验交流，做好工作衔接、协同配合、互助合作，以便步调一致，进展平衡，按期完成任务，同时还可加强彼此间联系沟通，增进相互信任和了解，及时调解矛盾争议。

4. 团队关系

团体是介于组织与员工个人之间、具有某些共性而集合在一起的群体，包括两类：一是按照组织职能划分的事业部、业务单位、部门、车间、班组、项目的正式团体；二是因工作业务、兴趣爱好、地域、文化、经历等相同而自发联盟组织的非正式团体。这里的团队关系，主要是指二者内部成员之间的关系。通常，正式团队和非正式团队的成员之间由于所属团体的成因不同，再加上成员个人差异，故其团队及其成员关系也是纷繁复杂。总的来讲，团队关系是隶属于员工关系、部门关系的一种特殊关系。因此要正确引导非正式团体的观点、兴趣、交往，极力抵制流言蜚语、虚假信息传播和拉帮结派。只有团队关系协调得当，才会极大鼓舞团队士气，群策群力，凝心聚力，有效提高团队乃至团体特别是正式团体的工作效率和工作业绩；反之，则会产生不必要的内耗、相互掣肘，影响团队目标的实现。

5. 上下级关系

上级是受组织的委派担任某个业务单位、部门、团队等的负责人，他代表的是组织，肩负着组织的委托、职责，拥有组织赋予的权力和权威，具有调配所负责单位和部门的人、财、物等资源的权力，其个人素质、工作能力、工作思路、工作方法、工作效率以及对上下级关系的协调和处理方法等，直接决定单位和部门、项目的工作业绩，以及组织目标能否实现。因此，上下级关系是任何一个组织需要日常处理的、最普遍的关系，妥善处理好上下级关系也是每一个管理者需要经常面对的课题，也是最难处理、最耗费时间和精力而且必须处理的难题。

二、内部关系沟通协调

作为组织，其上下级之间、单位及部门之间、单位及部门内部的人与人之间都需要沟通协调。内部关系沟通协调与组织管理密不可分。如果上述关系沟通不畅、协调不当，组织发展就会严重失衡，轻者停滞不前，重者崩溃瓦解。当然，内部适度竞争在一定程度上有利于组织的发展，但这种适度竞争也需要沟通协调，以防对整个组织产生伤害。总之，有效的内部沟通协调是组织发展壮大并获得成功的关键。内部关系沟通协调思路是：以制度化、规范化为前提，以提高效率、效益为基准，本着实事求是、解决问题的态度，强化协同配合、协作合作，达成共同的组织目标。

1. 内部关系沟通协调的重点

无论组织中的哪一种内部关系，都是由人而生、因人而变、因人而异，都需要因人而异、因时因地制宜。在组织中，任何一个人都是组织的员工，其言行举止等一切行为都受其动机支配，而动机又决定于需求。员工需求按照马斯洛的需求层次理论，可分为生理需求、安全需求、社交需求、尊重需求、价值需求五个层次。处于不同岗位、不同生活环境的员工，其需求的层次、内容等各不相同。但他们都有一定的物质和精神需求，都有自己的思想和意识形态，只有千方百计地满足员工的物质利益和精神需求、做好员工的思想工作，才能为妥善处理好各种内部关系奠定扎实的基础，才能从根本上解决内部关系出现的各种问题，充分调动员工的积极性，减少内耗，增加合力，在完成团体任务的同时实现组织目标和个人目标。

（1）物质利益。其主要包括薪酬、工作环境、拥有资源、工作手段等。因此，内部关系协调的重点是为员工劳动所得的合理化和最大化提供决策信息，为员工福利待遇改善提供合理化建议，为改善员工的工作条件、工作环境、劳动安全做出必要的努力。总之，要尽可能满足员工的物质利益需求，不断提高满足的水平。但要注意：员工物质利益应该按照多劳多得的原则有所差别，但不能过于悬殊，既要防止员工吃大锅饭、搭便车，又要能放大能人效应，实现多劳多得，做到奖勤罚懒；既要切合企业实际，又要循序渐进、量力而行，一旦上去就没有下来的可能，否则会严重挫伤员工的积极性。

（2）精神需要。在满足员工物质利益的同时，也要注重员工的精神需要。一是想方设法提高员工在组织中的地位，增强其责任感；二是注重发现和开发组织所需要的各类人才，提高员工的自信心；三是促进组织内部的团结，增强员工的集体主义精神、团队合作意识，提高员工作为组织一分子的自豪感和荣誉感。需要注意的是：精神荣誉如果辅以一定的物质利益奖励则会持久激励员工为组织奋斗；精神荣誉奖励既要公开公平、机会平等，又要名副其实、众望所归，才能真正发挥奖励先进、鞭策后进的作用。

（3）政治思想。针对员工在政治思想上的各种疑惑、矛盾，通过宣传科学、正确的道理，解决员工的思想问题，帮助员工树立正确的世界观、人生观、价值观，使员工以积极乐观、健康向上的姿态投入工作和生活中去，在提高员工工作业绩和生活质量的同时促进企业的全面发展。做好员工的思想工作是加强企业治理和员工队伍建设的有机组成部分，它可以为企业生产经营管理提供精神动力和重要的思想保证。但是员工的思想工作要适应社会主义市场经济发展需要，必须结合员工实际，与时俱进。

（4）知识信息。每个员工因为时间、精力和接触面有限，很容易成为相对闭塞的信息孤岛，但其都是有强烈社交需求、自我价值需求的社会人。他们需要信息交流、增加知识，以便提高自己、完善自我，促进个人进步、事业成功。当前，移动通信、互联网技术的大规模普及运用，为知识信息交流提供了强有力的工具。因此，信息交流、知识传播既是一个员工倾诉友情、沟通心灵的手段，也会成为其知识增加、信息增值、印证真伪、协调行动的巨大动力。

2. 内部关系沟通协调的手段

（1）员工手册，自办的报纸、刊物，墙报、黑板报。

（2）内部广播、闭路电视系统、微信群。

（3）热线电话，意见箱、意见簿，各类座谈会、茶话会等。

（4）文化娱乐、体育健身、休闲旅游、训练拓展等集体活动。

（5）展览、陈列。

3. 内部关系沟通协调的方式

组织内部沟通包括组织营运信息传递、员工感情交流，目的是增加管理透明度，加快组织信息传递及其员工信息反馈，协调内部关系，增强组织凝聚力和吸引力。组织内部沟通协调的方式主要有四种：

（1）正式沟通与非正式沟通。正式沟通是依据组织行政程序和规定进行信息传递和交流，诸如召开内部例会、专题会议，执行汇报制度，传递文件、向上请示、下达命令任务、裁决矛盾纠纷等。该方式比较严肃、权威性强，沟通的内容主要是组织的决策、指示、文件或会议精神、工作汇报等。其目的是加快决策信息传播速度，增强组织协调能力，提高工作效率。一旦发生规章制度、操作流程不能有效处理等异常问题，应按要求及时向上反映，通过上级及时裁决避免矛盾积压、防止激化、尽快化解。

非正式沟通是采取行政规定以外方式进行信息传递交流，如私下交流意见、进行感情交流、舆论铺垫、营造氛围等。其特点是沟通直接、信息敏感度高、渗透力强、难以控制、容易失真等。为降低负面舆论效应，组织应增加管理透明度，拓宽信息传递正式渠道，定期公布组织信息，尽可能减少不必要的猜测和疑惑；同时要经常组织团体活动，促进员工相互了解，增强团队凝聚力，正确引导舆论导向。

（2）单向沟通与双向沟通。单向沟通是一方发出信息，对方接受信息，主要是上级发布指令，传达文件或会议精神，下级遵照执行，不要求信息反馈。但如果是现场单向沟通，信息发布者也可以根据看到、听到的对方反应做出合理的调整。其特点是沟通迅速、快捷、严肃、高效，有序规范、不受干扰，需要事先精心准备。

双向沟通是信息的发出者与接受者通过相互交流、研讨协商进行沟通，如私下谈心、召开研讨会或座谈会、协议谈判等。其特点是传递信息准确可靠、沟通灵活自由、氛围融洽轻松、节奏缓慢舒适，能增强彼此了解，增进感情，加深友谊，建立良好的人际关系，同时又能集思广益、充分讨论、凝聚共识、化解矛盾。但信息发布者心理压力较大，易受干扰，会受到接受者的发问、批评、挑剔，因此发布者需要具备很强的现场掌控能力、应变能力、判断和决策能力。

（3）横向沟通与纵向沟通。横向沟通是平行级别的个体或单位、部门之间进行的信息传递和交流。采用横向沟通有利于同级之间交流信息、经验，相互了解，加深理解，克服本位主义，增强协作，加强团结，提高团队效率，减少单位、部门间矛盾和冲突。纵向沟通是上下级员工或单位、部门之间进行的信息传递和交流，如向上沟通即向上级请示、汇报工作、表达意见、申诉问题等，组织可以通过建立信息反馈机制，如意见箱、接待日、职代会等，广泛听取员工意见，增强员工对组织的向心力和归属感，同时要将收集的反馈信息、数据供上级决策参考。该沟通要求依据组织原则和行政程序进行，实行逐级汇报制，避免破坏现有的管理体系，影响组织的综合控制能力。至下沟通即上级向下级发布消息、传达指示、下达命令、颁布政策等，目的是让员工清楚组织意图、目的，以统一思想、调配资源、协调行动，确保上级指示贯彻落实、组织预定目标实现。其重点是要预防越级管理、架空中层、打击相关人员积极性，削弱组织调控能力。

此外，实际工作中还常常存在斜向沟通，即组织中同级别又无隶属关系的单位、部门与个人之间的信息传递与交流。管理学是不主张运用斜向沟通的，因为这种沟通和横向沟通一样有可能会破坏统一指挥。但是由于这种沟通是业务性的，可以缩短沟通距离、提高工作效率，尤其是综合职能部门和人员可以通过这种沟通掌握全面情况，综合协调处理问题，做出流程调整或改进的建议，因此进行这种沟通还是很有必要的。

（4）口头沟通和书面沟通。口头沟通是面对面的口头信息交流，如会谈、讨论、会议、演说、电话微信联系等。其优点是直接、亲切，可以用表情、语调、肢体语言等增加沟通效果，马上获得对方反应，方便双向沟通、随机应变，富有弹性；但如果口齿不利、怯场紧张、准备不足或思路不清、表达欠妥、条理性差，做不到简明扼要、言简意赅，则会使接受者无法了解沟通者的真实意图，大大影响沟通效果；如果接受者不专心、不注意或心有困扰，则会因口头沟通一过即逝，无法弥补或回头追认。

书面沟通是通过布告、通知、文件、报刊、书信、电报传真、照片、调查报告等方式进行信息传递和交流。其优点是正式、规范、严肃、权威性强，不容易被歪曲和误解，同时可以作为档案材料、文件、报告等进行长期保存和交换；它比口头表达更详细，读者可以慢慢阅读、细细领会。但其缺点是沟通不灵活、感情因素较少，对文字能力要求较高。

4. 内部关系的人际沟通协调

组织能否顺利实现发展目标，关键在于组织与其内部公众如股东、员工的行为、目标、利益是否保持一致，各单位、部门的工作效率是否高效，相互之间能否紧密协作配合。这背后反映的还是人的因素，主要包括人员个人及其整体素质、工作能力、积极性、人际关系。其中，人际关系直接影响素质、能力、积极性的提高，是制约工作效率、工作业绩的重要因素，因此，必须对此高度关注并予以协调沟通，努力构建良好的人际关系。

（1）内部关系沟通的原则。德鲁克在考察企业协调沟通时提出四项基本原则：

一是沟通是理解。无论与何人沟通，首先必须确定传递的信息是否在对方的接收范围之内，对方能否收到、如何理解。只有交流的东西被对方正确理解，才能达到沟通的目的。故必须依据对方的教育和专业背景、经历、经验、情绪等，用其熟悉的语言、专业术语、能听得懂的比喻进行交流，使对方能透过交流的语句、语气、语境、表达方式、肢体语言等领会其中的真意或其背后隐藏的真谛。有效的沟通取决于对方如何理解，能否按照沟通者的设想、设计和需要进行正确理解。

二是沟通是期望。日常生活中，人们都喜欢听自己想听的话，都排斥不熟悉和具有威胁性的语言。只有引起听众的兴趣和期望，才能诱使其从新的角度看待某个问题。因此，事前了解对方的期待和渴望是什么尤为重要。现实中，人们所察觉到的都是自己期望察觉到的东西；人们的心智模式常常会使自己强烈抗拒任何不符合期望的企图，出乎意料的事通常是不会被接受的。因此，只有充分利用人的期望进行沟通，或用孤独感的震撼与唤醒去突破接受者的期望，并迫使他领悟到意料之外的事已经发生，才能达到沟通、说服的目的。如某个部门管理混乱，总经理有意安排下属主管去担任该部门经理。总经理事先了解到许多下属都认为此事是出力不讨好的差事，但如果这位下属是积极进取的年轻人，总经理就应该告诉他，管理该部门更能锻炼和反映他的领导才能，将来还可能得到进一步提升，则这位年轻下属肯定会欣然而就。

三是沟通是创造要求。沟通总是要求对方成为某种人、去做某些事、相信某些话、提供某些信息，或要求对方予以关注、理解、洞察、支持，或付出一定的时间、金钱、利益。因此，沟通者事先一定要扪心自问，如我为什么要在这上面花费时间，是什么鼓励对方把最宝贵的时间留给我，对方在沟通结束后会相信这些付出是物有所值吗？如果沟通能符合对方的期望、价值、目的，沟通就会说服对方取得成功，甚至改变其性格、信仰、理念；反之，就不会被接受或受到抗拒甚至直接被拒绝。

四是沟通不是简单的信息传递。信息对于沟通必不可少，但信息过多或不甚相关则会阻碍沟通，造成双方无所适从或难辨真伪，影响沟通效果。通常，信息是中性的，信息越不涉及感情、价值、期望、认知等人的因素，则越有效力且越值得信赖。但沟通中的信息传递和交流不在于信息本身而是在于其中及其背后所隐藏的目的。正是因为沟通者与接受者对沟通交流的信息认知和意图不同，沟通才显得十分必要。

（2）内部关系沟通的流程。

一是沟通者必须首先要知道对谁说、何时说、说什么、怎么说。

二是一定要用心去做内部关系沟通，即喜悦心、宽容心、同理心。喜悦心就是要以积极向上的心态去等待，从沟通中找到快乐；宽容心就是要以博大胸怀去包容对方的失误、不足，从更宽广的角度去看问题；同理心就是要学会换位思考、将心比心，从而更好地理解对方的需求。

三是根据组织内部人际关系实际情况，尽可能满足不同时期各层级员工的物质、精神和心理需求，积极缓和、化解人际矛盾与冲突。

四是通过开展宣传、培训、交流等一系列公关活动，增进感情、加深友谊，激发工作热情，营造宽松、祥和、愉悦、进取的大家庭氛围，让员工获得方向感、温馨感、信任感、成就感，从而自发自愿地为组织的事业发展执着奋斗。

（3）内部沟通的人际交往原则。

一是相互尊重，平等待人。人人都有自尊，相互尊重是人的基本需要。尊重对方是人际交往之首且至关重要。

二是互助互利，大度容人。人际交往是一种双向的相互往来行为，故有"来而不往非礼也"之说。但交往就意味着物质、精神、时间、精力等的付出和奉献。如果只有单方付出而无对方回报，则此交往势必不能长久，所以礼尚往来是维持和加深关系的最好办法。

三是诚实守信，以诚待人。以诚为怀，以信为本，以诚待人，至诚通天，诚信为君子之道也。诚信、友善是基本的道德规范，诚实守信是做人和人际交往应坚持的基本原则。只有对人诚实无欺，做到不虚假、不欺人，才能取得对方信任；只有信守承诺，做到"言必信，行必果"，才能继续深入交往。

（4）内部沟通的人际交往策略。

一是交往适度，保持距离。交往的时间和频次都要适度，特别要防止因过度交往而耽误工作学习、影响自己和他人的正常生活。交往需要保持适当距离，距离会产生美。每个人都有自己所属的空间即安全距离，一旦突破，就会招致对方的不适甚至反感。

二是专注倾听，适当反馈。倾听表示尊重、理解和接纳，是连接心灵的桥梁。倾听还体现在专注对方，不能三心二意、敷衍了事；从无兴趣的话题中，找出有意义的东西；不随意打断别人的谈话，但在其漫无目的地谈话时，见机把对方的内容和自己的感受简要地讲出来，或礼貌地转换话题、结束话题。刚听时不要先入为主，听完后再找出主题和要点。在表达自己的不同看法时，先要认可当事人的想法，再礼貌提出自己的看法，既表明自己的观点，同时又避免了冲突，不伤及彼此关系。

三是真诚赞美，有感而发。赞美会给对方带来欢乐并获得对方友好的回报，会影响周围人群，创造热情友好、积极热烈的交往气氛，使人与人的关系变得轻松融洽。爱美之心人皆有之，每一个人都希望得到他人的赞美和赏识。"良言一句三冬暖，恶语伤人六月寒。"赞扬能让人身心愉悦、精力充沛，还能激发自豪感，增强自信，有助于更好地了解自己的优点和长处，认清自身价值。但赞美要真诚、要有的放矢，赞美绝不等同于恭维，既不是拍马屁，也不是阿谀奉承。赞美时切忌夸大其词、不着边际和虚伪做作，否则，就会失去其作用。另外，不能人前一套，人后一套，当面说人好话，背后说人坏话，或传递其他人之间相互指责、诋毁的话，避免引发他人之间的矛盾。

四是学会宽容，得理让人。与人交往，不能总是看到别人的短处，要想想别人的长处；要能听进意见，不要好为人师；对别人的错误不能揪着不放，得理不让人，斤斤计较，针尖对麦芒。

五是替人着想，换位思考。自私是人的本能。人在交往时都会首先站在自己的角度思考问题，维护自己的利益，但与此同时也要兼顾他人的利益。切记不能损人利己。换位思考，就是要经常想想如果自己身处他人位置又会怎样，就能理解他人的反应和所作所为，也就不会强求别人去做连自己也做不到的事情。

六是帮助他人，富有爱心。人的一生常常会遇到许多困难，需要他人帮助。一个不愿帮助别人的人，很难要求别人帮助他。现实生活需要"锦上添花"，但更需要"雪中送炭"。主动在别人最需要时，伸出援助之手，对方肯定会心存感激、铭记在心，今后将择机回报，正所谓"滴水之恩，当涌泉相报"。

七是保持独立，谦虚谨慎。与人交往时要有自己的主见，不要人云亦云、趋炎附势，更不要骄傲自满、目空一切，不要总是与人抬杠。

八是积极向上，乐观面对。始终保持积极乐观的心态看待周围的人和事物，欢乐地度过每一天。要善于发现并赞美别人的优点。

（5）内部沟通人际交往的技巧。人际交往的技巧多种多样，只有综合运用，才能在人际交往的过程中得到良好的效果。有时候，一个眼神、一个手势或一个微笑就可以拉近人与人之间的距离。

①记住别人的姓名，主动与人打招呼，称呼要得当，让别人觉得被礼貌相待、备受重视，给人以平易近人的印象。②了解对方的性格、人品、能力、嗜

好等相关情况，以避免冲突、和谐相处。③说话谦虚和气，尊重他人，不乱发意见，不仅自己快乐，也让别人心情愉悦。④语言幽默风趣，不失分寸，不显轻浮，给人以欢乐和美的享受。⑤注重语言魅力，恭喜有成就的人，安慰受创伤的人，鼓励失败的人，帮助有难的人。⑥举止大方、坦然自若，性格开朗活泼，使人感到轻松、自在，激发别人的交往动机。⑦处事果断、富有主见，精神饱满、充满自信，激发别人的交往动机，博得别人的信任。

总之，组织的内部关系复杂多变，故应根据实际情况，针对存在问题，选择和创新合理的沟通协调方式，如无边界沟通、网络技术沟通等，加强总分关系、左右关系、上下关系沟通协调，力求信息畅通，配合默契，减少隔阂，缓和矛盾，不断提高沟通协调效率，尽力营造融洽、和谐、轻松、高效的组织氛围，增强组织的凝聚力、员工的向心力。

第二讲　外部关系协调

任何一个组织都不能脱离社会而独自运行，特别是在市场经济不断完善、经济全球化迅猛发展，合作与竞争、吸引与排斥日趋激烈的情况下，农业生产经营组织为了生存和持续稳定健康地发展壮大，就需要经常与外部组织联系，在生产经营要素、资源、产品等相互交流中不断发展自己，所以良好、和谐的外部环境对组织发展非常重要。

一、外部关系及其协调

农业生产经营组织的外部关系主要包括七种，即消费者、地方政府、新闻媒体、社区、经销商、供应商、竞争关系。其中，经销商、供应商、竞争关系属于市场营销处理的范畴。外部关系协调是指企业通过各种方式和多方努力，想方设法与周围外部相关公众构建一种互信互助、合作协作、共生共赢的健康、稳定关系，并致力于不断维护、改善和加深双方关系，力图为企业生存和发展壮大创造良好的外部环境条件。

1. 消费者关系

消费者对农业生产经营组织至关重要，是农业生产经常组织必须经常面对的最为重要的公众群体。"消费者是企业的衣食父母""消费者就是上帝"就是其真实写照。消费者需求是企业一切活动的中心和出发点，也是企业生存和发展的前提条件。协调消费者关系的基本目标：一是熟知最密切的消费者，特别是大客户、老顾客；二是不断强化企业声誉，提高知名度和美誉度；三是持续稳定和扩大消费者队伍；四是逐渐加深对消费者的理解、持续获得消费者大力支持。企业只有建立和改善与消费者的关系，才能实现产品畅销，最终实现企业利润最大化。因此改善与消费者关系是任何生产经营组织的核心任务。

协调消费者关系的基本路径：一是提供优质产品和服务，这是维系和深化消费者关系的根本，即用优质产品吸引消费者，靠优质服务拴住消费者，以企业信誉赢得消费者。二是加强与消费者的信息交流，既要通过各种途径及时向消费者传播企业有关信息，又要多渠道收集消费者信息。三是及时妥善处理消费者投诉，态度要诚恳、处理要及时、分析要全面。四是加强对消费者的宣传，千方百计创造条件接近消费者，利用各种条件和机会向其宣传企业形象和产品服务，让消费者了解企业，培育其对企业的厚爱、忠贞心理，变中立公众为顺意公众、忠贞顾客。五是积极维护消费者利益，如了解商品服务、自愿选择商品服务、获得商品服务安全和卫生、监督商品服务价格和质量、对商品服务提出批评和建议、购买商品服务受损时索取赔偿、其他为社会公认和与国家法律不相抵触的权利。

2. 政府关系

农业生产经营组织必须处理好与政府之间的关系。一是熟悉和遵守国家政策法令，了解国家发展规划和宏观调控计划，以国家利益和大局为重，接受政府的监督管理，如绿色和安全生产、保护耕地和生态环境、守法经营、照章纳税，申请和享受各种财政支持和补贴等。二是经常向主管部门汇报生产经营情况，填报经济数据，据实反映重大事件，或利用新闻媒体报道，使政府了解企业的发展状况、取得的成就、面临的问题和困难。三是利用开业典礼、新产品试制成功、技术鉴定会、质量评比会、总结表彰会等重大活动，邀请政府领导等有关人员来组织视察和指导工作，反映组织的呼声和要求。四是熟悉政府内设机构、分管部门、工作范围、办事程序，有目的地与主管部门建立经常性联系。五是积极响应政府号召，完成交办的工作和任务，如社会公益、植树造林、美化环境、生态环保、"三废"治理、精神文明建设等活动，在政府心目中树立良好形象。六是如实反映群众意见，为政府促进经济增长、优化营商环境等提出合理化建议，加强职业技术培训，积极吸纳劳动力就业，支持政府工作，改善政府形象。七是因工作失误造成不良影响或损失时，要及时主动向政府汇报情况，接受政府监督和事件调查、处理。

3. 媒介关系

媒介包括传统的大众传播媒体如报纸、杂志、广播、电视和新媒体。新媒体又称第五媒体，即利用数字技术、网络技术、移动技术等新技术，通过互联网、无线通信网、有线网络等渠道，以及电脑、手机、数字电视机等终端，向用户提供信息和娱乐的传播形态和媒体形态，如数字报刊、数字广播、移动电视、手机、网络、桌面视窗、数字电视、数字电影、触摸媒体、手机网络等。新媒体主要是以大众为传播目标，以定向传播为目的，以即时传播为效果，以互动传播为应用的大众传媒平台，其特征是交互性、即时性、海量性、共享性、多媒体、超文本、个性化、社群化。总的来讲，这些媒介传播信息高速、高质、超量、多样化、范围广、受众量巨大，影响波及面很大。

4. 社区关系

社区关系是指组织与周围相邻的组织和单位如政府机关、企事业、村委会、社区、学校、商场、宾馆、医院以及当地居民的相互关系。其具体包括组织与社区环境的关系、与社区居委会和村委会的关系、与社区内其他组织的关系、与社区居民的关系。社区是组织生存和发展的基础，也是组织公共关系的组合体现。搞好社区关系的方法：一是保持与社区的信息沟通，主动加强与四邻交往，努力使组织成为社区的骄傲。二是遵守市政、消防单位的管理规定，维护好市政和消防设施，按期缴纳水、电、气、暖等费用，积极配合相关检查、检修工作。三是热情为社区建设出力，积极为社区排忧解难，保护社区利益，参与社区组织的各项活动。四是吸收当地就业，带动当地经济发展，目的是为组织营造良好的外部环境，让当地居民积极支持组织的发展。

二、外部关系沟通

外部关系沟通是指组织为达到某种目的，如传递有效信息、改善外部环境、构筑发展网络、拓展发展空间、维护组织形象等，通过各种沟通渠道和方式，与周围外部相关公众（个体或组织）进行沟通交流的行为。外部关系沟通的注意事项：一是沟通内容合法、合规；二是沟通渠道正式、规范；三是沟通方式多种多样；四是沟通要实事求是、互通信息；五是沟通要致力于消除障碍、解决问题、建立互信、加深理解、密切关系。外部沟通的方式有以下几种：

1. 口头沟通

口头沟通是以口头语言为媒介进行信息交流和沟通，是日常工作和生活最常用的沟通方式。主要包括口头汇报、当面会谈、讨论、演讲、视频会议、面对面会议等。其优点：一是能观察对方的反应，并能向对方提问且立刻得到对方的回馈；二是有机会补充自己的阐述及举例说明；三是可以用声音、语气和姿态等多种方式加强所要表达的内容和意思；四是可以借对方的嘴说出自己想说而无法说出的话；五是有助于引起双方共鸣和建立共识，进一步改善双方人际关系，迅速确定沟通是否成功。其缺点：一是口说无凭，除非录音、录影；二是有时言多必失，或因当时场合或情绪而说错话、过头话、不合时宜的话等；三是对不善言辞者不利，不宜与多人双向沟通；四是如果有人偏向啰唆，则时间长度不宜把控，沟通效率较低、效果较差。

2. 当面沟通

当面沟通是最常用、最有效的沟通方式之一，也是最自然、最亲近的沟通方式。当面沟通的优点：一是你所提的设想、计划、方案能立即得到对方的回应；二是可以通过态度、气质、表情、口头语言、语气、肢体语言等鼓舞、激发、说服对方，以很快达到目的；三是往往能加深双方友谊、加速冰释前嫌和问题解决。当面沟通主要适用于彼此之间办公距离较近，来往见面方便；彼此之间发生误会，或要沟通的内容太多，需要当面解释和沟通；对对方的工作不太满意，需要当面指出并进行训示和指导；采用其他非面对面沟通方式时效果很不理想，要解决的问题未果；沟通的内容和信息要高度保密，防止泄密。

3. 电话沟通

电话沟通是一种比较经济的个体沟通方式，主要适用于：沟通双方办公距离较远，但沟通内容比较简单、信息量较小；双方之间空间距离很远，且很难或无法当面沟通；双方采用电子邮件沟通，但沟通效果不好，或问题仍未解决；现实中很难用书面语言正确、准确描述的沟通事务。

4. 书面沟通

书面沟通是以文字为媒介的信息传递，形式主要包括文件、信件、报告、公告、海报、书面合同、商业备忘录等，是一种间接式、沟通时间一般不长且比较经济的沟通方式。在手机、电脑、信息网络普及应用的今天，纸质的书面沟通已经很少采用，取而代之的是电子类的书面沟通。纸质的书面沟通仅仅在解决比较简单的问题或发布信息时使用。

5. 电子沟通

随着电子、信息、通信、网络等科学技术的不断进步，组织的沟通方式发生了很大变化。如今，微信、电子邮件、短信、QQ、电视电话会议、网络视频会议等十分流行。电子沟通，是以计算机技术与电子通信技术组合而产生的以信息交流技术为基础的沟通方式。

6. 电子邮件

电子邮件是指用电子手段传送信件、单据、资料等信息的通信方法。电子邮件可以用非常低廉的价格（网络费用）和简单、快速（几秒之内）的方式，与世界上任何一个角落的网络用户联系，传送文本、图像、音频、视频等多种信息。同时用户可以得到大量免费的新闻、专题电子邮件，并实现轻松的信息搜索。其具有快速传达、不易丢失的特点。电子邮件的存在极大地促进了人们之间的沟通和交流，促进了社会发展。

7. 网络视频会议

网络视频会议，是指位于两个或多个地点的人们，通过手机、电脑、投屏等通信设备和信息网络，进行在线的面对面交谈的会议。根据参会地点数目不同，可分为点对点、多点网络视频会议。

（1）特点：一是可以实现与多人实时、同时交流，广泛用于不同区域空间的学习、培训和工作，以及亲朋好友的直接会面或联系；二是参会者可以听到其他会场的声音、看到其他会场现场参会人的形象、动作和表情，还可以发送电子演示内容，与会者会有身临其境的感觉；三是不仅能够节省时间、精力、电话费和大量的旅差费，而且有助于减少资源消耗、保护生态环境；四是随着社会和相关科学技术的发展，其应用越来越广泛，同时对视音频质量、数据协作共享、灵活易用性、易管理性的要求也越来越严格；五是会议举办方可在办公室或会议室自主召集网络视频会议并进行会议控制。

（2）注意事项：一是日常工作的组织、团队、个人，对谈话内容安全性、会议质量、会议规模没有要求，可以通过视频软件进行网络视频会议；二是政府机关、企业事业单位的商务视频会议，要求有稳定安全的网络、可靠的会议质量、正式的会议环境等条件，则需要使用专业的视频会议设备如电视、投屏、显示屏、投影仪、电子白板等，组建专门的视频会议系统。

三、商务谈判与技巧

商务谈判是指人们为了协调彼此的商务关系，满足各自的商务需求，通过协商对话以达成某项商务交易的行为和过程。如买卖成交的业务洽谈，达成互利互助或合作经营协议的讨论磋商，解决某项争端或改善外部组织关系的交涉、协商和调解。商务谈判主要是以获得经济利益为目的，以价值谈判为核心的商务活动，它特别注重谈判双方达成一致协议及其各项条款的严密性和准确性，诸如合同中的商品种类、规格、质量、数量、价格、交货时间、地点、相关服务内容等。商务谈判属于正规、正式谈判，通常是按照约定俗成的既定程序进行，注重谈判人员仪表、修养、礼仪、言行举止、谈判技巧等。这些始终贯穿整个谈判过程，对双方能否融洽会谈、友好磋商，并就某些方面能否达成一致起着重要作用。

1. 商务谈判的原则

（1）平等自愿、协商一致。

（2）有偿交换、互惠互利。

（3）合理合法、注重时效。

（4）竞争妥协、最低目标。

2. 商务谈判的作用

（1）实现企业经济目标的手段。

（2）获取市场信息的重要途径。

（3）开拓国内外市场的重要力量。

3. 商务谈判的步骤

（1）申明价值。谈判双方应充分沟通各自的利益需要，申明能够满足对方需要的方法与优势所在。其关键是弄清对方的真正需求。主要技巧就是多向对方提出问题，探询对方的实际需要；同时也要根据情况申明自己的利益所在。只有越了解对方的真正需求，才能知道如何满足对方的需求；同理，对方只有知道了你的利益所在，才能满足你的需求。

（2）创造价值。双方经过彼此沟通，往往申明了各自利益所在，了解了对方的实际需要。但以此达成协议并不一定能让双方的利益最大化，即利益不一定能有效达到平衡。即使达到了利益平衡，此协议也可能并不是最佳方案。因此，谈判中双方还需要想方设法去寻求更好的方案，为谈判双方找到最大的利益，这就是创造价值。现实中，创造价值往往是商务谈判最容易忽略的阶段，但也是商务谈判成功的关键。

（3）克服障碍。这是谈判的攻坚阶段。谈判障碍一般来自两方面：一是谈判双方彼此利益存在冲突；二是谈判者自身在决策程序上存在障碍。前者需要双方按照公平合理的客观原则来协调利益；后者需要无障碍的一方主动去帮助另一方顺利决策。

4. 商务谈判如何实现双赢

（1）兼顾双方利益。

一是意愿不能成为谈判的基础。谈判的目标是双方达成协议，而不是要将对方置于死地。当然，无论多么充分地理解对方，多么巧妙地调解冲突，多么高度评价彼此的关系，谈判双方面临的利益冲突都是客观存在的，这就要求双方要有正确的指导思想和原则。在谈判中，即使一方做出较大牺牲，整个谈判格局也应该是双方都感到自己有所收获。假如谈判双方都坚持各自立场，就会陷入"囚徒"困境，导致两败俱伤。以意愿为基础的谈判，往往会付出昂贵的代价。按照传统的谈判模式，双方首先各自采取坚固的立场，然后讨价还价解决利益冲突，即一方面极力维护自己的立场，另一方面设法让对方让步，最后在妥协下达成协议。若妥协不成，则谈判随之破裂。在该模式下，谈判讨论的往往是事先的意愿，即接受什么、不接受什么。其结果会导致两种意愿互相作用，完全没有统一的标准，一切均从自己的愿望出发。这种以意愿为基础来调解分歧的传统谈判方式是难以实现谈判目标的。当谈判双方的注意力都集中于维护各自的立场时，他们便极少有余力去关心原定的目标，致使原定的谈判目标难以达成协议。这种意志竞赛的谈判既费时又费力，还有碍维护和谐的人际关系。双方都试图在不改变本身立场的前提下让对方改变立场，经过这样的谈判后，双方之间的人际关系可能会难以维持。所以，解决办法则是以独立于双方意志之外的客观标准为基础。近年来，人们致力于较富实效的谈判模式研究，并取得了较好的成果。新式谈判是把谈判当作一项合作的事业，谈判双方均知道自身的需要以及对手的需要，然后与对手共同探讨满足双方需要的各种可行途径。简而言之，把达成协议的基础建立在原则上，而不是各方面的意愿或立场上，考虑的是双方利益双赢。这种谈判要比传统的谈判模式具有更高的优越性和实效性。

二是赚取利润不是评价谈判的唯一标准。首先，正确理解"输赢"。许多人初涉商务谈判都认为，商务谈判的结果是我赢即你输，你赢即我输，这主要是基于双方利益是冲突的，谈判是对抗性的，尤其那些性格比较好斗的人往往持有这样的观念。但是我们也要注意到，谈判是一个互惠的过程，互利是谈判的基础。如果其中一方只顾本方利益，丝毫不让步，其结果要么是对方被迫接受，要么是导致对方退出谈判，宣告谈判破裂。无论哪一种都不能算作真正意义上的成功的商务谈判。一场成功的商务谈判中，每一方都是胜者，就其结果来说应该是双赢。一场谈判是否成功，不能只以其中一方的"感受"或单一的获利多少来衡量，而是要看既定目标，包括最佳目标、起码目标的实现程度。如果谈判者为追求最佳目标逼得对方无利可图而导致谈判破裂，实际上就是没有实现谈判的既定目标；相反，如果为了达成协议而一味妥协，没能守住起码目标，同样也没有实现谈判的既定目标。成功的谈判应是既达成了协议又尽可能接近本方既定的最佳目标，同时也尽可能接近对方既定的最佳目标，即谈判结局是"皆大欢喜"，而且是在利益均沾基础上的"共赢"。

三是要看谈判后人际关系如何。谈判成功的结果要能促进和加强双方的互惠合作关系。精明的谈判者往往具有战略眼光，不会过分计较某次谈判的获益多少，而是着眼于长远与未来。融洽的商贸关系是企业可持续发展的重要资源。因此，互惠合作关系的建立和维护程度也是衡量谈判成功的重要标准。综上，一场成功的谈判应该是谈判双方需求都得到满足,双方互惠合作关系得以稳固并进一步发展。如果谈判双方的实际获益都大于谈判成本,则谈判就是有效率的,二者之差越大,谈判的效率越高,即"把蛋糕做大",实现谈判"双赢"。

(2)准备充分到位。"凡事预则立,不预则废。"只有事先做好充分、周密的准备,知彼知己,针对双方的优势劣势,确定合理的谈判方案,选择适当的谈判策略,谈判者才会充满自信,始终占据主动地位,从容应对谈判中出现的突发事件、矛盾冲突,才能取得事半功倍的谈判结果,达到谈判的既定目标,有可能实现"共赢"。

①收集分析信息。一是谈判对象的有关信息,如技术实力、市场影响力、生产规模、经营状况、财务状况、资信情况和产品的有关性能参数等;二是谈判人员个人的有关信息,如职位、决策权、谈判风格、谈判能力、个性、嗜好等;三是谈判对象所在国的时局形势、总体经济态势、国际经济形势、风俗习惯、禁忌以及与本次谈判有关的国际惯例等;四是双方竞争对手的有关情况,如我方和对方的竞争对手的产品技术特点、价格水平以及其他竞争优势对本次谈判的影响;五是国家有关方针政策、法律法规等,如商品交易、税收和合同签订及执行、海关出入境政策法规等。这些信息对充分了解对手的预期非常重要。

②做好接待准备。礼仪是谈判中不可缺少的组成部分,恰当地讲究礼仪,精心安排好接待、仪式、酒店和谈判程序、时间、地点等,会使谈判方心情舒畅,有宾至如归之感,为谈判奠定良好的基础,同时也利于融洽谈判气氛、相互沟通,缩小彼此差距,促进谈判顺利进行,直至取得圆满结果。反之则不利于谈判进行,甚至产生不必要的障碍、导致谈判破裂。

③确定谈判目标。整个谈判活动都要围绕谈判目标进行。企业高层和相关部门首先要对比分析双方的情况,充分考虑对方的合理利益,在此基础上设定好谈判目标,包括理想目标、可接受目标、最低目标;其次明确谈判任务,选定谈判人员,制定谈判激励约束机制,促使谈判人员努力实现既定目标,力争有利的谈判结果,尽可能使双方满意。

④创造有利条件。客观分析双方的优势和劣势,进而寻找办法弥补己方不

足,力争为谈判顺利进行创造时间、人员、环境等方面的有利条件;设法建立或改变对方期望,通过"信号"和谈判前接触,建立对方先入为主的印象,使之产生某种心理适应,从而减轻谈判难度,为实现谈判"双赢"奠定良好基础。

(3)营造良好开局。谈判气氛的发展变化直接影响整个谈判的成果甚至成败。良好、融洽的谈判气氛是谈判成功的保证,主要包括:谈判一开局就应明确"谈判的目标是双赢",谈判双方不是对手、敌手,而是朋友、合作伙伴;谈判双方都要以客观、冷静的态度,寻找双方合作的途径,致力于消除达成协议的各种障碍;通过谈判双方要建立起友好关系,这种关系不是建立在某一方做出大的让步之上的,而是建立在双方互谅互让、有共同的商业机会以及潜在的共同利益的基础之上的。

(4)开价议价适当。报价在商务谈判中特别重要,往往能影响以后能否达到"双赢"的结局。因为报价给谈判的最终结果设定了一条无法逾越的界线,所以初始报价应找到对己方最有利,同时对方也能从中看到对自身有益的价位。

一是出价留有余地。在商务谈判中,谈判者的心理决定了一方出价,另一方总要还价,大家都希望比对方得到更多的利益,所以出价时都留有余地,会增加一部分虚报价。通常,卖方开出的最高可行价格应高于其愿意达成协议的最低售价。对出价方来说,只要讨价还价的范围在虚价部分,那么不论对方还价到何种程度,出价方总能获得不少于预期的利益。因此报价的高低将直接影响报价方让步余地的大小。卖方若能在高开价格的同时设置合理的让步方案,则会既不损害本方的利益,又能积极诱导对方获得因让步而引起的满足感。

二是以肯定语气出价。初始报价应当明确、坚定、毫不犹豫,以便对方准确了解己方的条件,并给对方留下诚实认真的印象。谈判者在报价时无须对所报价格一一作出说明,如果过细地加以阐释,等于"此地无银三百两"。当然,最高可行价格并非一个绝对的数字,而是与标的物的大小、合作背景、谈判氛围等一系列因素密切相关,因此初始报价应合乎情理并遵循报价的基本准则,否则会令对方对高开的价格望而生畏,使谈判破裂的结局在一开始时就已经注定。

三是合理地讨价还价。第一,不做无谓让步。妥协的根本目的在于实现己方利益，每次让步都是为了换取对方相应的妥协和优惠让步作为回报，旨在以己方的让步带动对方相应的举动作为回报。第二，让步恰到好处。以最小的让步换取对方最大限度的满足。换言之，要让对方珍惜己方所做的妥协，并认为这是其艰苦努力的结果。第三，重大问题应争取对方先让步，己方则在次要问题上主动寻求妥协。但妥协步子不宜过大，频率不能过快。否则，易被对方认为己方软弱可欺，并产生"预期心理"，吸引对方对己方继续施压。第四，不要好处捞尽，得寸进尺，要留有余地。否则，对方会觉得你击败了他而不会和你签约。所以要留点好处给对方，让他也有谈判赢了的感觉。第五，最后时刻做出一点让步。尽管这种让步小得可怜，但由于让步的时机恰到好处，对方可能不太在意你让步多少，反而会觉得你对谈判成交很有诚意。

（5）结尾掌握好时机。商务谈判经常会出现一些原本进展甚微的问题在谈判终局却一下子得以解决的情况。这是由于谈判双方渐趋一致时，双方均处于一种准备完成的激奋状态。这是商业谈判最后的冲刺，是一方向另一方发出的成交信号。发出成交信号是一门艺术，运用得当会令谈判者在谈判收尾时获得意外收获，并赢得对方的忠诚和依赖。

首先，注意最后让步的时机和幅度。如果让步过早，对方会认为这是前一阶段讨价还价的结果，而不认为这是己方为达成协议而做的终局性的让步，这样对方有可能得寸进尺，继续步步紧逼。如果让步过晚，往往会削弱对对方的影响和刺激作用。最好将最后的让步分成两部分，主要部分在最后期限之前做出，而次要部分排在最后时刻做出。最后让步的幅度也很重要，如果让步幅度太大，对方反而不相信这是最后的让步；如果让步幅度太小，对方认为微不足道，难以满足。如果对方在该组织中十分重要，级别和地位很高，则让步幅度要大，给其足够的面子，以满足其地位和尊严的需要。

其次，把握成交时机。这是一种掌握火候的艺术。在谈判的最后阶段，双方讨价还价均已取得重大进展，交易趋向明朗，谈判结束在即，其中一方肯定会用形体或口头、书面等语言形式，显示出成交意愿或发出成交信号，对方则要善于快速捕捉这些信号，及时采取促成缔结协议的策略，尽快完成此次谈判，否则，谈判将会功亏一篑，前功尽弃。此时的关键是，如何充分调动语言表达技巧，想方设法使对方尽快行动缔结协议，以及如何进行得十分自然、得体且不露声色。应该注意的是，慎用高压政策，过分高压会迫使对手后退不前；过分表示成交热情，会使对方不让一步地向你进攻。

5. 商务谈判的语言技巧

（1）充分发挥语言在谈判中的积极作用。商务谈判的语言对谈判成功至关重要。

一是完整、准确表达谈判者的意图。谈判双方在沟通的过程中，首先是要语言表述准确客观、实事求是，且条理清晰、论点鲜明、论据充分，更能让对方信服、达成共识、协调彼此目标和利益，从而使谈判圆满成功。同时，在用语言表达、传递信息的过程中，语气、语速、语态及词语的选用都应该十分考究，因为这些都会影响谈判的进程与效果。如在介绍本企业时一定要符合实际，不要夸大其词，使对方切实感受到诚意；在阐述自己的目的和意图时，要简明扼要、有的放矢。一般的商务谈判都要经过很多回合，每次商谈后能敲定下来的项目、议题也就三五个，因为人的大脑在有限时间内只能记住一些重点的讨论内容。这就要求谈判者思维缜密，逻辑表达能力出众，表达概念清晰，判断正确，推理严谨，在与对方的沟通过程中要客观、有针对性，理由要充分，说服力要强，才能使谈判顺利地朝着成功的方向前进。如果谈判者不围绕主题、对准目标，而是啰里啰唆、含糊不清地进行语言表述，就会使对方产生迷茫和困惑，甚至轻视，认为己方夸夸其谈，对谈判不够真诚或毫无诚意，给谈判造成障碍。

二是用语言的艺术说服对方。商务谈判其实就是一场顽强的性格之战。但再强的对手也有软肋，商务谈判就是不间断地说服对方。而通过语言的表达来打动说服对方，则是与谈判对手博弈过程中取得满意效果的一种行之有效的手段。这是谈判双方都想做到而很难做到的。商务谈判中要想说服对手，首先要听取对方的要求和想法，找到对方能接受的谈话契合点进行叙述，提出己方的问题并回答对方的疑问。在观点不一致时进行有理有据的辩论。只有通过这些多种多样的语言艺术的运用，才能让对方改变初衷，真心实意地接受己方的意见和主张。在谈判过程中双方为了各自利益争执不下时，如果能够让对方认同己方的观点，做出让步同意我们的要求和想法，那谈判就取得了成功。但在谈判的过程中，情况是千变万化的，这就要求在使用语言技巧的时候，要具体情况具体分析，正确合理地使用不同的语言技巧，才能使谈判双方取得共识，求同存异，解决分歧。有时候也要设身处地为对方考虑，从对方的利益出发，才能使谈判圆满双赢。

三是控制和把握谈判气氛。谈判气氛会影响谈判者的情绪和行为方式，因此谈判气氛直接影响着谈判最终的进程。作为一名优秀的谈判者，一定要具有很好的控制和把握能力，以建立适当的谈判气氛。而合理正确地使用语言技巧，正是调节、缓和谈判气氛十分重要的手段。在商务谈判开始阶段，谈判者应该积极运用语言技巧，创造出和谐热烈的谈判氛围。如在相互介绍之后，彼此间还是比较拘束和陌生，就需要主动聊一些轻松的题外话，消除大家的紧张情绪，同时博得对方的好感。随着谈判在紧张、严肃、和谐的氛围中不断进行，谈判者的承受能力有可能降低时，可以采用不同的语言技巧，降低谈判者的紧张压力，适时缓解谈判气氛，有利于谈判的顺利进行。而当谈判遇到危机时，要使用恰当的语言来化解或缓和谈判的紧张气氛，使双方能重建谈判信心，最终达成共识。

（2）掌握谈判语言技巧的运用原则。成功的谈判都是双方出色运用语言艺术的结果，只有把握好谈判语言技巧的运用原则，才能更好地发挥语言优势，在谈判进程中赢得主动。

一是针对性强。面对不同的谈判内容、场合和谈判对手，双方都需要用针对性很强的语言准确地表达自己的愿望和要求，才能提高谈判的成功率。故在谈判中，要充分考虑对手的性格、情绪、习惯、文化以及与己方的需求差异，恰当地使用针对性的语言，做到有的放矢，切忌模棱两可、啰唆重复，以防对方产生疑惑，进而反感，降低己方的威信。

二是表达婉转。谈判中应尽量使用委婉语言，多以对方能接受的方式提出己方见解，尽量将其用委婉的方式转化成对方的见解，既易于对方接受，也能增加说服力，同时显示出尊重对方，使谈判容易达成一致，获得成功。而生硬的表达方式常让人很难接受。

三是灵活应变。谈判形势有时风云变幻、难以预料，只有巧妙灵活地使用谈判语言，提高应变能力，辅以必要的应急手段，才能在一些突发情况下做到从容应对、科学决策，快速摆脱困境，将遇到的危机转化成机遇。如对手逼迫己方立即做出抉择时，可以看看表，然后有礼貌地告诉对方"实在对不起，10点钟我约定一个重要的朋友电话，请稍等5分钟"，以此可以方便得体地赢得5分钟的思考时间。这时如果说"让我们再想想"或"暂时很难定下来"之类的话，便会让对方认为己方缺乏主见。

四是模糊语言。这种语言风格相当灵活，既不会使对方不快，又能在一些突发情况中占据主动，因此学会运用模糊性语言，可避免过早暴露己方的意愿和实力，确保谈判进退自如、游刃有余；对某些复杂或意外情况不能立刻做出准确判断时，也可运用模糊语言进行弹性回答，为制定对策争取时间。

五是无声语言。在谈判中，如果能恰当、合理运用手势、眼神、丰富的面部表情等肢体语言表达无声的信息，往往能够起到"此处无声胜有声"的作用，产生意想不到的效果。

六是适当幽默。谈判时双方难免会激烈争论、相持不下，此时，幽默的语言往往能使充满火药味的紧张气氛顷刻松缓下来。因此，幽默的语言不仅能在充满紧张、疲劳的工作环境中使人放松、舒缓压力，也能营造良好的谈判气氛，打破谈判僵局，或巧妙提出建议，让谈判双方以愉悦的精神状态去理性思考彼此的建议。

（3）灵活运用谈判的语言技巧。

一是提问技巧。①事先用精准的语言归纳并提出问题，同时要顾及对方反应；②根据谈判氛围，选择合适的提问方式；③把握好提问时机，提问态度要平和、有礼、诚恳，提问后应等待对方回答，尽量避免唇枪舌剑，以引导转变对方思路，控制谈判方向。

二是回答技巧。谈判中回答比提问更重要，不会回答就等于不会谈判。①搞清对方提问的真实意图，确定回答的方式和范围，预测答复后对方的态度和反应，考虑周详之后再从容作答；②回答要有所保留，不要彻底回答；③不清楚的问题不要马上作答，应推脱或延后；④不便明确答复的问题不要确切回答，应用模糊或意向语言避重就轻回答；⑤不要不问自答，不留给对方追问机会，不滥用"无可奉告"等语言。

三是提议技巧。正式谈判时，注意使用提议用语，适时提出己方已准备好的、接近双方谈判目标的主张或可行性建议，对谈判顺利达成双方满意的协议很有帮助。①巧妙提议，抛砖引玉；②提议用语常用陈述句和疑问句，但不要以自我为中心，语气和句式应站在对方立场提议，如"您是否认为……""贵方已经了解了有关情况，现在可以决定……吧？"③注意提议方式，虽然条件式提议更容易赢得主动，但试探性提议可诱发对方反应，通过更进一步的语言及表情，摸清对方的意图和态度。许多实践表明，第一个提议应该用试探性提议，待搞清对方的真正想法之后，再拿出有利于己方的条件或提议，这样会取得更好的效果。

四、危机公关与技巧

危机公关是指由于企业管理不善、同行竞争甚至遭遇恶意破坏或外界特殊事件的影响，而给企业或品牌带来危机，企业针对危机所采取的一系列自救行动，包括消除影响、恢复形象等。

1. 危机的特点

（1）意外性。危机爆发的具体时间、实际规模、具体态势和影响深度，均始料未及。

（2）聚焦性。危机的信息传播比危机本身发展要快得多。媒体对危机来说，犹如大火借东风，火借风势，风助火威，危机信息很快便会铺天盖地。

（3）破坏性。由于危机常常是"出其不意，攻其不备"，故不论什么性质和规模的危机，都必然给企业造成不同程度的破坏、混乱和恐慌，而且由于决策时间及信息有限，往往会导致决策失误，从而带来不可估量的损失。

（4）紧迫性。许多危机一旦爆发，其破坏性的能量就会迅速释放，并呈现快速蔓延之势。如果不能及时控制，危机就会急剧恶化，使企业遭受更大损失。

2. 危机公关的原则

（1）积极主动。危机出现，一是主管领导和公关部要以积极负责的态度投入调查、了解、分析、判断、决策的工作当中，寻求最佳解决方案，争取专家帮助和公众支持与谅解，这是危机公关的起码态度。二是组织内部人员要挺身而出，勇于承担责任，做到不推卸、不埋怨、不寻找客观理由，寻找解决问题的契机，变被动为主动，使不利因素变为有利因素，以赢得社会的谅解和好感。

（2）及时冷静。危机发生后，公关人员要迅速做出反应，果断处理，尽最大可能控制事态的恶化和蔓延，把因危机造成的损失降至最低。同时，要沉着、冷静、理性，尽快处理好危机。赢得了时间就等于赢得了形象。

（3）客观真实。要本着实事求是的态度，公布事实真相，让事实说话，才能防止谣言和流言蔓延，消除种种猜疑误解，迅速挽回组织的形象。

（4）灵活处理。危机多属于突发性的，不可能有现成的措施和手段。因此，需要根据实际情况进行灵活处理。

（5）做好善后。做好危机事件后的善后工作，包括补偿公众损失、对社会道歉、对自身问题检讨等。

3. 危机后管理

危机管理的成败反映了组织的整体素质和综合实力。成功的组织不仅能够妥善处理危机，而且能够化危机为商机。因此，必须高度重视危机后管理。

（1）做好总结评估。其包括预警系统、危机决策、应急预案、工作程序、处理计划等方面的评估，详尽列出存在的问题，探究和剖析其产生的原因，深入系统地总结经验教训。

（2）提出整顿方案。多数危机的爆发均与组织管理不善有关，通过总结评估提出整改方案和改正措施，责成有关部门逐项落实，完善危机管理内容。

（3）寻找发展商机。危机给组织发展制造了另外一种新的环境，管理者要善于利用危机进行重大体制和机构改革，积极探索管理新模式、经营新机制、发展新路径，变危机为商机。

总之，危机并不等同于组织生产经营的失败，危机之中往往孕育着转机。危机管理是一门艺术，也是企业发展战略中的一项长期规划。农业生产经营组织一定要在不断谋求技术、市场、管理和组织、制度等一系列创新的同时，将危机管理创新也放到重要的位置考虑。

第三讲　企业文化建设

一、企业文化的内涵与功能

广义的企业文化是指企业所创造的具有自身特点的物质文化和精神文化的总和。狭义的企业文化是指企业在长期的生产经营实践中逐步形成，为全体成员认同并遵守，具有本企业特色的使命、愿景、宗旨、经营理念、价值观、精神，及其在生产经营中的实践、管理制度、行为方式、对外形象展现的总和。企业文化是企业的灵魂，是企业的上层建筑和意识形态，是企业现代化的象征，是企业成长的不竭动力。

企业文化主要由三个层次构成：一是表象层的物质文化，又称硬文化，主要包括形象、标识等一系列规范，如厂容厂貌、厂房建筑、机械设备、卫生环境、生态绿化、企业名称、徽标、厂旗厂歌、招牌门面，产品商标、外观、造型、包装、质量，员工服装，标语、口号、宣传橱窗、广告等。二是中间层的行为文化、制度文化，即企业做人做事和对待员工、客户、工作的原则和准则，其中包含员工的价值取向和做事的行为态度等，如领导体制、经营机制、管理模式，工作流程、工作标准、岗位职责、岗位规范，员工着装、行为规范、标准用语，各种规章制度、纪律、激励约束机制，企业道德、团队意识，如有的企业要求员工"认真、敬业、共享"或"以此为生，精于此道"。三是核心层的精神文化，又称软文化，即企业使命、愿景、宗旨、价值观、经营理念、企业精神等。

企业文化主要包括经营哲学、价值观念、企业精神、企业道德、团队意识、企业制度、企业形象，其核心是价值观念和企业精神。

1. 企业文化的内容

（1）经营哲学，即企业特有的从事生产经营和管理活动的方法论原则，是指导企业行为的基础。在当前日益激烈的市场竞争环境中，企业始终面临着各种矛盾和多种选择，这就要求其必须有一个科学的方法论指导，有一套正确的逻辑思维程序来决定自己的行为。企业的经营哲学具体包括企业使命、宗旨、愿景和经营理念等，是确立企业目标、制定发展战略的重要依据。企业使命是指企业在社会经济发展中所应担当的角色、承担的任务和应尽的责任；宗旨是企业存在的根本目的和意图；愿景是员工或社会公众希望看到的企业发展情景；经营理念是指导企业生产经营的理性观念和思想。

（2）价值观念，即人们基于某种功利性或道义性的追求而对个人、企业等本身的存在、行为和行为结果进行评价的基本观点。人生就是为了追求价值，价值观念决定着人生的追求行为。价值观是人们在长期实践活动中形成的关于价值的观念体系。企业的价值观是指企业职工对企业存在的意义、经营目的、经营宗旨的价值评价和为之追求的整体化、个异化的群体意识，是企业全体职工共同的价值准则。只有在共同的价值准则基础上才能产生企业正确的价值目标。有了正确的价值目标才会有奋力追求价值目标的行为，企业才有希望。因此，企业价值观决定着职工行为的取向，关系企业的生死存亡。只顾企业自身经济效益的价值观，不仅会损害国家和消费者的利益，还会影响企业的整体形象；只顾眼前利益的价值观，就会急功近利，搞短期行为，使企业失去发展后劲，最终导致失败。

（3）企业精神，指企业基于自身特定的性质、任务、宗旨、时代要求和发展方向，并经过精心培养而形成的企业成员群体的精神风貌。企业精神要通过企业全体职工有意识的实践活动体现出来。因此，它又是企业职工观念意识和进取心理的外化。企业精神是企业文化的核心，在整个企业文化中居支配地位。企业精神以价值观念为基础，以价值目标为动力，对企业经营哲学、管理制度、道德风尚、团体意识和企业形象起着决定性的作用。企业精神是企业的灵魂，通常用一些既富于哲理、又简洁明快的语言予以表达，便于职工铭记在心，时刻用于激励自己；也便于对外宣传，容易给人以深刻的印象，从而在社会上形成个性鲜明的企业形象。

（4）企业道德，指调整该企业与其他企业、企业与顾客、企业内部职工之间关系的行为规范的总和。其主要从社会伦理关系的角度出发，以善与恶、公与私、荣与辱、诚实与虚伪等道德范畴为标准来评价和规范企业。企业道德不具有强制性和约束力，但具有积极的示范效应和强烈的感染力，当被人们认可和接受后就具有很强的自我约束力。因此，它具有更广泛的适应性，是激励、约束企业和职工行为的重要手段。

（5）团体意识，即企业成员的集体观念，是企业内部凝聚力形成的重要心理因素。企业团体意识能促使每个职工把自己的工作和行为都看成是实现企业目标的重要组成部分，使他们作为企业的成员而感到自豪，对企业的成就产生荣誉感，从而把企业看成是自己利益的共同体和归属。因此，他们就会为实现企业的目标而努力奋斗，自觉地克服与实现企业目标不一致的行为。

（6）企业制度，即在生产经营实践活动中形成，强制规范和约束员工行为，并能保障其一定权利的各种规定。企业制度属中间层次，是精神文化的表现形式，是物质文化实现的保证。企业制度作为职工行为规范的模式，使其个人活动得以合理进行，内外人际关系得以协调，员工的共同利益受到保护，从而使企业有序运转，确保实现企业的发展目标。

（7）企业形象，即企业通过外部特征和经营实力表现出来，并被消费者和公众所认同的总体印象。一是由外部特征表现的表层形象，如招牌、门面、徽标、广告、商标、服饰、营业环境等，这些给人以直观的感觉，容易形成印象；二是通过经营实力表现的深层形象，是企业内部要素的集中体现，如人员素质、生产经营能力、管理水平、资本实力、产品质量等。表层形象是深层形象的表现，深层形象是表层形象的基础。

2. 企业文化的功能

（1）导向功能，即引导企业及其每个成员的价值取向和行为取向，使之符合企业发展需要。如经营哲学指导经营者科学理性决策，指导员工采用科学的方法从事生产经营活动；价值观念和企业精神规定企业的价值取向，使员工对事物的评判形成共识，树立共同的价值目标，并激励领导和员工为其共同认定的价值目标而努力奋斗。企业目标代表着企业发展的方向。优秀的企业文化会从实际出发，以科学的态度去制定切实可行的发展目标，并激励和指导员工做好本职工作，进而实现目标。

（2）约束功能，主要是通过企业道德、团队意识和企业制度对员工的思想、心理和行为进行约束和规范。道德规范和团队意识主要是从伦理和集体、合作的角度来约束企业领导者和职工的行为。如果人们违背了这些要求，就会受到舆论的谴责，心理上会感到内疚，从而调整或约束不妥的行为。企业制度是企业内部法规的总和，它不仅是一个完整的体系，涉及企业的方方面面，而且是一个闭环式管理，上至企业高层领导，下至基层员工，遍及企业各个环节，要求职工必须严格遵守和执行，同时也会有专门的机构、设备和人员、方法进行全程、实时监控，以确保员工行为规范，制度落到实处，责任到人。

（3）凝聚功能。企业文化以人为本，尊重人的感情，很容易在企业中营造一种团结友爱、互信互助、协作合作的和睦气氛，强化团体意识，减少矛盾纠纷，使员工之间形成强大的凝聚力和向心力。企业共同的价值观念一旦被员工认可，就会形成共同的目标和愿景，就会成为黏合剂把全体员工紧密团结起来，"人心齐，泰山移"，从而产生一种巨大协作力和创造力；员工就会把企业看成是一个命运共同体，把本职工作视为实现共同目标的重要组成部分，整个企业步调一致、协调统一，取得更大成绩。

（4）激励功能。共同的价值观会使每个员工都找到自己存在的价值，自我价值的实现是人最高层次的需求，这种满足必将形成强大的激励，使员工内心产生一种发奋进取、努力拼搏的高昂情绪，大大激发员工的积极性。在以人为本的企业文化氛围中，领导与职工、职工与职工之间互相关心、互相支持，职工会感到受人尊重，自然会振奋精神，努力工作，从而形成"幸福企业"。企业精神和企业形象对企业职工有着极大的鼓舞作用，特别是企业文化建设取得成功，在社会上产生影响时，企业职工会产生强烈的荣誉感和自豪感，他们会加倍努力，用自己的实际行动去维护企业的荣誉和形象。

（5）调适功能。调整和适应是企业文化能动作用的一种表现。企业在生产经营过程中，部门、职工之间由于各种原因难免会产生一些矛盾，与顾客、关联企业、环境、社会之间都会存在不协调、不适应之处，企业文化如经营哲学、价值观念、企业道德、企业制度、团队意识等就可充分发挥自我调适和自我约束功能，有效解决这些矛盾和协调这些外部关系，切实维护企业形象。此外，企业文化可以帮助新进成员尽快适应企业，使自己的价值观和企业相匹配；也可以帮助企业成员尽快适应企业改革后的局面，减少因为变革带来的压力和不适应。

（6）辐射功能。企业文化关系到企业的公众形象、公众态度、公众舆论和品牌美誉度。企业文化不仅能在企业内部发挥作用，对员工产生积极影响，也能通过传播媒体、公关活动等各种渠道对社会进行辐射并产生影响，在公众心目中树立美好的企业形象。此外，优秀的企业文化对推进社会文化发展具有积极的作用。

3. 企业文化的分类

通常把企业文化分为四种类型。

（1）硬汉型文化。该类文化鼓励内部竞争和创新，鼓励冒险。竞争性较强、产品更新快。

（2）努力工作尽情享受型文化。该类文化工作与娱乐并重，鼓励职工完成风险较小的工作。竞争性不强、产品比较稳定。

（3）攻坚文化。该在文化是在周密分析的基础上孤注一掷。一般投资大、见效慢。

（4）过程型文化。该类文化着眼于如何做，基本没有工作的反馈，职工难以衡量他们所做的工作。按部就班就可以完成任务。

根据价值取向的不同，企业文化可以分为民族文化型和市场文化型，其特征见表7-1。

表 7-1 根据价值取向的企业文化分类

价值取向	民族文化型	市场文化型
个性与组织的关系	①亲情关系 ②互有长期承诺 ③对相互利害关系依赖紧密 ④对公司认同感很强 ⑤等级制的结构关系	①合同关系 ②相互短期承诺 ③对个人利益依赖，功利主义较强 ④对公司认同感较差，公司与个人等价交换 ⑤按组织成员与组织的交换条件形成相互关系

续表

价值取向	民族文化型	市场文化型
组织成员之间的关系	①以具有公司成员身份而自豪 ②具有相互依存的意识 ③广泛的同事关系网，集体意识强 ④一致性压力较大 ⑤强调集体而非个体的首创性	①对同事保持独立性 ②有限的相互交往 ③较强的团队意识 ④有限的一致性压力 ⑤强调个体的首创性
对公司文化的适应性	①长期的适应性过程 ②上下级关系比较紧密 ③上级均为辅导、教育、榜样角色 ④金字塔式组织	①社会化程度低 ②上下级关系疏远 ③上下级在工作中是磋商者和资源分配者 ④扁平型组织

二、企业文化建设的理念

企业文化建设是指企业有意识地发扬其积极、优良的文化，克服其消极、劣性的文化，不断优化完善企业文化的过程。企业文化建设的理念主要体现在以下五个方面。

1. 以人为本

人是文化生成与承载的第一要素，因此企业文化应以人为本、以人为载体。企业文化中的人是包含企业家、管理者在内的全体员工。企业文化建设特别强调关心人、尊重人、理解人和信任人，同时也特别重视企业团体意识的形成，首先是企业的全体成员有共同的价值观，有一致的奋斗目标，才能形成向心力，才能成为一个具有战斗力的整体。

2. 表里一致

企业文化属意识形态的范畴，但它又要通过企业或职工的行为和外部形态表现出来，这就容易形成表里不一的现象，故建设企业文化必须首先从职工的思想观念入手，树立正确的价值观和经营哲学，在此基础上形成企业精神和企业形象，特别要防止搞形式主义，言行不一。

3. 注重个性

个性是企业文化的一个重要特征。企业文化本来就是在企业本身发展的历史过程中形成的。企业文化建设就要充分利用本身的历史传统和经营特点，建设具有自己特色的企业文化。只有企业文化具有自己鲜明的特色，而且被顾客和消费者所公认，才能在企业之林中独树一帜，才有竞争的优势。

4. 重视经济性

企业文化是一个微观经济组织的文化，应具有很强的经济性，即必须为企业的经济活动服务，要有利于提高企业的生产力和经济效益，能促进企业的生存和可持续发展。尽管企业文化重在文化建设，但其最终目的都是为了实现企业的经济目标和谋求企业的生存和发展。

5. 继承传统

企业文化建设也应该在我国传统文化的基础上进行增值开发，即对传统文化进行借鉴，既要取其精华，更要弃其糟粕，否则，企业文化就会失去存在的基础，也就没有生命力。我国传统文化中的民本、平等、务实等思想都是值得增值开发的内容。劳动者是企业的主要组成部分，故企业文化建设自然要以民本为重要的思想来源，并通过民本思想的开发利用，使员工产生强烈的主人翁意识，自觉地参与企业的管理。务实思想要求人们实事求是、谦虚谨慎、戒骄戒躁、刻苦努力、奋发向上，如能将此发扬光大，必将形成艰苦创业、勇于创新的企业精神。

三、企业文化建设的实际操作

企业文化建设，就是要重新审视企业所遵循的价值观体系，根据长远发展战略重新建立起一套可以共享传承、促进并保持企业正常运作以及长足发展的价值理念、思维方式和行为准则。企业文化建设的实际操作，是基于策划学、传播学、管理学理论和方法，围绕企业文化的内容进行具体的策划、塑造和传播的过程，突出在建设，重点在落实。企业文化建设过程中的价值整合如图7-1所示。

1. 正确重构理念识别系统，打造企业文化核心

（1）确立共同的价值观念。企业价值观是企业文化的核心，决定企业的命脉，关系企业的兴衰。现代企业不仅要创造物质财富实现物质价值，还要建设企业文化实现文化价值，要充分认识企业竞争不仅是经济竞争，更是人的竞争、文化的竞争、价值观的竞争。企业的最终目标是服务社会，实现社会价值的最大化。

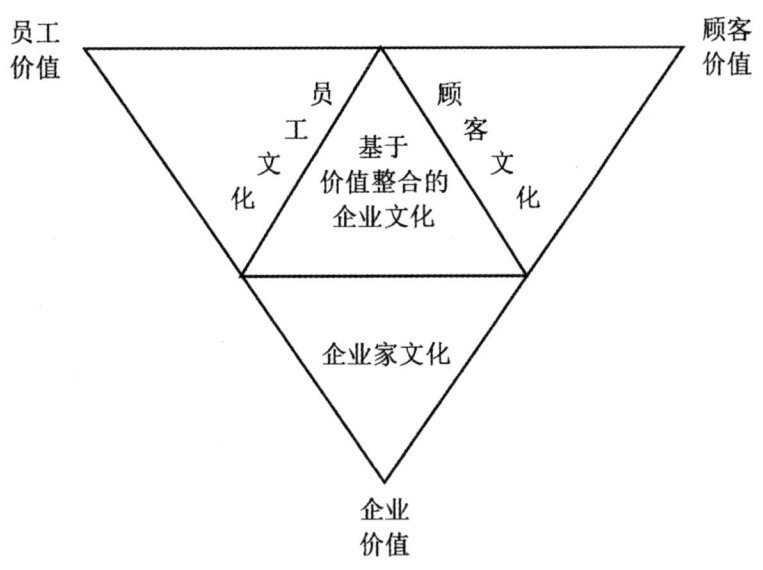

图 7-1　企业文化建设过程中的价值整合

（2）培育鲜明的企业精神。培育具有鲜明个性和丰富内涵的企业精神，最大限度地激发职工内在潜力，是企业文化的首要任务和主要内容。企业精神是企业广大职工在长期的生产经营活动中逐步形成，由企业的传统、经历、文化和企业领导人的管理哲学共同孕育，并经过有意识的概括、总结、提炼而得到的思想成果和精华，是集中体现一个企业独特的、具有鲜明的经营思想和个性风格，反映企业的信念和追求，并由企业倡导的一种精神。培养企业精神，要遵循时代性、先进性、激励性、效益性等原则，不仅要反映企业本质特征，而且要反映行业的特点和本单位特色，体现企业的经营理念。

（3）秉承符合实际的企业宗旨。企业宗旨是企业生存发展的主要目的和根本追求。企业道德是企业及其员工在长期的生产经营实践中，基于对社会和人生的理解所形成的评判是非、善恶的伦理准则，是企业宗旨在企业员工社会伦理方面的真实反映，是规范员工行为、形成良好职业道德的伦理约束。企业作风是企业全体干部职工在思想、工作和生活方面表现出来的态度、行为，是企业宗旨在其行动上的具体表现，体现了企业整体素质和对外形象。

（4）选择正确的企业发展战略。企业要实现可持续发展，必须有一个长远的发展目标和发展规划。企业今后朝什么方向发展、如何发展等问题都应让全体员工尽快了解。发展战略只有得到全体员工的认同，才能发挥出应有的导向作用，才能成为全体员工的行动纲领。在企业文化建设中，要充分利用网络等载体，采取灵活多样的形式，搞好企业发展战略的宣传和落实。通过积极开展企业战略文化建设，进一步理清工作思路，明确企业的发展方向，激发员工的工作热情。

要想切实建立科学合理的企业理念识别系统，首先要从企业实际出发，从自身所处的地位、环境、行业发展前景以及其经营状况着手，通过大量的调研分析，结合企业家本身对企业发展的考量，从企业发展众多的可能性中，确认企业的愿景；其次依据企业发展必须遵循的价值观，确立企业普遍认同、体现自身个性特征、可以促进并保持企业正常运转以及长足发展的价值体系。企业的战略目标和经营理念，必须是无论社会环境和时间怎么变化都可以成立。

2. 精心设计视觉识别系统，塑造美好企业形象

企业视觉识别系统可以充分展示企业的良好形象、员工的精神风貌，在社会上建立起企业的高度信任感和良好信誉。当前有许多企业的品牌、产品和服务具有较高的品质，但企业的形象、标志却与自身的地位、战略风格不匹配，没有视觉冲击力。心理学研究表明，人在接受外界信息时，视觉接收的信息占全部信息量的83%，11%的信息来自听觉，故视觉形象虽然依附于企业理念，但却应该是广泛传播企业文化、理念的重要载体。所以，建立一套科学良好的企业形象系统是企业文化建设的当务之急。

（1）基本元素设计。在企业形象设计中，如何以艺术化、国际化、简洁易读的设计，来给予社会强有力的视觉冲击，最为重要的是企业标志、标准字、标准色、吉祥物四种基本元素。一旦这四种基本元素设计确定，其他的应用设计就会水到渠成。基本元素设计的原则：一是能担当公司理念、精神的象征；二是可以长久使用，与公司愿景相适应；三是易于识别，具有艺术的美感；四是与其他行业具有良好差别性；五是确保没有类似形象；六是放大、缩小、黑白阴阳变化时不会改变感觉。在企业发展中还要以务实的态度不断完善企业视觉识别各要素，做到"改进→否定→再改进→再确定"。

（2）视觉识别系统设计。首先要考虑行业属性，融入经营特性和目标，体现企业精神；其次要参考大量国内外设计行业设计趋势；再次要进行视觉喜好度调查，以客观数据为依据；最后综合多种信息，从广度的水平做出大量草图，从中筛选出6~7种方向性草图进行二次深度发展，然后再从扩展方案中筛选出3~4种进行喜好测试，最终确定具有艺术美感的企业形象基本元素。

企业形象设计一般需要经过形象调查、定位、传播三个阶段，形象调查是理解公众对本企业的认识、态度与印象等方面情况，为形象设计提供信息；形象定位是在形象调查的基础上，根据企业的实际状况用知名度和美誉度的高低对企业形象定位；形象传播是以广告和公关方式，将企业形象的有关信息向社会传播，让更多的顾客和消费者认识和接受，从而提高企业形象。如农业超市企业形象设计，第一，提供货真价实的农副产品，并在品种、档次、价格、款式、包装等方面具有自己的特色；第二，提供优质服务，通过营销行为给顾客留下深刻印象；第三，设计优美舒适的购物环境，有利于充分发挥优质服务水平，刺激购买欲望、产生购物好感；第四，店铺门面设计，店面装饰应体现品种多、绿色、鲜嫩等特点，招牌应做到新颖、醒目、反映经营特色，有利于引客入店、加深顾客印象，橱窗设计应与店铺建筑物相协调，形成店面的整体美。

（3）应用系统规划设计。基本元素确定后，就可依据企业需求进行系统规划设计，具体包括：①导视系统（户外、户内），如欢迎牌、企业标牌、导视水牌、企业整体平面图、建筑指示牌、道路行车指示、门牌等；②户外展示、广告宣传系统，如霓虹灯、灯箱、灯杆刀旗、阅读栏、车体展示、大型广告牌、旗帜、海报、报刊、印刷品、广告语等；③办公用品系统，如国内外信封、信笺、信纸、传真纸、便签、格式文件、文件袋、文件夹、笔记本、工作证等；④服装和识别系统，如门店统一形象识别、产品包装、员工制服、工作服、胸牌、徽章等；⑤礼品系统，如企业形象礼品、赠品、手提袋、文化衫、台历、挂历等。

3. 不断完善行为识别系统，激励约束员工行为

员工行为是指工在生产经营及学习教育、文娱体育等活动中的言行举止和人际交往。企业行为是指企业与关联企业之间、与顾客之间、与政府之间、与社会之间的行为。企业行为和员工行为规范是指围绕企业发展目标、社会责任、保护消费者权益等方面所形成的基本行为规范。企业文化的核心理念不能形式化，不能仅仅停留在口号、标语层次，企业必须将其贯彻落实到生产经营的具体行动之中，通过组织开展一系列企业文化创建活动，引导员工的理想和追求，并规范员工的思想和行为。

（1）规章制度。这是企业理念落实的最重要表现，也是规范员工行为、人际关系、公共关系、危机管理，体现企业理念要求的关键。

（2）工作与决策。企业理念必须反映到企业的日常工作和科学决策中，企业领导应该以身作则，成为员工学习效仿的榜样。

（3）典礼仪式。企业理念可以借助各类必不可少的典礼和仪式有效推广，在许多场合和地方予以丰富生动的展示，如企业各类会议、展览、庆典及国内外各种节日等。

（4）榜样引领。为了贯彻实施企业理念，可通过发现各个部门及员工身边的优秀人物，评选先进、树立典范或学习榜样，让所有的员工感受到、很亲近、学得会、能效仿的榜样力量，充分发挥先进典型和模范人物教育人、鼓舞人、引领人的重要作用，把开展"树典型、学榜样"活动，作为贯彻执行企业理念和形成共同价值观念的重要抓手，大力营造崇德向善、见贤思齐的良好社会氛围。

（5）教育培训。要有效地传播企业理念、共享价值观念，让员工切实参与企业文化建设，就需要建立畅通而多样化的传播渠道，如内部网络、报刊、论坛、橱窗等宣传教育阵地，并利用这些渠道对员工进行经常性的教育和培训。

（6）美化环境。工作环境实行绿化、净化、美化并举，划分区域，责任明确，做好治理整顿并长期保持卫生环境。人文环境通过开展各种文化、娱乐、体育、拓展、训练活动，调节氛围、陶冶情操、增进交往、加深感情，要做到大型活动制度化，如体育运动会（趣味运动会）、企业文化艺术节等，小型活动经常化，如厂庆、文娱活动等，以丰富职工文化生活，强化视觉效应。

4. 以人为本打造精神文化，建设精干高效的员工队伍

精神文化是指企业在生产经营过程中，受一定的社会文化背景、意识形态影响而长期形成的精神成果和文化观念，如企业经营哲学、价值观念、企业精神、企业道德、企业风貌等，是企业意识形态的总和。

企业文化实质是"人的文化"。人是生产力中最活跃的因素，是企业的立足之本。企业职工是企业的主体。建设企业文化，一是必须以提高人的素质为根本，以提高工作责任感、岗位技能和业务熟练程度为重点，通过建立学习型组织，做好员工思想政治工作，抓好员工专业知识和专业技能培训，加快更新员工知识结构，严格规范员工行为，使其形成良好职业习惯，培育高素质的员工队伍，为生产高质量的产品、提供优质的服务奠定重要的人才基础。二是建设企业人本文化。人才是企业发展的最宝贵资源。随着科技的快速发展和市场竞争的加剧，企业需要一大批不同专业的高层次人才。企业必须把人才队伍建设作为企业文化建设的一部分，通过在企业内部营造尊重人、塑造人的文化氛围，增强员工的归属感，激发员工的积极性和创造性。企业应努力营造良好的学习氛围，通过请进来、送出去的双重培养模式，用竞争上岗、业绩选人等方式，搭建人才成长平台，促使各类精英脱颖而出，胜任重要工作岗位。三是深入实施人人参与式的目标管理、团队管理、民主管理，改善人际关系，进一步强化员工的主人翁意识，增强企业的向心力和凝聚力，使员工与企业结成同呼吸、共成长的命运共同体，把员工的个人目标同企业发展目标紧密结合在一起，激励员工自觉参与企业的各项工作，为企业高质量发展贡献自己的聪明才智和应有的力量。

5. 内外并举打造物质文化，塑造品质超群的产品系列

物质文化是企业产品和各种物质设施等构成的器物文化，是一种以物质形态加以表现的表层文化。企业生产的产品和提供的服务是企业生产经营的成果，是物质文化的首要内容，企业建筑、厂容厂貌、生产环境、广告宣传、产品包装设计等，也是构成企业物质文化的重要内容。企业物质文化建设应与塑造企业形象统一，一是通过设备更新改造、工艺改进革新等技术进步，以及工作流程再造、管理模式和经营机制创新，做到群众性合理化建议活动持之以恒，使之具备独特的技术特色和产品特色；二是创品牌，教育职工要像爱护自己的眼睛一样爱护企业的品牌声誉，使企业的产品、服务、质量在社会上叫得响、过得硬、占先机，尽展企业精华；三是要做到在经营过程中经营理念和经营战略统一，所有职工行为及企业活动规范化、协调化，企业视觉信息传递的各种形式统一，为促进企业可持续发展奠定坚实的物质基础。

6. 目标激励打造制度文化，塑造严明和谐的管理形象

企业制度文化是企业为实现自身目标对全体员工的行为给予一定限制的文化，它具有共性和强有力的行为规范的要求，主要包括三个方面：一是企业领导体制，即企业领导方式、领导结构、领导制度的总称；二是企业组织结构，即企业为有效实现企业目标而筹划建立的企业内部各组成部分及其关系，其选择与企业文化的导向相匹配；三是管理制度是企业为求得最大利益，在生产管理实践活动中制定的各种带有强制性义务并能保障一定权利的各项规定或条例，包括企业的人事制度、生产管理制度、民主管理制度等一切规章制度。企业的工艺操作流程、厂纪厂规、经济责任制、考核奖惩等都是企业制度文化的具体内容。

企业的制度文化是行为文化得以贯彻的保证。企业管理和企业文化密切联系是企业发展的生命线，战略、结构、制度是硬性管理，技能、人员、作风、目标是软性管理。强化管理，一是要坚持把人放在企业的中心地位，在管理中尊重人、理解人、关心人、爱护人，使之积极参与企业管理，尽其责任和义务；二是要搞好与现代企业制度、管理创新、市场开拓、实现优质服务等的有机结合；三是要修订并完善职业道德准则，强化纪律约束机制，使企业各项规章制度成为干部职工的自觉行为；四是提倡团队精神，使成员之间保持良好的人际关系，增强团队凝聚力，有效发挥团队作用。

7. 精诚合作打造团队文化，增强创新意识，提升创新能力

企业发展目标的实现，离不开员工之间的相互协作。只有通过培养团队精神，企业才能不断创造新业绩，在激烈的市场竞争中立于不败之地。企业文化建设的重要任务，就是在企业内部营造有利于企业发展的良好氛围，使领导与领导、领导与员工、员工与员工之间精诚合作，促进企业目标顺利实现；同时，要恰当处理企业外部各方面的关系，尽可能地减少摩擦和矛盾，争取方方面面的理解和支持。

创新可以为企业文化注入活力，提升企业文化建设水平。要通过创新企业文化，促进企业不断发展。企业文化创新的关键是对企业旧的经营哲学、管理理念等进行创新，让企业文化建设迈上一个新台阶。要创造可以容忍不同思维的环境，如果创新只许成功不许失败，那么企业也很难保持旺盛的创造力和生命力。作为市场竞争的主体，企业应具备与现代市场经济相适应的能力，企业文化建设也应反映市场经济的要求。市场竞争形成了新的竞争理念和模式，在企业文化建设过程中，必须充分理解这种理念和模式，以确保企业持续健康发展。企业文化创新，现已成为提高企业竞争力的、具有决定性作用的新型经营管理方式。

四、企业文化创新及发展趋势

1. 确立双赢价值观

企业价值观是企业文化的核心，它渗透于企业经营管理的各个环节，支配着从企业家到员工的思想和行为。因此，企业文化创新首要的是价值观创新。一个企业只有奉行双赢价值观，才能加强与其他企业的合作，不断从合作中获得新知识、新信息、新优势等创新资源，提高自身的竞争实力，从而在激烈的竞争中左右逢源，立于不败之地。

2. 选择自主管理模式

传统的企业管理模式，将人视作企业运营过程中按既定规则配置的机器零件，忽视人的自主精神、创造潜质和责任感等主体能动性作用；在管理过程中，较多地依赖权力、命令和规则等外在的硬约束，缺乏凝聚力。随着市场竞争的深化，人的主体价值在企业运营中的作用日益重要，旧的管理模式越来越难适应新的竞争形势，而体现人的主体性要求的自主管理模式逐渐成为企业的自觉选择。该模式以先进的文化理念为核心，充分尊重人的价值，注重发挥每一个员工的自主精神、创造潜质和主人翁责任感，在企业内部形成一种强烈的价值认同感和巨大凝聚力，激发员工的积极性，并通过制度安排，实现员工在企业统一目标下的自主经营和自我管理，进而形成企业创新的动力和创新管理方式。

3. 重视高新科技并坚持以人为本

科技革命总是与人的进步相伴而行，二者如车之两轮、鸟之双翼，相辅相成，企业创新过程离开了哪个方面都难以达到目的，企业的竞争力也难以得到真正提高。许多事实证明,科技以人为本,一方面高新科技可以在一个阶段成为企业竞争制胜的法宝,但更深层次的竞争是人才竞争和理念竞争,只有坚持以人为本,才能充分调动广大科技人员的积极性和创造性,提升科技创新能力,推出更多高质量的科技成果,推动经济社会进步;另一方面随着高科技的发展,现代人对生产和消费的人性化要求日趋强烈,企业创新只有把高科技与"以人为本"密切结合起来,才能提供既有高科技含量又充满人性关怀的新产品、新服务,才能开拓新的市场空间,否则,企业即使兴盛一时,终究会因受到消费者的冷落而退出竞争舞台。很多成功企业都有一个共同经验,就是在新产品的设计和开发中,紧紧抓住给予各层次的顾客送去真诚的关怀和温暖这个关键。

4. 提高企业家综合素质

现代企业中,员工的素质是企业文化创新的来源和动力,而由于企业家在企业活动中的领导地位,企业家的素质又是企业文化创新的关键。改革开放以来,我国出现一些企业快速崛起又快速倒下的"短命现象",其原因是多方面的,企业家不能适应形势的变化而实现自身素质的不断提高和创新,是最根本的原因之一。当前,经济全球化的发展,知识经济和信息社会的到来,又对企业家的素质提出了新的挑战,它需要科技知识与人文知识的综合,需要古今中外多种科技文化知识的综合,还需要不断的历练、深入的调研、科学的总结、深邃的思考、心灵的觉悟、关键性的创新。要打开国际市场,还需要对有关国家的生活习惯和民风习俗综合了解与把握,单靠任何一门专业知识和管理知识都难以胜任新时代的挑战和综合创新的任务。实践证明,企业家只有具备融通古今中外的科技与人文知识、管理经验,精准把握消费心理和消费发展趋势,善于应对各种市场变化,才能具备不断创新的实力,获得市场竞争的主动权,带领企业走向辉煌。

第八章
农业风险与防控

第一讲　农业风险的分类与特征

一、农业风险

农业风险是指农业生产经营者在农业生产经营过程中，由于自身无法控制的外在不确定因素的影响，导致最终获取的经济收益低于预期正常收益的可能性。

二、农业风险分类

1. 按照农业风险产生的原因分类

（1）自然风险，即由于不可预料的天气、气候等自然因素剧烈变化导致的风险，主要表现在农产品产量和质量的变化，是农业生产的主要风险。

（2）市场风险，即由于市场供求关系变化及信息不完全导致的风险，主要表现为农业投入品和农产品市场价格的波动。

（3）技术风险，即由于农业及其相关产业科技进步导致的风险，主要表现为农业生产者没有掌握必要的农业科学技术、引进采用不适用或不成熟的农业技术、未能正确使用先进适用的科学技术等。

（4）政策风险，即政府的农业政策发生变化导致的风险，主要表现为投资、补贴、奖励、税费等农业支持政策的变化。

农业风险的形成机制十分复杂、影响因素多种多样且相互作用。除上述风险以外，还有财务、法律、汇率、利率、契约、管制以及决策者个人特征和社会突发性事件等影响因素。

2. 按照农业风险的实际情况分类

（1）传统风险。主要包括自然风险、市场风险、植物病虫害风险、动物疫病风险、生物安全风险等。

（2）非传统风险。主要包括农产品质量安全、农业污染、农村金融、疫病疫情、生产安全、流通安全、就业安全以及地缘政治、全球农业供应链、国际市场通胀、农产品国际贸易冲突等。

根据《中国农业风险管理发展报告2022》，2021年我国农业风险主要体现在自然风险、市场风险、植物重大病虫害风险、动物疫病风险、生物安全风险以及相关非传统风险六个方面。我国气候异常凸显，极端天气气候事件呈现多发、强发、广发、并发的特征。农产品价格总体呈现振荡上涨，农业市场风险加大，对农业生产和农民收益造成了明显影响。我国面临的病虫害风险总体偏重，重大动物疫病风险虽总体稳定，但局部动物病疫时有发生。生物安全风险持续增加，境外生物威胁和内部生物风险交织并存，外来入侵物种传入扩散途径更加多样化、隐蔽化。我国面临的除了传统风险以外还有其他风险，这些风险具有不稳定性、不确定性，且该类风险明显增多，造成的影响规模大、持续时间长。如农业面临生产安全、流通安全、就业安全三重风险挑战；地缘政治风险上升，全球农产品产业供应链的风险增大，国际市场通胀高企，农产品国际贸易冲突明显加剧。与此同时，农业领域中的诸多风险具有传递性，应值得重视，如农业污染风险仍然突出、农业碳减排压力大、农产品质量安全风险仍然存在、农业供给链风险不断凸显、政策执行偏差风险时有发生、农村金融风险需要防范化解等。

三、农业风险产生的原因

农业风险的形成原因十分复杂，不仅有自然条件、生产要素投入变化和病虫草害、动物疾病等因素影响，也有市场供求和农业政策变化的诱发因素，还有农业生产经营者本身的因素。农业生产经营者对农业风险的认知与其生产规模、结构及个人偏好有密切关系。常见的农业风险大致分为十一种：天气、气候等自然原因，农产品市场价格波动，没有稳定的销售渠道，农业生产资料价格波动，农业生产资料质量问题，储存加工技术引起产量损失，生产技术因素导致产量减少，信息来源不正确引起决策失误，政策变动，与农户签订购销合同的另一方违约，病虫害。

1. 农业风险的主要原因

（1）自然因素。主要是指天气、气候带来的农产品产量波动，这是影响农业生产的主要原因。

（2）市场因素。随着市场化的深入，农产品收购价格逐渐稳定，农产品价格波动带来的风险影响逐渐减少，但是农产品的生产资料价格不断上升，且生产资料的质量不稳定，如种子、化肥等不时出现假冒伪劣产品，导致农产品成本增大、农产品收益的不确定性风险增加。

（3）生产周期性强。主要表现在资产专用性风险，一旦购买农业设备等就很难转为他用，会产生沉没成本，对农业技术进步和设备更新产生较大阻力。

（4）信息来源有限。由于部分农业劳动人员文化水平偏低，导致由于信息来源有误而选错品种，造成产量损失很大、后果严重，但是这种情况发生的概率较小。

（5）农产品意外损失。如农产品被盗、毒杀、病虫害和禽流感等直接或间接影响。

（6）农业劳动力不足。如农村青壮年劳动力外出打工，造成从事农业人手不足。

（7）农户经营的土地分散和零碎，无法统筹安排耕种、收割，不利于推广农业科技和良种，不能达到专业化种植所必需的一定规模，不利于土地精细耕作，对农业生产与管理产生较大的影响。

（8）农业信贷资金可得性较差，贷款金额较低，贷款利率较高。虽然我国推广普惠金融多年，但是普通农民能够获得贷款的可能性较低。

（9）农业生产严重依赖自然环境。虽然农业科学技术有很大提升，农业生产对自然环境的依赖性降低，但是农业生产受动植物特性决定，必须顺应自然规律，并按照市场需求提供相应的农产品。

2. 农业风险的区域及品种差异

不同区域的经济发展水平、自然环境、农作物和畜禽的种类、品种及种养习惯千差万别，导致各地农业风险也各不相同。

（1）区域原因。虽然影响各地农业生产的主要原因都是天气、气候等自然原因，但是各地出现的灾害和成灾情况也不完全相同。影响沿海地区的主要是台风以及台风季节出现的洪涝灾害、高温、干旱等；影响内陆地区的主要是干旱以及洪涝灾害、冰雹、冻灾等。

（2）品种原因。不同农产品的生物特性不同，导致影响不同农作物的风险也不同。小麦、大豆、玉米、大米等农作物的风险主要集中在气候、生产资料价格波动等；而棉花、油菜等经济作物，除上述原因外，还受储存不当、加工不当等因素的影响。

四、农业风险特征

农业风险主要存在多样性、分散性、季节性的特征。

1. 多样性

一是自然灾害对农业影响之大是其他行业不可比的。二是市场风险具有十分明显的特殊性，如农产品需求弹性小、可替代性低并具有不可缺性，决定了农产品价值的实现较一般工业品的难度大，这使农产品生产和经营总是处在一种边际效应上。三是政策风险，农业政策在制定和执行中有时会出现偏差。

2. 分散性

一是农业经营多以家庭经营为主，不可能制定统一的衡量风险的标准和操作规范。二是农业风险被千家万户分散承担，而单个农业经营者很难抵御频繁的农业风险袭击。三是农业风险还具有十分明显的地域性。

3. 季节性

一是农业风险的时间性，农业风险多伴随着不同的季节出现和发生，若错过季节，将给农业造成巨大损失。二是农业风险的集中性，受季节影响，农产品进入市场表现出很强的集中性，同一品种的农产品大都在同一时间上市和退市，容易造成市场季节性饱和和季节性短缺，给农业经营者带来市场风险。

第二讲　农业风险管理

一、农业风险管理概述

农业风险管理，是指运用适当的手段对各种风险源进行有效控制，以减少农业生产经营的波动，并力图以最小的代价使农民获得最大的安全保障的一系列经济管理活动。农业风险管理属于农业以及国民经济发展的管理范畴，也是现代农业生产活动中不可或缺的重要组成部分。其主要功能：一是减少农业风险发生的可能性；二是降低农业风险给农民造成意外损失的程度。

二、农业风险管理体系

农业风险管理体系必须建立在整个农业产业链中，从农业生产前，到农业生产中，再到农业生产后，各个环节之间的风险管理措施需要有效协调。不同产业链环节的主要风险存在一定差异，而且风险的作用方式也不相同。通过剖析不同风险的作用机制，寻求有针对性的管理方式，然后科学地进行风险管理方式组合，最终实现有效风险管理的目标。风险管理方式的选择必须满足三个要求：一是有针对性地解决该环节的主要风险；二是保证该环节风险管理方式之间的协调；三是实现与其他环节风险管理方式的关联。当然，在实施时要充分考虑不同农产品产业链的差异，以保证风险管理体系的有效运作。

1. 产前阶段

产前阶段主要指农业生产前期的准备和投入阶段，包括生产资料供应如种子、化肥，农户决策和预期如种植结构、方式等。该阶段的主要风险是市场风险和资产风险。产前环节的风险管理方式可考虑生产资料补贴、供应链体系、信息服务等。生产资料补贴能稳定农户的购买能力，缓解价格波动冲击；供应链体系能保证购买渠道，降低交易成本，重点解决该环节的主要风险；信息服务作为软要素可与供应链体系结合，保证风险管理方式之间的协调。生产资料补贴既可以通过稳定农户投入，提高农业保险的需求，也可利用供应链体系以降低操作成本、提高补贴效率；供应链体系能够带动技术推广体系的完善，实现与产中环节风险管理方式的紧密联结。

2. 产中阶段

产中阶段指农业基本产品的生产过程，包括自然作用、种植管理如田间管理以及技术投入如抗病虫害技术应用等。该阶段的主要风险是自然风险和技术风险，同时也受到资产风险等的影响。产中阶段的风险管理方式可考虑农业保险、技术推广和服务体系、风险基金等。农业保险结合农业风险基金以重点应对自然风险，技术推广和服务体系来稳定农业技术供给、降低技术风险冲击；风险基金可协调农业保险的政策性问题，技术推广和应用则能推动农业保险创新、提高农业保险需求，风险基金也可配合新技术推广和应用；农业保险通过稳定收益水平以保障产后环节中套期保值的顺利实施，技术推广则为订单农业提供基本条件，而风险基金与价格支持相互协调可以实现风险管理的低成本和高效率。

3. 产后阶段

产后阶段指农业基本产品的销售、流通、加工以及产业链的延伸过程。该阶段的主要风险是市场风险和制度风险，同时也受到资产风险等的影响，此外，农业企业此阶段还将面对一般企业的潜在风险。产后阶段的风险管理方式可考虑期货市场和基金、订单农业、价格支持等。期货市场可转移市场风险，同时可考虑创立政府引导型的期货投资基金来解决分散农户利用期货市场的困难，以价格支持体系的建设去推动农业支持政策的完善，并为应对制度风险提供借鉴；订单农业能够保障农业企业套期保值顺利实施，也使农户间接利用期货市场，而套期保值锁定的价格则降低了订单农业的违约风险，价格支持也能很大程度上保证订单农业稳定运行；订单农业可以利用产前阶段的供应链体系并为其完善提供引导，价格支持能够与下一周期的生产资料补贴相互协调，期货市场和基金通过转移价格风险、稳定农业收益、提高农业生产者"净值",降低产中阶段农业保险的道德风险,并为农业保险的设计和优化提供条件。

三、农业风险管理的目标

农业风险管理的总目标是以最小成本达到最大安全保障,具体包括安全目标、经济目标和生态目标。

1. 安全目标

安全管理目标是指农业要为社会提供充足而安全可靠的农副产品,保证人们生活质量持续提高、社会和谐稳定和文明进步。

2. 经济目标

经济目标是指以最小的成本优化资源配置,提高农业综合生产能力。既不会过分加重政府财政负担,又利于实现农产品均衡的市场价格,提高农业经济管理水平和农业经济效益。

3. 生态目标

生态目标是指在农业生产过程中,必须注重合理开发利用和保护自然资源,维护和改善生态环境。把开发利用、保护治理及资源增值有效地结合起来,发挥资源优化组合功能,形成各具特色、持续平衡的生态系统,实行科学的规划和治理。

四、农业风险管理的程序

农业风险管理的程序分为五个步骤:

1. 风险管理目标确定

就总体而言,农业风险管理有安全目标、经济目标和生态目标,但对于不同的农业风险管理主体,风险管理目标可能有不同的侧重。即使同一风险管理主体,在不同时期,其风险管理目标也可能不同。所以,农业风险管理的首要任务是通过收集资料、分类比较和解释研究等活动,确定农业风险管理目标。

2. 农业风险识别

农业风险识别是对农业所面临的风险加以判断、归类和鉴定其性质的过程。因为各种不同性质的风险时刻威胁着农业的生存与安全，必须采取有效方法和途径识别农业所面临的以及潜在的各种风险。一方面可通过感性知识和经验进行判断，另一方面则依靠对各种会计、统计、经营等方面的资料及风险损失记录进行分析、归纳和整理，从而发现农业面临的各种风险及其损害情况，并对可能发生的风险性质进行鉴定，进而了解可能发生何种损益或波动。

3. 农业风险衡量

在农业风险识别的基础上，通过对所收集的资料进行分析，对农业损益频率和损益幅度进行估测和衡量，对农业收益的波动进行计量，为采取有效的农业风险处理措施提供科学依据。

4. 农业风险处理

农业风险处理即根据农业风险识别和衡量情况，为实现农业风险管理目标，选择与实施农业风险管理技术，包括控制风险管理技术和财务风险管理技术。前者以降低损失频率和减少损失幅度为目的，后者则以提供基金的方式消纳发生损失的成本。

5. 农业风险管理评估

在选择最佳风险管理技术后，要对风险管理技术的适用性及收益情况进行分析、检查、修正和评估。因为农业风险的性质和情况经常变化，风险管理者的认识水平具有阶段性，只有对农业风险识别、评估和技术选择等进行定期检查与修正，才能保证农业风险管理技术的最优使用，从而达到预期的农业风险管理目标和效果。

根据农业风险管理的程序，可以构建农业风险管理的基本框架，如图 8-1 所示。

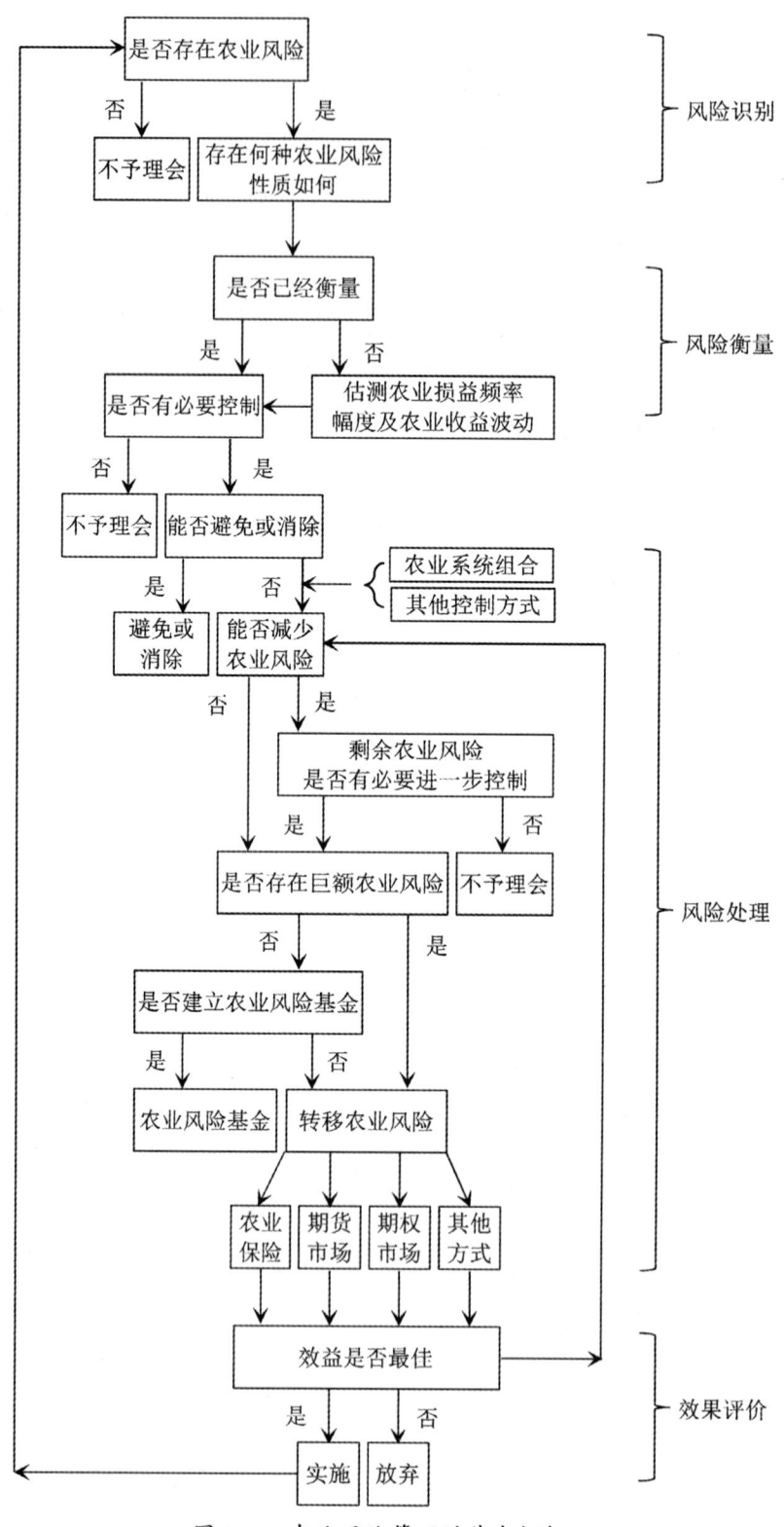

图 8-1　农业风险管理的基本框架

五、农业风险管理措施

由于农业的弱质性及其在国民经济中的基础地位,许多国家都对农业采取了支持与保护措施。这些针对农业生产经营风险的管理措施主要分为四类:

1. 生产经营的风险管理措施

一是通过投入品的远期价格以及短期劳动用工合约等控制生产成本;二是避免或降低暴露于风险的机会;三是实行多元化经营分散风险,包括农业生产项目的多元化以及从事非农产业获取非农收入实现收入来源的多元化两个方面;四是进行合约生产,通过将投入品、产品数量和质量、给种植者补偿等以合约形式固定来控制生产过程中可能出现的风险;五是选择生长周期短的作物品种,以增加生产在时间上的弹性,在一定程度上弱化经营风险。

2. 市场策略的风险管理措施

市场方面的风险管理对策主要是签订销售合约。市场合约有很多种形式,最普通的就是固定远期价格合约,这种合约可以完全消除价格风险。其他类型的合约是将价格风险在买卖双方之间进行分担,如延迟支付合约、基准合约、延迟价格合约、最小化价格合约、短期期货合约、成本附加合约以及期权购买合约等。此外,还可以将产品销售分散到整年,以避免一次性销售带来的价格风险。靠近居住中心的小规模农场主可直接把水果、蔬菜及具有专门市场份额的产品等直接销售给最终用户,以减少流通成本,提高利润并降低风险。

3. 财务策略的风险管理措施

财务方面的风险管理对策主要有保有现金、提高资产流动性、信用储存、资产变现、信贷杠杆、牲畜保险、农作物产量保险和收入保险等。此外,还可利用财务杠杆,如投入租赁土地和机器,利用外部净资产融资,也就是净资产投资者从其投资的农场获取收入份额,选择收入低相关或负相关的证券投资组合以分散风险。

4. 政府支持的风险管理措施

除了基于市场的各项风险管理对策之外,各国政府都对农业实行不同程度的补贴和支持,如灾害补贴、土地休耕补贴、农业生产资料补贴、价格支持、收入支持以及税收优惠等。此外，国家可以支持农业合作社对产量风险进行农业保险管理，实行垂直一体化来弱化生产经营风险，帮助加强农户与农业企业、市场的联系，帮助农户规避市场风险，保护农民利益。

六、农业风险管理的策略

农业风险管理策略是在深入识别、评估和分析农业风险的基础上提出的应对农业风险的基本原理和方法。农业风险管理策略有多种分类，有代表性的有两种：一是根据风险发生时间所采取的策略可分为灾前预先防范策略、灾中灾后抢救减轻策略、灾损发生后的补偿策略。二是根据风险管理的内在机制分为风险降低、风险转移和风险承受。风险降低，即降低不利条件发生概率或降低不利事件潜在损失的严重程度的活动；风险转移，即把风险转移给愿意接受风险的一方，包括保险、订单农业等；风险承受，即通过事前准备提高承担和应对风险事件发生后的能力。

1. 农业风险管理对策

（1）风险规避，即对超出风险承受度的风险，通过放弃或者停止与该风险相关的业务活动以避免和减轻损失的策略。风险规避能将特定风险造成的各种可能损失完全消除，因此，又称最彻底的风险管理技术，如拒绝与不守信的农产品经销商来往、放弃明显亏损的农业项目投资等。在选择风险规避时，可以有多种方式：

①完全放弃，是指拒绝承担某种风险，根本不从事可能产生某些特定风险的活动。如某农民专业合作社打算开展非成员农户机耕机播外包业务，但是发现开展此类业务的市场竞争极其激烈，于是完全放弃该项外包业务计划。

②中途放弃，是指终止承担某种风险。如病虫害防治或畜禽疫病防治，通常与环境较大变化和风险因素变动有关，由于发生了新的病害、疫病等不利情况，经过权衡利弊后，认为得不偿失，故而放弃。

③改变条件，是指改变生产活动的性质、改变生产流程或工作方法等。其中，生产性质的改变属于根本的变化。如全智能化大型连栋日光温室，需要投资数百万元，财务难以承受，于是采取逐步改变条件策略，先投资建设外部硬

件设施在人工控制环境下生产，待收回部分投资后和财务允许时再进行智能化改造升级，以规避财务风险。

（2）风险降低，主要包括控制风险因素以减少风险发生，控制风险发生的频率以降低风险损害程度。减少风险的常用方法有：对农产品市场进行准确预测；对决策进行多方案优选和替代；及时与政府部门沟通获取政策信息；在生产新的农产品时充分进行市场调研；采用多地域、多品种农作物生产或投资以分散风险。

①损失预防，即在生产活动开始之前，通过历史经验、调研等方法预测可能发生的风险，并对其采取一定的对策，从而降低损失风险。如养猪企业根据经验预测可能会发生新的疫病，提前注射疫苗预防。

②损失抑制，即采取措施使风险发生时或发生后能减少损失发生范围或降低损失严重程度。如农作物发生病虫害时，及时采用无人机喷洒相应农药，从而降低或消灭病虫害造成的损失。

（3）风险转移，即以一定的代价，对可能带来灾难性损失的资产采取某种方式将风险损失转移给他人承担。如向农业保险公司投保，加入农机、畜禽等专业合作社等实现风险共担等。

①购买保险转移，即通过购买农业保险的形式转移风险。

②财务型非保险转移，即受补偿的人将风险所导致损失的财务负担转移给补偿的人（其中保险人除外）的一种风险管理技术。财务型非保险转移是转让损失的财务负担，即转让人通过合同或契约寻求外来资金补偿其确实存在的损失。财务型非保险转移则只转移损失，并不转移财产或经济活动本身，如采用购买期货等方式来转移风险。

③控制型非保险转移，即借助降低风险单位的损失频率和缩小其损失幅度的手段，将损失的法律责任转移给非保险业的经济单位的管理技术，如出售或租赁、分包以及开脱责任合同等，采用农业生产合作的方式来实现风险共担。

（4）风险承受，包括风险自担、风险自保。农业风险自担是指发生风险损失时，如天气干旱时多进行灌溉，直接将灌溉费用损失摊入成本或费用，或冲减利润；农业风险自保是指预留一笔风险金，或随着生产经营的进行有计划计提资产减值准备等。

2. 管理者的风险偏好

（1）风险偏好者，又称高度冒险者。这类管理者偏好高风险和高收益的投资类型。

（2）风险厌恶者，又称低度冒险者。这类管理者偏好风险小的投资类型，但这类投资往往收益也较少。

（3）风险中立者，又称中度冒险者。这类管理者对风险偏好适中，投资时会理性分析风险和收益的关系，并做出合理的选择。

不同管理者的风险偏好不同，面对相同的农业风险会做出不同的农业风险决策。

七、农业风险防控的手段

目前，农业风险防控的手段主要有"硬件"手段，诸如高标准农田建设、农业工程设施、农田水利设施，日光温棚、智能化环境控制、节水灌溉、水肥一体化，无人机、农机装备，农作物长势调控、病虫害防治、畜禽疫病防控等先进适用的农业技术、设备、设施建设以及极端天气和自然灾害预报预警系统、应急响应系统，同时还有国家财政政策与金融政策相互补充的农业风险管理"软件"系统。总之，农业风险防控手段可以从基建、科技、预警、政策等方面入手，不断提高农业风险管理水平。

第三讲 国家农业补贴政策

一、耕地地力保护补贴政策

耕地地力保护补贴政策资金主要用于支持耕地地力保护，其补贴对象原则上为拥有耕地承包权的种地农民。补贴依据可以是二轮承包耕地面积、计税耕地面积、确权耕地面积或粮食种植面积等，具体依据哪一种类型面积或哪几种类型面积，由省级人民政府结合本地实际自定；补贴标准由地方根据补贴资金总量和确定的补贴依据综合测算确定。已作为畜牧养殖场使用的耕地、林地、草地、成片粮田转为设施农业用地、非农业征（占）用耕地等改变用途的耕地，以及长年抛荒地、占补平衡中"补"的面积和质量达不到耕种条件的耕地等不再给予补贴。鼓励农民采取秸秆还田、深松整地、减少化肥农药用量、施用有机肥等措施。这部分补贴资金会通过"一卡（折）通"等形式直接兑现到户。

二、实际种粮农民一次性补贴政策

2022年，中央财政继续对实际种粮农民发放一次性补贴，旨在适当弥补农资价格上涨增加的种粮成本支出，保障种粮农民合理收益，保护农民种粮积极性，释放支持粮食生产积极政策信号，稳定市场价格预期。一次性补贴对象为实际种粮农民，具体包括利用自有承包地种粮的农民，以及流转土地种粮的大户、家庭农场、农民合作社、农业企业等新型农业经营主体。

三、加强高标准农田建设支持政策

建设高标准农田是巩固提升粮食综合生产能力、保障国家粮食安全的关键举措。2019年以来，国家统筹推进高标准农田建设，加快各地农业基础设施建设,积极落实"藏粮于地、藏粮于技"战略。2018年国家机构改革后,通过中央财政转移支付和中央预算内投资两个渠道共同支持高标准农田建设。项目实施区域为全国范围内符合高标准农田建设项目立项条件的耕地,优先在"两区"和永久基本农田保护区开展高标准农田建设,优先安排干部群众积极性高、地方投入能力强的地区开展高标准农田建设,优先支持贫困地区建设高标准农田,积极支持种粮大户、家庭农场、农民合作社、农业企业等新型经营主体建设高标准农田。要求统一规划布局、建设标准、组织实施、验收考核、上图入库。主要建设内容包括土地平整、土壤改良、农田水利、机耕道路、农田输配电设备、防护林网等。

四、农机购置与应用补贴政策

2004年起,中央财政安排专项资金实施农机购置补贴政策,大幅提升了农业物质技术装备水平,有力推动了我国农业机械化和农机装备产业的快速发展。2022年中央一号文件指出,实施农机购置与应用补贴政策,优化补贴兑付方式,完善农机性能评价机制,推进补贴机具有进有出、优机优补,重点支持使用粮食烘干、履带式作业、玉米大豆带状复合种植、油菜籽收获等农机,推广大型复合智能农机。

2022年,农机购置与应用补贴政策在全国所有农牧业县(场)范围内实行,补贴对象为从事农业生产的个人和农业生产经营组织,实施方式为自主购机、定额补贴、先购后补、县级结算、直补到卡(户)。补贴额依据同档产品上年市场销售均价测算,一般机具测算比例不超过30%。补贴范围确定上,优先保障粮食和生猪等重要农产品生产、丘陵山区特色农业生产以及支持农业绿色发展和数字化发展所需机具的补贴需要。补贴受益信息和资金使用进度实时公开,可登录各省(区、市)农机购置与应用补贴信息公开专栏查询。各地农机购置与应用补贴申请办理服务系统和补贴申请手机APP常年开放,农民购机后可按规定随时申请补贴,也可去县级农业农村部门现场录入。

五、农机报废更新补贴政策

2022年继续在全国范围内实施农机报废更新补贴政策，坚持"农民自愿、政策支持、方便高效、安全环保"的原则，加快淘汰耗能高、污染重、安全性能低的老旧农机，促进节能减排、环境保护和安全生产。补贴对象为从事农业生产的个人和经营组织。享受报废补贴的机具为达到报废条件的危及人身财产安全的机械，包括依法纳入牌证管理的拖拉机、联合收割机以及水稻插秧机、机动植保机械、铡草机、机动脱粒机、饲料粉碎机等。

六、农机安全监理免费政策

2022年国家继续实行农机安全监理免费政策，免征拖拉机号牌费（含号牌架、固定封装费用）、行驶证费、登记证费、驾驶证费、安全技术检验费等五项农机安全监理机构收取的行政事业性收费。同时，鼓励有条件的地方积极争取财政预算，将农机驾驶证考试费、培训费、保险费纳入免征或财政补贴范围，鼓励免费为上道路行驶的农机具粘贴反光贴或悬挂反光警示旗。免费监理所需经费由财政部门安排。

七、耕地深松补助政策

2022年国家实行耕地深松补助政策，以提高土壤蓄水保墒能力为目标，支持在适宜地区开展农机深松（深耕）整地作业，促进耕地质量改善和农业可持续发展。深松（深耕）作业深度一般要求达到或超过25厘米，每亩作业补助原则上不超过30元，具体深松（深耕）技术模式、补助标准和作业周期由各地因地制宜确定。

八、农产品质量安全县创建支持政策

根据国务院统一部署，2014年农业部启动国家农产品质量安全县创建活动，国务院食品安全委员会此后连续三年召开现场会推进相关工作。创建活动围绕"菜篮子"产品主产县，突出落实属地责任、加强全程监管、强化能力提升、推进社会共治。充分发挥地方的主动性、创造性，探索建立行之有效的农产品质量安全监管制度机制，引导带动各地全面提升农产品质量安全监管能力和水平。2021年农业农村部确定第三批国家农产品质量安全县（市）创建单位名单。2022年继续深化国家农产品质量安全县创建工作，探索利用线上答辩方式验收第三批国家农产品质量安全县，并遴选确定第四批创建单位。组织开展国家农产品质量安全县与乡村振兴重点帮扶县农产品质量安全结对帮扶活动、农产品质量安全县创建指导交流活动等，充分发挥农产品质量安全县的示范带动作用。

九、产粮（油）大县奖励政策

产粮（油）大县奖励政策的目标是调动地方政府抓好粮食、油料生产的积极性，缓解产粮（油）大县财政困难，促进粮食、油料产业发展，保障国家粮油安全。常规产粮大县入围条件为：近五年平均粮食产量大于2亿千克，且商品量大于500万千克，或者在主产区产量或商品量列前15位，非主产区列前5位的县级行政单位。在此基础上，近五年平均粮食产量或者商品量分别位于全国前100名的县为超级产粮大县，在获得常规产粮大县奖励的基础上，再获得超级产粮大县奖励。常规产粮大县奖励资金作为一般性转移支付，由县级人民政府统筹使用，超级产粮大县奖励资金用于扶持粮食生产和产业发展。产油大县奖励入围条件由省级人民政府按照"突出重点品种、奖励重点县（市）"的原则确定，入围县享受的奖励资金不低于100万元，全部用于扶持油料生产和产业发展，特别是用于支持油料收购、加工等方面的支出。

十、生猪（牛羊）调出大县奖励政策

生猪（牛羊）调出大县奖励政策的主要目标是调动地方政府发展生猪（牛羊）养殖的积极性，促进生猪（牛羊）的生产、流通，引导产销有效衔接，保障市场供应。生猪（牛羊）调出大县奖励资金包括生猪调出大县奖励资金、牛羊调出大县奖励资金和省级统筹奖励资金三个部分。生猪（牛羊）调出大县奖励资金按因素法分配到县，分配因素包括过去三年的年均生猪（牛羊）调出量、

出栏量和存栏量，因素权重分别为50%、25%、25%，奖励资金对生猪调出大县前500名、牛羊调出大县前100名给予支持。生猪（牛羊）调出大县奖励资金由县级人民政府统筹安排用于支持本县生猪（牛羊）生产流通和产业发展，支持范围包括：生猪（牛羊）生产环节的圈舍改造、良种引进、粪污处理、防疫、保险、牛羊饲草料基地建设，以及流通加工环节的冷链物流、仓储、加工设施设备等方面的支出。省级统筹奖励资金按因素法切块到省（区、市），分配因素包括各省（区、市）生猪（牛羊）生产量、消费量等。统筹奖励资金由省级人民政府统筹安排用于支持本省（区、市）生猪（牛羊）生产流通和产业发展。

十一、稳生猪增牛羊政策

稳定生猪生产政策。贷款方面，加快推广土地经营权、养殖圈舍、大型养殖机械和生猪活体抵押贷款；对符合授信条件但暂时经营困难的生猪养殖场（户）和屠宰加工企业，不得随意限贷、抽贷、断贷。保险方面，保险保额继续执行能繁母猪每头1 500元、育肥猪800元标准，根据生产成本变动对保额进行动态调整，实现养殖场（户）愿保尽保；鼓励和支持有条件的地方开展并扩大生猪收入保险，开展病死猪无害化处理与保险联动机制建设试点。环保方面，加强对畜禽养殖禁养区的动态监测，各地不得超越法律法规规定随意扩大禁养区范围，不得以行政手段对养殖场（户）实施强行清退；继续对年出栏5 000头以下的生猪养殖项目实行环评备案管理、对年出栏5 000头及以上和涉及环境敏感区的生猪养殖项目按规定实行环评审批。补贴方面，继续在生猪养殖大县实施生猪良种补贴，对使用生猪良种精液的养殖场户给予适当补助。

增加牛羊生产政策。开展肉牛肉羊增量提质行动，在北方11个省份，选择基础母牛存栏量较大的县，采用"先增后补、见犊补母"的方式，对饲养基础母牛、选用优秀种公牛冻精配种并扩大养殖规模的养殖场（户）给予适当补助；在南方8个省份，选择肉牛肉羊产业发展基础较好的县域，采取"先建后补"的方式，对开展饲草种植和肉牛肉羊养殖的规模养殖场、家庭牧场或专业合作社等符合项目条件的经营主体给予补助。实施牧区良种补贴项目，在内蒙古等8个主要草原牧区，对项目区内使用良种精液开展人工授精的肉牛养殖场（户），以及存栏能繁母羊30只以上、牦牛能繁母牛25头以上，购买使用优良种公畜的养殖户进行适当补助，支持牧区畜牧良种推广。建立草原畜牧业转型升级试点，通过中央预算内投资，在内蒙古、四川、西藏、甘肃、青海、宁夏、新疆7个省区和新疆生产建设兵团，选择试点项目县开展草原畜牧业转型升级试点示范工作，主要开展高产稳产优质饲草基地、现代化草原生态牧场或标准化规模养殖场、优良种畜和饲草种子扩繁基地、防灾减灾饲草储运体系建设等工作，促进草原畜牧业生产经营方式的根本性改变。

十二、小麦、稻谷最低收购价政策

2022年，国家继续在粮食主产区实行小麦、稻谷最低收购价政策，保护广大农民利益，防止"谷贱伤农"。国家继续对有关稻谷主产省份给予适当补贴支持。

十三、东北玉米和大豆生产者补贴政策

2016年国家取消东北三省一区玉米临时收储政策，实行市场化收购加生产者补贴政策，中央财政将补贴资金拨付到省区，由地方政府统筹将补贴资金兑付给玉米实际种植者。2017年国家将东北三省一区大豆目标价格政策调整为生产者补贴政策，统筹实施玉米和大豆生产者补贴。2022年，国家继续在东北三省一区实施玉米和大豆生产者补贴，保障农民种粮基本收益。

十四、新疆棉花目标价格补贴政策

从2014年开始，国家在新疆实行为期3年的棉花目标价格补贴试点，每年的目标价格水平按照"成本+基本收益"的方法调整确定。保持政策框架总体稳定，保持支持力度总体不减，保障棉农收益稳定，实现政策常态化、长效化。从2020年起，新疆棉花目标价格水平为每吨18 600元，同步建立定期评估机制，每三年评估一次，根据评估结果视情况调整目标价格水平。

十五、动物防疫补助政策

一是强制免疫补助政策。国家对口蹄疫、高致病性禽流感、小反刍兽疫、布鲁氏菌病、包虫病等动物疫病实施强制免疫。中央财政强制免疫补助可用于动物疫病强制免疫疫苗（驱虫药物）采购、储存、注射（投喂）及免疫效果监测评价、疫病监测和净化、人员防护等相关防控工作，以及对实施和购买动物防疫服务等的补助。中央财政强制免疫补助经费切块下达各省级财政部门，各省（区、市）应根据疫苗实际招标价格、需求数量、政府购买服务数量及动物防疫工作等需求，结合中央财政安排的补助资金，据实安排省级财政补助资金。鼓励支持符合条件的养殖场（户）实行强制免疫"先打后补"。开展"先打后补"的养殖场（户）可自行选择购买国家批准的强免疫苗，地方财政部门根据兽医部门提供的养殖场（户）实际免疫数量和免疫效果，对按照规定进行免疫的养殖场（户）安排补助经费。自主采购疫苗的养殖者应当做到采购有记录、免疫可核查、效果可评价，具体条件及管理办法由各省（区、市）结合本地实际制定。对目前暂不符合条件的养殖场（户），各地继续实施疫苗集中招标采购。

二是动物疫病强制扑杀补助政策。国家在预防、控制和扑灭动物疫病过程中，对被强制扑杀动物的所有者给予一定补助，补助经费由中央财政和地方财政按比例承担，半年结算一次。目前，纳入中央财政补助范围的强制扑杀疫病种类包括非洲猪瘟、口蹄疫、高致病性禽流感、小反刍兽疫、布鲁氏菌病、结核病、包虫病、马鼻疽和马传染性贫血。各省（区、市）可根据畜禽大小、品种等因素细化补助测算标准。

三是养殖环节无害化处理补助政策。中央财政综合生猪养殖量、病死猪无害化处理量和专业无害化处理场集中处理量等因素，测算各省（区、市）无害化处理补助经费，包干下达各省级财政部门，主要用于养殖环节病死猪无害化处理支出。各省（区、市）细化确定补助标准，按照"谁处理、补给谁"的原则，对收集、转运、无害化处理等各环节的实施者予以补助。此外，2016年起，中央财政用于屠宰环节病害猪无害化处理的相关资金已并入中央对地方一般转移支付，屠宰环节病害猪损失和无害化处理费用由地方财政予以补贴，补贴标准由地方畜牧兽医部门会商财政部门确定。

十六、农业保险支持政策

目前，中央财政提供农业保险保费补贴的品种主要包括种植业、养殖业、森林和涉藏特定品种等四大类，覆盖稻谷、小麦、玉米、棉花、马铃薯、油料作物、糖料作物、天然橡胶、三大主粮作物制种、能繁母猪、育肥猪、奶牛、公益林、商品林、青稞、牦牛、藏系羊等品种。地方财政支持开展的特色农产品保险品种超过260个。

十七、财政支持建立完善的全国农业信贷担保体系政策

全国农业信贷担保体系主要由国家农业信贷担保联盟有限责任公司、省级农业信贷担保机构和市、县（市、区，以下简称市县）农业信贷担保机构组成。在上下关系上，省级和市县级农业信贷担保机构可直接开展担保业务，国家农业信贷担保联盟主要为省级农业信贷担保机构提供再担保等服务。在运作方式上，全国各级农业信贷担保机构实行市场化运作，财政资金主要通过资本金注入、担保费补助、业务奖补等形式予以支持。在业务范围上，农业信贷担保体系必须专注服务农业适度规模经营、专注服务新型农业经营主体，不得开展任何非农担保业务。同时，对省级农担公司政策性业务实行"双控"标准，要求服务范围限定为农业生产及其直接相关的产业融合发展项目，服务对象聚焦农业适度规模经营主体，单户在保余额控制在10万~300万（生猪养殖不超过1 000万元），符合"双控"标准的政策性业务在保余额不得低于总担保余额的70%。2022年，按照中央的要求，进一步加强对农业信贷担保放大倍数的量化考核，充分发挥好全国农业担保体系对新型农业经营主体融资发展的支撑作用。

十八、推进现代种业发展支持政策

2022年，国家把种业作为农业农村现代化的重点任务和农业科技自立自强的主攻方向，围绕国家粮食安全和重要农副产品保数量、保多样、保质量的需要，遵循种业创新发展规律，破卡点、补短板、强优势，为打好种业翻身仗迈出

坚实步伐。一是加强农业种质资源保护与利用。深入推进第三次全国农作物种质资源普查与收集行动，加快推进新收集资源的鉴定评价和整理入库等工作。启动实施第三次全国畜禽遗传资源调查，加快完成全国畜禽遗传资源面上调查以及青藏高原区域5省（区）及新疆部分地区重点调查。完成国家级地方猪品种遗传材料采集，支持畜禽遗传资源活体和遗传材料保种工作，扶持国家级畜禽遗传资源保种场（区、库）开展猪、牛、羊、家禽、蜜蜂等地方品种保护利用，带动地方特别是贫困地区发展特色畜牧业。二是扎实推进国家种业基地建设。加快推进国家科研育种基地建设，推动配套服务区和高标准农田等政策项目落实，统筹谋划重大项目、重大政策，做好后续项目储备。深入实施现代种业提升工程，布局建设一批资源保护场（区）、育种创新基地、品种测试中心、区域性良种繁育基地。加大制种大县奖励，优化种业基地布局，推动优势基地和优势企业结合共建，提升制种基地建设水平。三是加快绿色优质新品种选育和示范推广。深入开展国家水稻、小麦、玉米、大豆等四大作物和油菜、马铃薯等十一种特色作物育种联合攻关，挖掘节水、节肥、抗逆等绿色性状种质和基因资源，加快培育推广肥水高效利用、适宜机械化轻简化栽培的绿色优质品种。构建展示网络，促进良种良法配套、农艺农机融合、线上线下联动，加快新一轮农作物品种更新换代。继续遴选国家畜禽核心育种场（基地、站），实施畜禽核心场测定项目，加快基因组选择等育种新技术推广应用，持续推进生猪、奶牛等六种畜禽育种联合攻关，系统开展引进品种的本土化选育，大力培育畜禽新品种，提升畜禽种业发展质量效益和竞争力。四是加大优势企业扶持力度。积极推动种业制种保险、信贷、税收支持等政策落实，支持现代种业发展基金发挥政策导向作用，引导企业做大做强、做专做精。深化种业"放管服"改革，优化办事流程，提供高效便捷服务。支持企业搭建科研平台和创新联合体，牵头承担科研攻关任务，建立健全商业化育种体系。五是推进种业服务信息化。完善种业大数据平台，优化公共服务渠道，实现简单问题大数据回答、复杂问题专家回答，为生产经营主体提供更便捷的信息服务；通过扫描标签二维码，可对当前市场流通品种、生产经营者或门店相关信息进行多角度查询，实现种子质量全程可追溯，让农民购种用种更加放心。六是做好救灾备荒种子储备管理和调用。安排储备国家救灾备荒种子，推动省级落实救灾备荒种子储备。根据救灾和生产需要，及时组织调拨发放救灾备荒种子，确保补种、改种和平抑市场需求。

十九、地理标志农产品保护政策

2019年农业农村部联合财政部启动实施地理标志农产品保护工程。为壮大乡村特色产业，扩大优质绿色农产品供给，促进农业高质量发展，聚焦粮油、果茶、蔬菜、中药材（食药同源）、畜牧、水产六大品类，选择一批地域特色鲜明、具有发展潜力、市场认可度高的地理标志农产品，重点围绕特色资源发掘、特色产业发展和农耕文化发扬三个方面开展建设。2021年支持245个地理标志农产品发展，延伸产业链、完善供应链、提升价值链。2022年继续支持200个地理标志农产品培育保护，助力全面推进乡村振兴、带动农民增收致富。

第四讲　农业保险

农业保险是指专为农业生产者在从事种植业和养殖业生产过程中，对遭受自然灾害和意外事故所造成的经济损失提供保障的保险。农业保险存在外部性、道德风险和逆向选择、农业系统性风险以及商业保险与政策性保险边界不清等问题。

一、农业保险的种类及作用

1. 农业保险的种类

（1）农业保险种类。农业保险按农业种类不同分为种植业、养殖业保险；按危险性质分为自然灾害损失、病虫害损失、疾病死亡、意外事故损失保险；按保险责任范围不同可分为基本责任险、综合责任险和一切险；按赔付办法可分为种植业损失险和收获险。

①种植业保险。一是农作物保险，以稻、麦等粮食作物和棉花、烟叶等经济作物为对象，以各种作物在生长期间因自然灾害或意外事故使收获量价值或生产费用遭受损失为承保责任的保险。在作物生长期间，其收获量有相当部分取决于土壤环境和自然条件、作物对自然灾害的抗御能力、生产者的培育管理。因此，在以收获量的价值作为保险标的时，应留给被保险人自保一定成数，促使其精耕细作和加强作物管理。如果以生产成本为保险标的，则按照作物在不同时期、处于不同生长阶段投入的生产费用，采取定额承保。二是收获期农作物保险，以粮食作物或经济作物收割后的初级农产品价值为承保对象，即作物处于晾晒、脱粒、烘烤等初级加工阶段时的一种短期保险。三是森林保险，以天然林场和人工林场为承保对象，以林木生长期间因自然灾害和意外事故、病虫害造成的林木价值或营林生产费用损失为承保责任的保险。四是经济林、园

林苗圃保险。该险种承保对象是生长中的各种经济林种,包括这些林种提供的具有经济价值的果实、根叶、汁水、皮等产品,以及可供观赏、美化环境的商品性名贵树木、树苗。保险公司对这些树苗、林种及其产品由于自然灾害或病虫害所造成的损失进行补偿。此类保险有柑橘、苹果、山楂、板栗、橡胶树、茶树、核桃、枣树等保险。

②养殖业保险。一是牲畜保险,以役用、乳用、肉用、种用的大牲畜,如耕牛、奶牛、肉牛、马、骡、驴、骆驼等为承保对象,承保在饲养使役期因牲畜疾病或自然灾害和意外事故造成的死亡、伤残以及因流行病而强制屠宰、掩埋所造成的经济损失。该保险是一种死亡损失保险。二是家畜保险、家禽保险,以商品性生产的猪、羊等家畜和鸡、鸭等家禽为承保对象,承保在饲养期间的死亡损失。三是水产养殖保险,以商品性的人工养鱼、养虾、育珠等水产养殖产品为承保对象,承保在养殖过程中因疫病、中毒、盗窃和自然灾害造成的水产品收获损失或养殖成本报失。四是其他养殖保险,以商品性养殖的鹿、貂、狐、蜂、蚕等经济动物为承保对象,承保在养殖过程中因疾病、自然灾害和意外事故造成的死亡或产品的价值损失。

(2)政策性农业保险险种涵盖范围。该险种有27个品种,一是政策性农业类保险24个,其中中央财政补贴险种10个,包括水稻、水稻制种、马铃薯、玉米、花生、甘蔗、能繁母猪、育肥猪、仔猪、奶牛;省级财政补贴品种14个,包括水果、茶叶、露地蔬菜、大棚蔬菜、露地花卉苗木、大棚花卉苗木、简易大棚、钢结构大棚、肉鸡、肉鸡批发价格、蛋鸡、肉鸭、淡水水产和海水网箱养殖。二是政策性林业类保险2个,为中央财政补贴险种,分别是公益林、商品林2个森林保险。三是政策性农房保险1个。

2. 农业保险的作用

农业保险可以使投保农户在遭受保险责任范围内的灾害后及时得到经济补偿,尽快恢复农业生产;可以转移和分散风险,由参加农业保险的农民共同分担损失,以赔偿支付的方式保障农民生活的稳定;农业保险有助于稳定农业再生产,保障农业生产过程的持续性,保护农业资源。同时,农业保险有调节农村经济、稳定物价的作用,因为农业保险的实施,可以使大额的、不确定的农业风险损失，转化为小额的、固定的农业保险费的缴纳，可以节约部分开支，降低农业生产成本，也可以稳定农产品物价水平，保证社会对农产品的正常消费。

二、农业保险办理

1. 农业保险的办理程序

我国的农业保险为政策性扶持加市场化运营模式，政策性农业保险遵守农户自愿投保、政府补贴的原则。在此基础上，农业保险可以由农民、农业生产经营组织自行投保，也可以由农业生产经营组织、村民委员会等单位组织农民投保。投保程序大致分为六步：

第一步，填写投保单，向保险机构提出投保农业保险的意愿。

第二步，保险机构审核投保人材料，确定是否接受投保人的投保意愿。

第三步，保险机构决定接受承保，并详细解释农业保险合同条款。

第四步，投保人决定是否投保，投保人足额缴纳保险费。

第五步，编制保险合同。

第六步，投保人签收保险合同。

2. 农业保险承保内容

保险机构应当准确完整记录投保信息。业务系统中投保信息必录项应当至少包括：

（1）客户信息。投保人、被保险人姓名或者组织名称、身份证号码或统一社会信用代码、联系方式、联系地址等。存在特殊情形的，可由投保人、被保险人授权直系亲属代为办理，但需留存直系亲属的身份证号码、联系方式等，同时注明其与投保人、被保险人的关系。

（2）保险标的信息。种植业保险标的数量、品种、地块或村组位置，养殖业保险标的数量、品种、地点位置、标识或有关信息，森林保险标的数量、属性、地点位置等。

（3）其他信息。投保险种、保费金额、保险费率、自缴保费、保险金额、保险期间等。

在依法保护个人信息的前提下，保险机构应当对分户投保清单进行不少于3

天的承保公示。承保公示方式包括：在村级或农业生产经营组织公共区域张贴公告；通过政府公共网站、行业信息平台发布；经被保险人同意的其他线上公示方式。

公示期间，投保人、被保险人对公示信息提出异议的，保险机构应当及时核查、据实调整，并将核查情况及时反馈给相关投保人、被保险人。

3. 农业保险费用

目前，农业保险的收费标准主要由两部分组成，一大部分是政府财政补贴，另一小部分由农户自己缴纳。其中，各省级政府财政给予不同程度的补贴，因为农业生产有区域性特征，再加上各地的气候环境以及自然资源情况不一样，故各省的农业保险品种、范围、保费和额度都不一样，要具体情况具体分析。

（1）种植业保险费用。农业保险是按面积交的，不同的作物收费标准不一样。在中西部省份，中央财政补贴40%，省级财政补贴至少25%，总计各级财政补贴至少65%；在东部省份，中央财政补贴35%，省级财政补贴至少25%，总计各级财政补贴至少60%；在纳入补贴范围的新疆生产建设兵团、中央直属垦区等，中央财政补贴达65%。

（2）养殖业保险费用。中西部省份养殖业保险费用各级财政补贴至少80%，东部省份各级财政补贴70%，中央单位中央财政补贴达80%。

（3）森林保险费用。公益林保险费用各级财政补贴至少90%，大兴安岭林业集团公司公益林中央财政补贴90%，商品林各级财政补贴至少55%。

4. 农业保险理赔

（1）农民索要理赔步骤。在合同期发生灾害时，农民可以索要理赔。首先，要及时通知所在村协保员或镇（区）三农保险服务站，由镇（区）、村协保员把受灾情况核实后报送保险机构；其次，要保护好受灾现场，未经保险公司允许，不能随意对灾害现场进行处理；最后，保险机构和政府相关部门将联合对受灾情况进行查勘定损，保险公司将根据规定进行理赔公示，无异议后向受灾农户发放理赔款。

（2）农业保险理赔标准。因为品种不同，缴费也不同，所以不同的品种获得的赔偿也不一样，具体金额会在保险合同中有详细的介绍。但是无论哪种农业保险，都会设置理赔起点。例如将理赔起点设置为30%，意味着承保的农作物因遭受保险责任范围内的自然灾害事故损失率在30%以下，保险人不负责赔偿；损失率达到30%（含30%）以上到70%时按比例赔付，即按农作物生长期划分保险金额和损失率计算赔款。其计算公式为：

赔偿金额＝各生长期保险金额 × 损失率 × 受损面积。

损失率达到70%以上（含70%）时，按该农作物生长期保险金额全额赔付。每位被保险人保险地块面积小于实际种植面积时，按承保面积占实际种植面积的比例计算赔偿。

三、农业保险的国家政策

我国作为农业大国，耕地保护是我国的基本国策，农业保险作为分散农业生产经营风险的重要手段，对推进现代农业发展、促进乡村产业振兴、改进农村社会治理、保障农民收益等具有重要作用。目前，中央财政已将农业保险保费补贴政策推广至全国，农业保险体系已经初步建立并取得明显成效。

1. 我国农业保险推进过程

我国农业保险一直处于探索发展阶段，从开始的商业化经营模式，不断演变为现在的政策性模式，我国的农业保险一直在不断推进，切实保障农民利益。

2. 国家财政农业保险保费补贴政策

2022年《中央财政农业保险保费补贴管理办法》中的补贴政策包括：

（1）中央财政补贴险种的保险标的。主要包括：①种植业。稻谷、小麦、玉米、棉花、马铃薯、油料作物、糖料作物、天然橡胶、三大粮食作物（稻谷、小麦、玉米）制种。②养殖业。能繁母猪、育肥猪、奶牛。③林业。公益林、商品林。③涉藏特定品种。青稞、牦牛、藏系羊。

（2）中央财政补贴险种的保费。

省级财政平均补贴比例表示为（25% ＋ a%），以保费规模为权重加权平均计算。

中央单位平均承担比例表示为（10% ＋ b%），以保费规模为权重加权平均计算。

中央单位指纳入中央财政农业保险保费补贴范围的新疆生产建设兵团、北大荒农垦集团有限公司、广东农垦集团公司、中国融通资产管理集团有限公司、中国储备粮管理集团有限公司、中国农业发展集团有限公司和大兴安岭林业集团公司。

①种植业保险保费。当$a \geq 0$时，中央财政对中西部地区和东北地区（不含大连市）补贴45%，对东部地区补贴35%；当$a < 0$时，中央财政对中西部地区和东北地区（不含大连市）补贴（45% + a% × 1.8），对东部地区补贴（35% + a% × 1.4）。当$b \geq 0$时，中央财政2022年对中央单位补贴65%，2023年对中央单位补贴60%，2024年起对中央单位补贴55%；当$b < 0$时，中央财政2022年对中央单位补贴（65% + b% × 6.5），2023年对中央单位补贴（60% + b% × 6），2024年起对中央单位补贴（55% + b% × 5.5）。

②养殖业保险保费。当$a \geq 0$时，中央财政对中西部地区补贴50%，对东部地区补贴40%；当$a < 0$时，中央财政对中西部地区补贴（50% + a% × 2），对东部地区补贴（40% + a% × 1.6）。当$b \geq 0$时，中央财政2022年对中央单位补贴70%，2023年对中央单位补贴65%，2024年起对中央单位补贴60%；当$b < 0$时，中央财政2022年对中央单位补贴（70% + b% × 7），2023年对中央单位补贴（65% + b% × 6.5），2024年起对中央单位补贴（60% + b% × 6）。

③林业保险保费。当$a \geq 0$时，中央财政对各省公益林补贴50%、商品林补贴30%；当$a < 0$时，中央财政对各省公益林补贴（50% + a% × 2）、商品林补贴（30% + a% × 1.2）。当$b \geq 0$时，中央财政对大兴安岭林业集团公司公益林补贴70%、商品林补贴50%；当$b < 0$时，中央财政对大兴安岭林业集团公司公益林补贴（70% + b% × 7）、商品林补贴（50% + b% × 5）。

④涉藏特定品种保险保费。当$a \geq 0$时，中央财政补贴40%；当$a < 0$时，中央财政补贴（40% + a% × 1.6）。中央单位参照执行。

⑤地方优势特色农产品保险。中央财政每年安排一定资金给予奖补支持，结合各省和新疆生产建设兵团农业保险保费补贴综合绩效评价结果和地方优势特色农产品保险保费规模加权分配。

各省和新疆生产建设兵团农业保险保费补贴综合绩效评价结果权重为

20%。在综合绩效评价结果整体权重下，按照综合绩效评价得分由高到低的顺序，将各省划分为四档，第一档10个省、第二档10个省、第三档8个省，其余省归为第四档。第一、二、三档分别分配综合绩效评价结果整体奖补资金总额的50%、35%、15%，每一档内各省平均分配；第四档不予分配综合绩效评价结果奖补资金。

上一年度省级财政给予补贴、符合保险原则的地方优势特色农产品保险保费规模权重为80%。

各省和新疆生产建设兵团所获地方优势特色农产品保险奖补资金不得高于该省所获大宗农产品中央财政农业保险保费补贴资金规模。所获大宗农产品中央财政农业保险保费补贴低于1 000万元的省，不得享受地方优势特色农产品保险奖补政策。

（3）农业保险方案。一是承保机构应当公平、合理拟订农业保险条款和费率，保险综合费用率不高于20%。二是补贴险种的保险金额，主要包括：

①种植业保险。原则上为保险标的生长期内所发生的物化成本，包括种子、化肥、农药、灌溉、机耕和地膜等成本。对于13个粮食主产省（含大连市、青岛市）产粮大县的三大粮食作物，保险金额可以覆盖物化成本、土地成本和人工成本等农业生产总成本（完全成本）；如果相应品种的市场价格主要由市场机制形成，保险金额也可以体现农产品价格和产量，覆盖农业种植收入。

②养殖业保险。原则上为保险标的的生产成本，可包括部分购买价格或饲养成本，具体由各省根据养殖业发展实际、地方财力状况等因素综合确定保险金额。

③林业保险。原则上为林木损失后的再植成本，包括灾害木清理、整地、种苗处理与施肥、挖坑、栽植、抚育管理到树木成活所需的一次性总费用。

第九章
农业发展案例与点评

案例一：持证技能培训，助推乡村振兴

在贯彻落实"人人持证、技能河南"建设工作过程中，迫切需要建立一支高素质的农民队伍。只有全面提升现有农民的培训率、持证率和就业率，使更多的农民获得专业技能证书，才能让他们拥有一技之长、持证从事农业生产，通过推广现代农业科技，引导农民选择适宜的农业产业，并提供相应的支持和帮助，帮助他们实现就业和增加收入。让更多高素质农民在乡村振兴的主战场上唱主角、挑大梁，稳步推进乡村振兴战略。信阳市潢川县农业农村局组织畜牧技术专家，通过"深化宣传引导、深化树立典型、深化线上学习、深化现身说法、深化技能和学历提升"五个深化，充分发挥典型引领作用，让农民学有榜样、行有示范、赶有目标，用亲身经历说事，使农民变"要我学"为"我要学"，农民教育培训实现技能学历双丰收。

1. 加强宣传引导，推广先进科学技术

工作组深入村组和田间地头，全面宣传农民职业培训的重要作用、意义和内容。他们采取了多种形式，包括参观、座谈和发放学习资料，向农民宣讲农业先进、适用和实用的科学技术。通过农民之间的口口相传，工作组希望提高农民职业培训在群众中的知名度，使之家喻户晓。同时，工作组免费向农民发送学习资料，已经累计发放了超过2万本（份），并发布了100多条宣传信息。这些学习资料涵盖了各种有关农业科学技术的知识，以及农民如何通过职业培训提升自己的技能和能力。工作组明白，只有当农民们了解到农业先进技术的好处，并且能够将其应用到实际生产中时，他们才能真正受益。因此，工作组一直致力于向农民们传授实用的技术知识，以帮助他们增加农产品产量、改善农产品质量，并确保农业发展的可持续性。工作组还和农民们进行了座谈，听取他们的意见和需求，以便更好地针对农业领域存在的问题提供帮助和解决方案。他们也积极倾听农民们对于职业培训的期望，以便制订更加适合实际情况的培训计划。

2. 树立优秀典型，做好示范带头作用

在农民教育培训的全过程中，工作组提倡"抓典型、立标杆、树榜样"的理念，并深入贯彻其中。通过以榜样示范带动的方式来影响和鼓励更多的农民积极从事实际工作、创办企业和追求发展。"抓典型、立标杆、树榜样"这一理念的核心目标在于以榜样的力量来激发和带动更多农民积极投身实事创业和追求发展的活动中。通过选取典型的榜样，这些农民将能够看到成功的示范，并受到其积极影响和激励。这种传递正能量、倡导积极行动的方式有助于塑造良好的农民精神风貌。培训活动作为一个重要的平台，为农民创造了发展和学习的机会。通过参与培训，农民们能够学到更多的知识和技能，提升自己的综合素质。同时，培训也为他们提供了向榜样看齐的机会，激励他们朝着更高的目标努力奋斗。在培训过程中，农民们可以学习和借鉴榜样们的成功经验和方法，将其运用到自己的实际工作中。这种发展方式具有良好的示范效应，可以吸引更多的人参与农业产业，实现带动周边群众共同发展的良性循环。

3. 利用"互联网+"，解决农民技术难题

工作组通过搭建微信群、QQ群等在线平台，成功将专家与农民联系在一起，为农民提供了宝贵的答疑解惑服务。专家和技术能手们适时上线，在线解答农民们的问题。这种方式不仅方便快捷，而且能够实现深入的技术交流和资源共享，真正做到了政策宣传和关注农民需求的无缝对接。工作组已经推荐了20多个官方涉农微信公众号，建立了20多个微信群，共有超过20万条以上的技术信息交流。这些微信群和QQ群给农民们提供了一个更广阔的学习和交流平台，让他们能够得到更多的技术指导和帮助。

在微信群中，农民们可以与专家直接互动，讨论问题，分享经验，共同解决实际困扰他们的难题。同时，专家们也能够通过群组了解农民们的需求和关切，及时调整政策和措施，以更好地服务于农民。工作组的努力不仅加强了专家和农民之间的联系，还推动了农业技术的创新与传播。

4. 鼓励现身说法，分享成功经验

工作组在培训过程中积极采用了创新的教学方式，即"5+2、白+黑"方式。在课程设置上，特别注重产业发展现身说法课程的合理安排，鼓励学员以讲述亲身经历的方式来分享自己的成功经验和致富秘诀。通过学员们的真实故事，有效地使培训更加贴近实践，并且通俗易懂，增加了学员之间的友谊，也激发了学员们的学习热情，从而将原本被动的学习态度转变为主动追求知识的心态。

截至2022年，工作组已累计组织了超过100场的优秀学员现身说法活动，鼓励他们上台分享自己的成功经验。这些学员不仅是经验丰富的专业人士，还是具备良好口语表达能力的人才。他们向大家生动地讲述了自己经历的风雨历程，分享了成功的法宝。每一次现身说法都对培训产生了积极的推动作用，也为其他学员提供了学习的典范。这些分享的成功故事不仅促进了学员之间的交流与合作，还为他们提供了一个可以互相学习和借鉴对方的经验的平台。在这样的氛围下，学员们都充满了激情和动力，积极地投入学习中。因此，从"要我学"转变为"我要学"的主动学习态度得到了显著的提升。

通过这一系列的改革措施，在产业发展现身说法课程的引领下，工作组已取得了显著的成果。学员们不仅获得了实际应用的知识和智慧，还培养了自己的表达能力和沟通技巧。这些成功经验的分享不仅鼓舞了学员们，也向其他人传递出勇于探索、勇于创新的正能量。希望通过不断完善培训方式，并持续组织更多的现身说法活动，能够为更多农民带来成功的启示，激发他们的潜力，共同创造美好未来。

5. 迎合需求搞培训，技能学历双提升

在全面深化农技培训和农民学历提升的过程中，工作组注重将实用技术培训与学历提升结合起来，不仅仅培训农民的实际操作技能，还积极推荐他们到县级农业广播电视学校的业余中专以及市级农业院校的成人学院进行学习。通过这种方式，可以延伸和拓宽后续服务领域，全面提升农民的综合素质。目前，已经涌现出一大批在农田里活跃的"田秀才""土专家"和"乡创客"。他们不仅具备文化知识，懂得技术，善于经营和管理，而且怀揣着对农业事业的热情和责任感，并勇于担当起自己的角色。他们将新技术、新模式、新理念、新方式和新业态融入现代农业生产经营中，成为乡村振兴的亮丽风景线。这些农民实践者的存在使得农业领域焕发出勃勃生机。他们运用所学知识，帮助农民朋友们实施现代化的农业技术，提高农产品质量和产量，并积极推动农业产业升级。他们的出色表现和成就为农村地区注入了希望和活力。这些农村创新者也在各个领域展现出了自己的特长。他们不仅仅致力于农业生产，还开展了农产品加工、农村旅游、农村电商等多元化经营，为当地经济发展和农民增收做出了积极贡献。

信阳市农业农村局先后邀请中国农业科学院、西北农林科技大学、河南农业大学以及西南大学等多所院校的专家教授下乡镇进行培训；遴选16家优秀培训机构，选用农业农村部规划教材，完成高素质农民农业技术培训12 476人，同时积极探索直播带货新农人培训，培训直播带货新农人5 017人，培训产业涉及蛋鸡、小麦、玉米、苹果、葡萄、鲜桃、蔬菜、食用菌、中药材等该县农业主导产业和特色产业；组织学员赴西北农林科技大学、郑州果树研究所参观学习。

通过全面深化农技培训和农民学历提升，培养了一批有文化、懂技术、善经营、会管理的新型农民实践者。他们以奋斗和担当的精神，将创新和现代化带进了农业领域，成为乡村发展的引领者和推动者。他们的存在不仅丰富了乡村的发展内涵，也为我们实现乡村振兴提供了强大支持。

■ 案例点评

高素质农民培训持证工作是"人人持证、技能社会"的重要内容，是助力乡村振兴、人才振兴的重要抓手，是该县深化省校合作的具体举措，有效推动了人才、技术与农业产业发展的互惠互融，推动了乡村新产业新业态全面发展。潢川县农业农村局工作组强化宣传发动、调查摸底等工作，切实扩大培训的覆盖面，加快实现高素质农民培训的多领域、全覆盖。统筹培训资源，优化培训机构，优选新增培训机构参与农民教育培训，形成优势互补、一体多元、适度竞争的农民教育培训体系。培训活动以提高科技素质、职业技能和经营能力为核心，着力打造服务农村发展的人才队伍。把涉农高端人才引进列入"纳才引智计划"，培养锻炼一批专家型、创业型、实干型专业人才，落实人才新政，确保引得来、留得住、能干好。

潢川县农业农村局将继续发挥农业农产发展优势，聚焦产业发展，通过互联网、微信等形式，积极对接高校，邀请农技专家团队，采取"互联网+"农业技术培训、线上研讨交流等方式与高校进行更深入的合作，建立长效机制，引领带动潢川农业高质量发展。继续加大科技经费、农机补贴、信息技术投入，重构县、乡、村三级农技农机推广网络，建设技术试验、品种培育、现代耕作技术推广、电商孵化中心等前沿阵地和示范基地，让科技为乡村振兴赋能助力。

案例二：创新强种业，深度融"三链"

河南省落实"藏粮于地、藏粮于技"战略，进一步保护好大国粮仓，聚焦国家种业、粮食安全重大需求，河南省人民政府2022年4月出台《"中原农谷"建设方案》，打造要素共享、协调创新、具有独特品牌优势的"中原农谷"。2022年11月，《中共河南省委 河南省人民政府关于加快中原农谷建设 打造国家现代农业科技创新高地的意见》出台，加快打造"南有航空港、北有中原农谷"的发展格局。"一方案一意见"共同组成了全方位支持"中原农谷"的政策框架。2023年6月，河南省人民政府重磅发布《中原农谷发展规划（2022—2035年）》。中原农谷总体规划面积为1 612平方千米，整体思路按照"一核、两带、三区"进行规划。平原示范区作为中原农谷核心区，规划面积342平方千米，主要打造国际一流农科"芯"城。瞄准世界前沿，打造具有全球重要影响力的农业科技原始创新高地、科技新城、产业新城。其中包括国家生物育种产业创新中心、中原研究中心、神农种业实验室、黄河实验室、平原实验室、中农发集团、牧原集团等众多科研单位、企业。核心区的主要任务是以科技研发为主，包括种子、种苗、种畜，同时壮大河南省小麦、水稻、花生、玉米、大豆等传统优势。河南省通过集聚种业领域科技创新资源，共建共享重大科技创新平台，建设农业科技基础设施集群、科研试验示范基地集群、种业产业集群，把"中原农谷"建设成为汇聚全球一流种业人才、掌握全球一流育种技术、具备全球一流科研条件、培育全球一流农业生物品种、拥有全球一流种业企业的种业基地，成为引领我国种业跨越式发展并参与国际竞争的战略科技力量。

1. 助力实现"农业强省"新目标

河南小麦产量全国第一，油料、食用菌、畜牧业和蔬菜、中药材生产都居全国前列，这是河南做大做强种业的优势。目前，生物育种中心科研团队已有37

个农作物新品种通过审定，83个品种正加快参加各类试验。产业是种业创新的支撑。作为农业大省，河南站在新时代历史坐标上，在2023年提出建设"农业强省"新目标，农业高质量发展的中原画卷正徐徐展开。第一，全方位打造高水平服务种业基础研究主体。构建以政府为主导、科研机构为支撑的基础研究机制，重点围绕小麦、玉米、花生、大豆、芝麻等开展基础研究与应用基础研究，破解种业领域的重大科学问题。第二，高标准打造新品种选育基地。推动高校、科研院所和种业企业协同发力，精准对接市场需求，围绕小麦、玉米、花生、大豆、芝麻、棉花、果蔬、花卉、畜禽、水产等，培育一批高产、优质、绿色、高效的突破性新品种，把特色做优、优势做强。第三，高质量建设繁种制种基地。充分发挥种业基地光热资源充沛、地域代表性强、适宜种植区域广的资源禀赋，吸引集聚一批种业龙头企业，打造全国一流的强筋小麦、高油酸花生、高产大豆和优质水稻繁种制种基地，示范带动全省繁种制种产业发展。按照河南省部署，"中原农谷"2025年要建成国内一流的种业创新平台，2035年要建成世界一流的农业科技基础设施集群、科研试验示范基地集群和全球粮食科技创新高地，并打造出具备国际竞争力的种业航母企业。为了打好种业"翻身仗"，河南把"中原农谷"作为农业强省重要工程。根据方案，"中原农谷"沿中原腹地的新乡市黄河北岸建设"一核三区"，核心区依托国家生物育种产业创新中心、神农种业实验室、河南现代农业研究开发基地、国家现代种业产业园、国家小麦技术创新中心示范基地，以种子、种苗、种畜（禽）为主攻方向，打造以种业为突出特征的农业创新高地和农业科技新城；东、西、南等三区则分别建设以粮油加工、小麦和大豆良种繁育以及水稻和食品加工为特色的农业产业集群。在"创新先行"指引下，河南种业"翻身仗"初见成效。2022年年底，河南秋乐种业科技有限公司在北京证券交易所上市，不仅填补了河南种业上市企业零的突破，而且成为我国2012年以来唯一上市的农业种业企业。2023年春节刚过，在河南省委、省政府大力推动下，河南种业集团完成初步组建。这意味着一条覆盖基础研究、技术研发、产品开发到产业化的河南农业强"种"创新链初步成形。

2. 农"链"融合，蕴蓄强农动能

气温回暖，淮河之滨的绿色农田一望无际。位于河南省郸城县的周口国家农业高新技术产业示范区内，城中是小麦、玉米精深加工区和科研区，20家高新技术企业的厂房林立，城外则在统一规划的高标准农田上布局了小麦、玉米、脱毒甘薯等现代农业示范区。从种植、加工到科研，完整的农业高新技术产业示范链条让郸城这座豫东小城充满活力。作为河南建设"农业强省"的重要布局，周口国家农业高新技术产业示范区承载着发展农业高新技术产业，探索传统农业提质增效和农业科研、加工与种植"三链"融合等重任，与"中原农谷"遥相呼应。2022年9月，周口国家农业高新技术产业示范区揭牌。按照国务院的批复，周口国家农业高新技术产业示范区总面积约118平方千米，其中，15平方千米核心区为农产品精深加工区；103平方千米的示范区，包括现代农业展示区和科研试验区。

2023年开始，伴随河南建设"农业强省"的春风，周口国家农业高新技术产业示范区建设也进入快车道。在示范区的现代农业展示区，11万亩超高标准农田建设大部分已经完工；科研试验区内，整齐划一的试验田里，26个作物新品种正在大田试验。目前，周口国家农业高新技术产业示范区已经流转了2万亩耕地，正和示范区的科研机构对接，探索与加工企业深度融合的农业生产模式。河南金丹乳酸科技股份有限公司每年可生产乳酸系列产品近18万吨，消耗近30万吨玉米。以前企业科技攻关主要集中在玉米精深加工环节，与农业种植环节的科技研发互动较少，现在正与示范区科研机构对接，从玉米生产端选育新品种、创新种植模式，每粒玉米淀粉含量提高1个百分点，企业就能每年增效上千万元。目前，示范区已集聚起规模以上企业79家、25个省级以上科研平台，38家企业与全国40余家高校、科研院所开展技术合作，小麦、玉米、甘薯三大产业正形成覆盖研发、种植、加工和副产物综合利用的全产业链条。

3. 良田固基，扛稳粮食安全重任

河南以全国1/16的耕地，生产了全国1/10的粮食、1/4的小麦，每年向省外调出原粮及其制成品约300亿千克。河南省肩负粮食安全重任，目前已经站上"农业强省"新起点，连续6年粮食总产稳定在650亿千克以上，到2025年全省粮食综合生产能力达到 700 亿千克以上。良田是粮食生产的根基。2022 年，《河南省高标准农田示范区建设实施方案》提出，在现有高标准农田建设基础上，计划用三年时间，投资 500 亿元建设 1 500 万亩高标准农田示范区，亩均投资不低于 4 000 元。据测算，建成后，每年可增加粮食产能 15 亿千克以上。

藏粮于地，藏粮于技。作为中原农谷核心区所在地，平原示范区创新性打造高标准农田"投、融、建、运、管"一体化模式，初步构建财政优先保障、金融重点支持、社会积极参与的多元投入新格局，保障亩均投资不低于 4 000 元；推行"高标准农田+"模式，因地制宜打造"高标准农田+文旅"的师寨镇万亩智慧生态农业、"高标准农田+稻米"的原武镇稻米特色种植、"高标准农田+生态"的桥北乡沿黄生态观光农业、"高标准农田+种业"的祝楼乡科技育种农业。四个特色产业片区，大力发展乡村文旅、特色观光稻米、良种繁育等产业，助推乡村振兴，促进农业增效、农民增收。当地农户邱守先对高标准农田的建设感受深刻。2014 年开始包地的他，因为农田设施不健全，曾备受浇地、排涝之苦，不仅辛苦而且挣不到钱。如今，他承包的高标准农田示范区，不仅基础设施完备，还用上了病虫害监测、智能灌溉、智能物联网等科技装备，在手机上就能完成田间管理。尝到甜头的他将包地规模从 2 100 亩扩大到了 3 000 亩。

数据显示，截至 2022 年年底，河南已建成高标准农田 8 330 万亩。

4. 数字赋能，保障农业高效生产

获嘉县高标准农田示范区的"智慧大脑"——中原农谷（获嘉）数智中心，建成了"5G+"智慧农业云平台，包含智能灌溉、植保监测、苗情监测、气象监测等 13 个子系统，这些子系统通过高标准农田里建设的物联网农业气象站、土壤墒情监测站、虫情信息采集设备、水肥一体智能灌溉等设施发挥作用，实时采集温度、湿度、风速、雨量、土壤墒情等数据，可在云平台上随时查看。在中原农谷核心区平原示范区祝楼乡高标准农田示范区，田成方、林成网，固定式喷灌设施实现 360 度无死角灌溉，昆虫雷达、宇宙射线区域土壤水分监测仪、雷达监测灾害天气，苗情、虫情、墒情等六情遥感监测系统实时监测农作物的生长状况。平原示范区高标准农田示范区的"智慧大脑"还在不断进步。它矗立在地头，可以"独立思考"的良田合杆可以动态监测和评估田间土壤水分状况、气象状况、作物生长状况，提供科学、可靠的数据，为农民决策提供支持。在新型灯杆的基础上挂载 5G 微站传感器、路灯、摄像头、红绿灯、广播、一键报警、充电桩等智能终端，而良田合杆就是用智慧交通枢纽的概念来做智慧农业，把"能思考的大脑"放到田地里。例如，良田合杆监测到地里面墒情不足需要浇水，它会通过数据传输协议给附近的喷灌设备发出浇水指令，甚至哪一片地需要单独浇水，都会画出精准的作业路径。良田合杆装配了 TBQ 传感器、NB-IOT 通信模组、数智芯 IOT-SOC 智能通信模组、智能边缘计算网卡等设备，能够随时帮农户做出决策。高科技并不意味高成本，一套良田合杆配合多个通信模组可覆盖 500 亩田地，每亩地支出 80 元即可实现全覆盖。正在研发的良田合杆二代产品，将基于大数据、AI 分析实现智能诊断，提供个性化、智能化的高素质农民培育体系，构建公共培育平台实现涉农科研院校、农业职能部门的资源共享、互联互通。中原农谷将在"一核三区"内建设 100 万亩高标准农田示范区，每个示范区内都配备智慧农业管理平台，涵盖农田综合信息采集、智能灌溉、植保监测、农事综合管理等应用功能，实现"一个屏幕或智能终端管理万亩良田""一套农事管理系统服务百万亩良田"。从"靠经验"到"靠数据"，创新为农业生产提供了有力保障，科技正成为中原农谷蓄势发展的关键因素。

■ 案例点评

2022 年 12 月 28 日，河南省人民政府印发《关于加快建设"中原农谷"种业基地的意见》，明确了总体要求、建设目标、主要任务、支持措施和组织实施。"中原农谷"的建设聚焦国家种业振兴、粮食安全重大需求，瞄准农业科技前沿热点、关键核心技术卡点、产业提质升级痛点，整合集聚农业创新资源，贯通"产、学、研、用"关键环节，协同推进科技创新和制度创新，促进种业、粮食、食品聚合发展，推动实现更高水平的农业科技自立自强，引领带动支撑全省农业农村现代化水平走在全国前列。"中原农谷"强化战略引领、区域布局、创新载体支撑，包括打造种业创新核心增长极、建设现代农业科技创新中心、推动农业科技成果转化应用、大力发展农业高新技术产业、重塑要素聚集创新环境五大重点任务,全力打造"创新之谷、开放之谷、绿色之谷、智慧之谷、融合之谷"。

围绕中原农谷建设目标,在具体方案的支持下,经过各方共同努力,各项建设工作稳定推进,现在看来整体势头很好。一方面是在体制机制上创新,要形成新的有利于集聚农业高新技术产业发展的体制机制,创造越来越集聚农业创新资源的特殊环境;另一方面,创新方面集聚更多高端资源,两个中心、三个实验室已经落地。此外,还需要更多的农业科技研究中心、更多的农业科技实验室、更多的研究组织等落地,也需要民营机构等更加灵活的农业科技资源落地,这样在创新发展方面才会有更好的未来。

案例三：蔬菜产业好"丰"景，产销两旺效益高

一、新野县：一根钢葱"唱火"农民增收戏

新野县位于河南省西南部，是全国有名的蔬菜大县。新野县大葱种植历史悠久，其传统品种为本地分葱（分蘖大葱），面积较小，不成规模，在全国也没有形成影响力。2003年，新野县开始引种日本钢葱，面积逐步扩大，到2010年以后，钢葱常年种植面积稳定在6万亩左右，成为国内知名的钢葱主产区。全县多年平均亩产6 000千克，平均价格1.6元/千克，平均亩产值9 600元，全县钢葱年产值5.76亿元，带动全县1.1万户（包括贫困户）种植钢葱，户均年增收5万元以上，特别是钢葱定植、收获、分拣、剥葱等用工环节，吸纳了大量贫困农民就业，对农民增收和贫困户脱贫、助力乡村振兴发挥了重要作用。

1. 勇于担当，率先垂范

新野钢葱从无到有、从小到大、从弱到强，历经风雨，不断壮大，最终成为行业的佼佼者，必然有其过人之处。2003年，樊集乡党委、政府经充分考察，认为日本钢葱具有质优、价高、耐储存、产量高、有市场潜力等产业优势，并且樊集有良好的资源优势、区位优势和市场优势，非常适合种植钢葱，于是决定着力引进推广日本钢葱，把钢葱产业作为支柱产业强力推进。但一开始就遇到了阻力，樊集乡党委、政府为打消农户疑虑，决定由干部带头，"做给群众看，带着群众干"。班子成员带头，每人种植20~40亩，在刘庄、后河村发展了500亩日本钢葱示范田。由于管理精心、价格较好，500亩钢葱喜获丰收，亩产量达3 000千克以上，亩效益达3 000元以上，经济效益是常规农业的5~6倍，从而坚定了乡村干部推广钢葱的信心和决心，也使群众对钢葱种植有了初步的认识。2004年，又采取保护价收购政策，以"订单钢葱""合同钢葱"的

形式鼓励乡村干部每人种植3~5亩，机关40多名干部和96名村干部及部分农户踊跃种植，全乡共发展钢葱2 000亩，亩产量达3 500千克以上，亩纯效益达3 500元左右。连续两年的成功，消除了群众顾虑，加上樊集百姓有种菜的传统，对蔬菜种植有经验、有感情，接受能力比较强，钢葱试验示范的成功，一下子就把当地群众的积极性调动了起来，也就是从那时起，樊集钢葱开始逐渐发展壮大起来。

2. 持之以恒，常抓不懈

在樊集乡引进试种成功后，新野县先后制定了一系列促进钢葱产业发展的政策保障措施，在种植大户土地流转、农机补贴、新型经营主体培育、金融扶持、产业扶贫等方面予以支持。县财政每年拿出500万元，设立主体发展奖、品牌质量奖、资质晋升奖等10个专项奖，对新型主体和种植大户予以奖励。通过持之以恒的扶持，新野钢葱产业逐步发展壮大。

3. 科技长入，领先市场

新野县在引进日本钢葱之初，就十分重视科技投入，除派出技术人员到山东常驻学习以外，还聘请了三位山东安丘技术人员常驻樊集乡，巡回各村和田间地头进行现场技术指导，所用的种子、农药、化肥等生产资料均为国内外最新产品，生产过程的播种、育苗、整地、开沟、病虫害防治等各个环节，均严格按照操作规程进行，绝不马虎，绝不偷工减料。近几年密切关注国内外农业科技发展情况，随时引进新技术、新品种、新装备，先后引进了大葱水肥药一体化栽培技术、大葱无人机病虫害防治技术、大葱工厂化育苗技术、大葱机械化定植技术等。总结推广的"大葱全程机械化栽培技术"，实现了育苗、开沟、定植、培土、浇水、追肥、病虫害防治、采收等生产环节全程机械化，亩节约成本500元，增加效益900元。这些新科技、新装备的运用，使该县钢葱产业始终站在国内同行业科技制高点，极大地提高了该县钢葱产品质量和产品竞争力。

4. 因地制宜，实事求是

在引进钢葱种植时，新野县充分分析了该县的土壤、气候和区位特点，认为日本钢葱适合在新野种植，一是与山东主产区相比，该县种植钢葱可以露地安全生长越冬，随买随挖，而且刚收获的葱经初加工后，葱白含水充分，富有光泽，有3~4片青叶（市场称之为"湿葱"），与北方的冬储大葱（市场称之为"干葱"，葱白干燥、无光泽、无青叶）相比具有很大优势。二是距离销售市场较近。新野所产大葱主要销往西南、西北市场，和山东相比，缩短了运输距离和运输时间，相应节约了运输成本。三是该县是盆地气候，空气相对湿度较大，适宜日本钢葱生长。

5. 塑造品牌，擦亮名片

在塑造品牌方面，首先，新野县制定了大葱产品质量标准，在实际操作中教育葱农严格执行质量标准，按照客户要求，切实做好分拣包装。其次，为确保农产品质量安全，该县在加大宣传教育的同时，建立了县、乡、村、企"三级四层"的农产品质量安全监测体系，在河南省率先实行了农产品合格证制度，在历年来国家和省市组织的农产品质量安全抽检中，新野钢葱抽检合格率达100%，从来没有发生过农产品质量安全事故。"新野钢葱"已成为客户信赖的品牌，成为新野的靓丽名片。

二、汝南县：小番茄催生大产业，产业兴带动农民富

2018年以来，全县整合17个乡镇165个一般村的村集体经济发展资金8 250万元（50万元/村），协调企业流转三门闸街道土地3 000余亩建设西红柿产业园区，建设高标准钢构温棚301座，统一租赁给省级龙头企业河南鑫芳农业生态农业发展有限公司（简称鑫芳农业）经营，重点打造集优质番茄品种培育、生产加工、展览交易、电子商务、冷链物流、文化旅游、科普教育和综合性配套服务等功能于一体的现代化大型综合农业产业园，引领全县蔬菜产业快速发展。

1. 优化产业经营模式，构建公司农户共同体

通过"政府+龙头企业+集体经济+贫困户"的农业产业化经营模式，实施"土地流转、股份合作、提供就业岗位"三大举措，建立起"租赁分红、入股分红、保底收购"的利益联结机制。采取种地纳粮法，引导农户到产业园承包大棚，只交番茄不交钱。按照"统一农资、统一管理、统一品牌、统一销售"

的模式，让农户在"保护价增收"基础上增加股权收益，与公司真正结成产业共同体、利益共同体和命运共同体。同时，对有意务农的农民，进行扶助、培训和指导等，使其转型为产业工人，带动种植户提高科技管理水平，提高生产效率，有效保障和提高农户的收益。该模式有以下三个关键点：

（1）租赁分红。政府集中使用村集体经济发展资金建设标准化温室大棚，由鑫芳农业统一管理运营，公司每年向当地政府支付8%的租金。

（2）入股分红。政府将产业资金注入村集体，通过发展产业壮大集体经济。村集体将产业资金入股现代农业产业园，入股期间每年可享受8%的现金分红。

（3）保底收购。公司围绕定位准、规模大、技术优、品质好、渠道畅、品牌响六个方向，进行统一引种、统一技术、统一示范推广、统一品牌销售。当市场商品果每千克价格过低时，由鑫芳农业对承包农户进行补贴；当商品果出现滞销时，由鑫芳农业对承包农户兜底回收。

2. 政府、企业、村级协调联动，壮大村集体经济，促进农民增收

一是开展土地流转。鼓励周边群众和贫困户进行土地流转，公司对流转土地实行统一管理、统一经营。充分发挥政府主导支持和企业主体运作带动作用，通过建设现代农业产业园模式，最终把鑫芳农业发展成优质农产品生产、加工、销售、储运为一体，一二三产业融合发展的现代农业产业化龙头企业。二是实施租赁合作。政府整合县区农业产业发展资金或涉农衔接资金共建番茄产业园。鑫芳农业按照高标准建设工厂化育苗区、高标准温棚种植区、采后分拣及加工区、生活服务区等打造番顺番茄产业园。政府资金主要用于标准化温室大棚建设，鑫芳农业资金用于建设工厂化育苗、分拣车间、深加工车间、生活服务区等配套设施，建设完成的标准化温棚资产归属于各村集体。鑫芳农业通过租赁温棚，负责为承包户提供番茄种苗、农资、生产技术及商品果销售服务，协助村集体收取大棚承包户租金（每年按照固定资产投资总额的8%缴纳）用于发展村集体经济。目前鑫芳农业已与全县区165个村签订了大棚租赁协议。三是各村集体负责选派一名村干部（或有能力的农户）入园承包温棚，参与生产管理，学习经营技术。"一年学习、两年熟练、三年返村、四年示范、五年全面"

的发展思想，使他们成为乡村振兴的领头雁，引领一方，带动一片，为当地高效农业发展提供重要人才支撑，起到组织带动作用，解决了当地蔬菜产业缺技术、缺销路的难题。目前，鑫芳农业每年为村集体分红近660万元，共计分红2000余万元，成功打造了"集体经济保收益、产业兴旺民得利"的新型农业产业经营模式。四是提供就业岗位。番茄产业园建成后，每三亩一个生产管理人员，每年可直接提供就业岗位500个，按照公司目前每千克番茄不低于1.2元的生产提成计算，一个就业岗位每年就可实现收入36 000元。五是捐资救助。产业园建成后公司每年从利润中拿出300万元成立"鑫芳农业扶贫助残基金"，用于保障当地特困残疾户的生活问题。见图9-1。

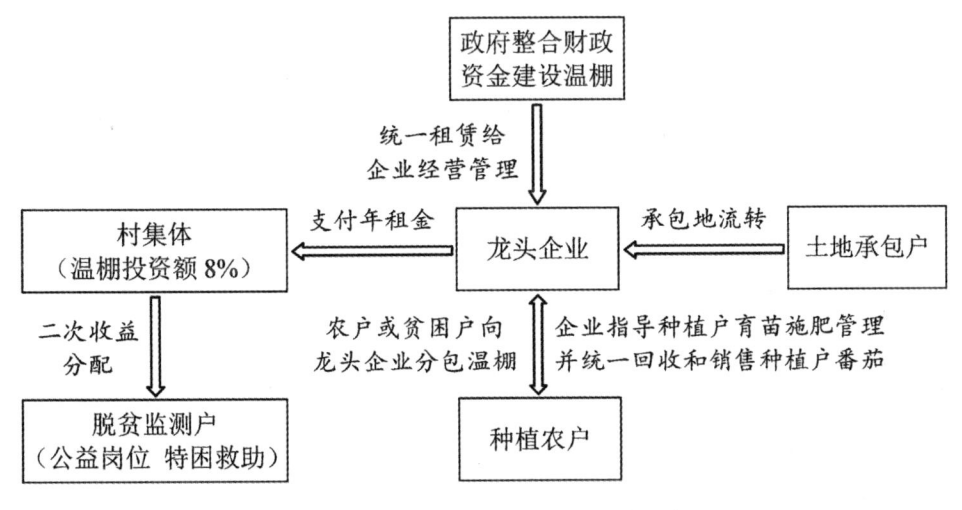

图9-1 汝南县番茄产业化经营模式

三、内黄县：棚上发电棚下种菇，拓宽致富增收"芝"路

1. 村集体土地流转租赁，招商六村25兆瓦光伏电站

六村乡灵芝菇种植基地项目位于"六村25兆瓦光伏电站基地"之内，紧邻县道兰前线（旅游线），北邻温邢固"215纪念馆"，南邻二帝陵，有独特的地理优势。

六村25兆瓦光伏电站是2011年六村乡招商项目。此项目由安阳天辰农业科技有限公司承建，2012年3月开始建设，2014年年底建成并网发电。该项目建成后把棚顶上电站以2.5亿元卖给中国广核集团有限公司，由其下属子公司内黄长江昊诚电力有限公司负责运营。该基地占地面积970亩，有光伏棚201座，每棚有光伏板546块，每棚每年光伏发电收益250 740元。

光伏公司和村集体土地租赁关系方式是每年每亩1 180元，光伏板下空间利用没有租赁费用。

2. 围绕光伏电站做文章，兴建光伏食用菌种植加工基地

2019年六村乡开始引进灵芝菇种植项目并在破车口村的光伏电站基地建设实施。2020年12月，六村乡与内黄县科农种植专业合作社成立了河南瑶光农业科技有限公司，该公司现有种植研发团队、产品深加工车间及管理团队、市场营销团队，是种植研发、产品加工、市场营销一体化专业公司。

目前，已经建设光伏食用菌棚51栋，每棚总投资6.8万元，具体投资项目为土建、门窗改造、内外墙、棚顶、电气设备。光伏食用菌棚建设要求无光、通风、土壤检测等。水肥一体化采用水肥通自动化雾喷设施一次完成。该基地被安阳市农业科学院命名为"安阳市农业科学院灵芝菇研发培育种植基地"。

为确保一年四季的市场供应，切实实现种植、储存、加工、销售以及休闲观光采摘、教学研融合发展，计划投资1 473万元新建和改造升级食用菌种植温棚：一是新改建灵芝菇恒温种植棚5栋，改建大棚外墙保温面、棚顶隔热板、棚内墙保温层、棚内制热制冷机、棚内雾喷机、保温门、棚内主线路、棚内风机、棚内智能阳光灯、棚内红外线消毒间；二是新改建简易棚42栋；三是新建灵芝菇酱加工中型生产线（日产3吨）一套；四是新建鲜灵芝菇冻干生产设备（日产5吨）一套；五是保鲜库改造1 000吨型；六是配套建设其他生产农具及基础设施。

3. 优化食用菌种植模式，实现一年两季高效绿色生产

光伏食用菌棚主要生产灵芝菇和草菇两种食用菌。

灵芝菇采用公司自主研发的菌种及种植技术。其仿野生种植模式，采用杏鲍菇废旧菌棒入土栽培，因为灵芝菇菌种是液体菌种，其需要借助一种母体物质来生长，公司经过几年的研究试验，把杏鲍菇废菌棒埋在大棚土里，然后喷上灵芝菇的菌种，盖上0.5厘米厚的细土，以营造仿野生种植的环境。该基地生产的灵芝菇之所以口感好、品质好就在于此。灵芝菇种植时间为10月15日至次年5月1日，可种植三茬，每茬亩用工量110个，从种植至收获约需要45天，种植管理以温控、保湿、通风为重点。每棚种植成本：菌棒24吨6 240元，菌种11 900元，人工13 200元，水、电、肥等5 100元，合计36 440元。每一茬产量5 000千克左右，产品价格8~16元，平均价格为12元，每茬收入8万元以上，净收入43 560元。合计每棚总产量15 000千克左右，总收入24万元以上，净收入130 680元。

草菇种植时间为6月20日至次年8月30日，种植到采摘约需要25天时间。每棚种植成本：玉米芯8吨3 360元，菌种1 500元，人工34个4 080元，水电肥500元，合计9 440元。每棚产量3 250千克，产品价格每千克10.4元，总收入33 800元，净收入24 360元。

灵芝菇产业项目种植周期短，技术成熟，延伸产品多，见效快，用工多，能为周边群众及贫困人口提供就业岗位，增加收入，联农、带农、富农性较强。

4. 延伸食用菌产业链条，拓宽产品增值销售渠道

该基地是专业化种植、加工、销售灵芝菇的一体化项目。基地年产灵芝菇鲜菇25万千克，有干菇及菇酱生产车间2座，年生产干菇12.5万千克，菇酱15万千克。鲜菇冷库储藏保鲜期15天，烘干后保质期3年。目前基地已有灵芝菇鲜菇包装、灵芝菇辣椒酱、灵芝菇干菇礼品盒、灵芝菇丁礼品盒等多种深加工产品。

种植灵芝菇的前两年种植量小，都是在周边销售鲜菇，从2019年开始扩大种植量，同时也延长产业链条，开始深加工。目前公司30%的鲜灵芝菇在周边销售，70%的菇深加工成灵芝菇酱系列及灵芝菇干菇系列。干菇主要销往南方广东、深圳、惠州等城市，灵芝菇酱系列产品主要销在省内城市。历经3年的市场开发，已在安阳、濮阳、鹤壁、新乡、郑州、广州、上海及深圳等市区建立了销售网络。2022年年底在郑州成立分公司，设立专业营销团队，面向全国推广产品。目前公司产品供不应求，有很大的发展空间及很好的发展前景。

公司计划根据自身实际，结合市场需求，进一步扩大种植规模，提升深加工能力，优化产品种类，提高产品质量，争取充分利用基地的所有光伏大棚进行食用菌种植，并在周边发展种植基地，把灵芝菇产业做大做强，以带动周边更多的村民在家门口就业，壮大企业实力，支持乡村发展，真正达到乡村振兴、产业兴旺、农民富裕。

5. 完善产业发展模式，确保农民增收，壮大村集体经济

该项目采用"公司+集体+就业"模式，即以全乡 15 个村集体申报资金（按每村 100 余万元）注入河南瑶光农业科技有限公司，公司建设标准化恒温生产棚及投入生产设备等固定资产。一是项目建成后以每年分红各村村集体收入不低于 6 万元。二是该项目流转土地 800 余亩，每年每亩给村民地租 1 180 元，确保被流转土地村民旱涝保收。三是为 300 余名本地群众（含脱贫户、监测户有劳动能力的人员）提供就业岗位，预计每月每人可增加务工收入 1 500~3 000 元。四是项目的投入实施解决了光伏板下闲置地问题。项目的实施，为六村乡产业发展、农业结构调整，尤其是巩固脱贫成果与乡村振兴有效衔接奠定基础。

四、扶沟县：巨型棚内蔬菜长势旺，奏响乡村产业富民曲

随着设施蔬菜栽培的发展，日光温室和塑料拱棚等设施在我国已被广大菜农认可，但日光温室和塑料拱棚占地面积小，土地利用率低，菜农管理 2~3 个小拱棚或温室十分不便，在一定程度上制约了设施蔬菜快速发展。扶沟县结合设施蔬菜栽培生产实际，在原有大棚的基础上研究、创造出一种新的巨型日光温棚，它跨度大、棚体高、覆盖面积多，易形成规模种植，能进行专业化生产，单位土地面积投资少，群众易于接受。现已发展到 3 万亩以上，并且经历了 2006 年春季 9 级以上大风和 2008 年春季大雪的考验，现在正在进行规模化的示范应用，目前全国推广应用 45 万亩左右。

1. 场地选择

巨型棚为竹木结构，占地面积一般在 10 亩左右。因此建造时要求土地平整，地形开阔，东、西、南三面无高大树木、建筑物遮阳；土层疏松肥沃，质地为壤土，土层深厚，无盐渍和其他污染；有水电供给，排灌方便，交通便利。其具体要求有以下几点：

（1）光照条件。光照是巨型棚的主要能源，它直接决定棚内的温度变化，影响蔬菜的光合作用。为保障巨型棚有足够的自然光照条件，棚址必须选择在

四周没有遮阴的高大建筑和树木的地方，向南倾斜5~10度的地形较好，丘陵和山区南坡也要选择这样的地形。

（2）通风条件。棚址的选择既要避开风口，还要通风良好，有利于蔬菜生长。如果单纯考虑防风，建在窝风的地方，不利于巨型棚的通风换气。

（3）土壤条件。黑色沙壤土吸收光热能力强，易提高地温。土层还要深厚，有机质含量高，灌排水效果良好。

（4）水源条件。拱棚生产必须有水源保证，同时要有相应配套的蓄水窖，保证前期坐水点种和移栽的用水需求。

（5）交通条件。棚址选择要考虑交通方便，距离村庄要近，便于生产资料和产品的运输；同时便于管理，一旦遇到灾害性天气，能够动员群众及时采取预防和补救措施。

2. 结构设计

（1）结构特点。基本结构与普通竹木结构大棚的"三杆一柱"基本相似，为"三杆二柱二丝一压一钩"。"三杆"分别为拱杆、纵向拉杆和横向拉杆；"二柱"分别为水泥基础柱和立柱；"二丝"分别为纵向拉杆和横向拉杆上设置的两道铁丝；"一压"为压膜线；"一钩"是为了牢固固定棚膜，在压膜线与拉杆之间吊挂的铁丝钩。

（2）单跨结构。单跨的跨度为20~30米，长100米，跨度方向每隔2.5米设1列立柱，中部立柱高3.5~4米，边立柱高1.5米，拱杆间距为1.25米，每架拱杆下方都设1排立柱，距立柱顶部30厘米处有1排纵向拉杆，在纵向拉杆上方沿横向每隔50厘米拉1道铁丝，纵向拉杆向下20厘米设置1排横向拉杆，在纵向拉杆上方沿横向每隔50厘米拉1道铁丝。

（3）跨间连接。在单跨大棚的基础上，可以建造成两连跨或者更多连跨的巨型塑料大棚。两栋大棚的连接部位用水泥柱作为固定拱杆的支撑柱，在水泥柱的旁边挖1个宽0.2米、深0.3米的排水沟。棚膜的固定按照单栋大棚的固定方法，在两栋连接处多加1道压膜槽固定。

（4）多层保温覆盖。巨型棚早春栽培一般采用三膜覆盖，外膜采用0.1毫米厚的防雾滴PE薄膜覆盖，里面采用普通地膜2层保温膜，分别固定在纵向拉杆和横向拉杆之上；2层内保温膜分别采取南北向和东西向铺设，在大棚四周侧墙内增设2层垂直保温覆盖，2层地膜之间间距为10~15厘米。

3. 主要优点

（1）保温性优于一般大棚，生产季节延长。巨型棚与同面积的普通大棚相比，散热比例降低，保温比例增加，空间增大，温度的缓冲能力比普通大棚强，温度变化平稳。由于棚体的高度比普通大棚高，便于在内部增加单层或双层保温覆盖。测试结果表明，增加双层内保温、单层内保温覆盖和无内保温覆盖的巨型塑料大棚，在2月上旬棚内的平均气温分别为14.3℃、12.7℃和10.3℃，平均地温分别为13.1℃、10.2℃和8.8℃。

（2）边际比例小，土地利用率高。巨型棚的跨度在20米以上，长度大于100米，在同一地块与建造相同面积的普通大棚相比，节省了棚间间隔占用的耕地。另一方面受外界气候影响所形成的大棚边际区域也大大减少，巨型棚的土地利用率可达到94%以上，土地利用率大大提高。

（3）便于产业化和规模化开发。从前扶沟县从事设施蔬菜种植的专业户一般要管理几个大棚，这样增加了管理难度，种植的品种也比较多，不利于实现规模化种植。现在一个巨型棚所占的面积是普通大棚的5~10倍，甚至更大，这样相对降低了管理成本，也有利于实现温棚蔬菜的产业化经营。目前扶沟县已实现了这一点，一个或者几个巨型棚就是一个小型的蔬菜生产企业，既实现了蔬菜的规模化和产业化种植，又可以吸纳农村的富余劳动力。

（4）建造成本较低，效益高。巨型棚骨架选材为竹子，材料来源广泛，建造成本低，平均每亩建造成本不到8 000元。其中竹竿、农膜、铁丝、水泥立柱、建棚费等约4 000元/亩，种苗、肥料、农药等约4 000元/亩，棚体折旧300~400元/亩。

4. 管理技术要点

（1）封棚。因为棚体大，需要提前做好封棚前的准备工作，如地锚要提前埋好、埋实，棚上的拱杆要光滑无刺，尤其是棚的两头，要用布类柔软物包好，以免划破棚膜。封棚用的铁丝钩要提前做好，工具和物料要准备齐全。提前看好天气预报，选择无风天封棚；一定从早晨开始操作，封棚的所有工作必须当天完成，绝对不能隔夜。

（2）大雨天管理。棚封好后，由于常年不撤棚膜，遇到大雨时，最好是把棚膜风口关好，以利于排水，雨天应及时检查，把有水包地方的水排出去，避免水越积越多，把棚膜压坏。

（3）大风天管理。在种植过程中，经常有大风出现，尤其是早春，一定要把压膜铁丝拉紧、压实。如遇挂钩脱落的情况，一定要及时挂好，拉杆有断裂时要及时更换，平时要对棚不坚固的地方定期检查、及时维修。

（4）大雪天管理。及时关注天气预报，如有大雪来临，有积雪情况，将积雪较多的地方的顺风口打开，雪就可以顺风进入棚内。应提前备好刮雪板，以防特大雪，如遇特大雪，要及时除掉棚上的积雪。

（5）打药和耕作方法。巨型棚虽然大，但管理方法与其他的棚型基本一样，棚内打药应使用三缸活塞泵，土地耕作应尽量使用5~15匹旋耕机，这样省时省力，可减轻劳动强度。

5. 栽培模式

巨型棚根据环境特征主要用于早春黄瓜（2~6月）和秋延后茄子（9~12月）生产，从而能避开冬季低温和夏季高温对生产的不利影响。

早春黄瓜：1月上旬育苗，2月上旬定植，3月中旬去掉一层内保温膜，3月下旬揭去第二层保温膜，4月上旬开始收获，收获期可持续到6月。秋延后茄子：8月中旬育苗，9月中旬定植，10月上旬开始收获，霜降后8天左右覆盖第一层内保温膜，霜降后24天左右覆盖第二层内保温膜，收获期可持续到12月上旬。

6. 经济效益

早春茬黄瓜一般亩产量1.25万千克以上，亩产值达9 000~13 000元，越夏秋延后茄子一般产量0.6万千克以上，亩产值达8 000~12 000元。春、秋两季扣除成本，一般亩净收入1.3万~2万元，如建设10亩地巨型棚，种植黄瓜、茄子，一年净收入可达13万~20万元。一般种植当年就可以收回建棚的投资并有所盈利，符合广大农民的经济承受能力。

近年来，随着健康饮食的兴起，越来越多的消费者开始关注食材的健康与营养价值。扶沟县瞄准此类市场需求，针对巨型棚早春茬黄瓜生长后期价格低廉且销售困难的实际，延伸黄瓜产业链，对黄瓜进行深加工，生产出即食类腌黄瓜，有效提高了黄瓜附加值，大幅增加了菜农收入。腌黄瓜作为一种低热量、高营养价值的食材，深受减肥、健身人群的喜爱。未来随着科技的不断进步和加工技术的不断创新，腌黄瓜的品质和口感也将得到进一步提升，不仅解决了巨型棚后期黄瓜价低难卖的问题，更为广大消费者增添了一道美食；既拓宽了菜农的致富之路，又推动了乡村产业融合发展，助力乡村振兴。

■ 案例点评

作为农业大省、蔬菜大省，河南形成了豫东以扶沟为中心、豫北以内黄为中心、豫南以汝南为中心的设施蔬菜集中产区，蔬菜产业发展前景喜人。

一是产业化水平显著提高。在品种培育方面，涌现出了豫艺种业、欧兰德种业、郑研种苗、七度种业、优美种业等一批种子选育、生产经销国内知名企业；在设施建造方面，河南农园、河南怡园等一批温室大棚建造企业不断成长；在工厂化育苗方面，培育出了漯河豫禾、新野绿健、灵宝思瑞达、扶沟豫星、内黄春萌等规模化育苗基地；在规模化种植方面，涌现出了懂菜、满义、云瓜园、百亩田、李芳庄、南北绿韭、华森芦笋等一大批蔬菜生产企业和合作社。二是产销体系不断完善。现阶段，河南各地级市建有1~2个大型蔬菜批发交易市场，蔬菜生产大县也建起了具有一定规模的产地批发市场。"农超对接""农批对接""农校对接""直播带货"，利用益农信息社等互联网平台，提高产销对接水平。

但从产业整体来看，现阶段河南蔬菜产业发展尚存在明显"弱项"：一是露地蔬菜面积大，设施蔬菜面积占比较小。二是农业装备水平较低，设施蔬菜棚型结构不合理。三是农业科技创新差距明显，工厂化蔬菜育苗技术亟待提高。

随着设施农业快速发展，其土地、能源等资源约束不断增强，急需在新型设施结构优化设计、绿色能源加温、补光等方面取得突破；机械化、数字化、智能化等新设备、新材料的应用正引起设施农业的重大深刻变革。今后，河南省应紧紧围绕"提升菜篮子供应水平、设施蔬菜低碳高效生产、资源集约利用绿色发展"开展研发创新,依靠创新推动蔬菜产业高质量发展,促进河南省由蔬菜大省向蔬菜强省转变。具体而言,一是以满足人民对优质蔬菜产品多元化需求和种植者省力化栽培的需求,进行优质蔬菜新品种选育及轻简化栽培技术研发,让菜农种好菜,让人民吃好菜。二是以耕地水肥资源高效利用、低碳化发展为目标,开展设施蔬菜关键技术研发,释放单位面积设施农业生产潜能,节约耕地。三是以绿色发展为目标,开展病虫害绿色防控和菜田洁净关键技术研发,构建菜田废弃物循环利用体系,让菜田环境干净起来。四是促使科研成果尽快转化为生产力,鼓起菜农的钱袋子,支撑乡村特色产业振兴。

案例四：从"土里刨金"到"载誉乘云"

铁棍山药是我国山药行业的领军品牌，先后获得国家三大地理标志和入选全国名特优新农产品目录，成为全国为数不多集齐"三标一品"的农产品。温县铁棍山药有五个显著特点：一是形不一般，扁圆细长不规则，毛眼突出毛须多；二是色不一般，表皮黄褐红锈斑，断面细白有黏液；三是质不一般，水分少，密度大，质地坚实肉细腻；四是味不一般，入口甘、绵、甜、香，适口性好；五是效不一般，健脾、补肺、益肾、养胃，功效独特。1962年温县怀山药被选为"国药之宝"，1994年获巴拿马万国博览会金奖，现已被列为国家原产地保护特产，品质出类拔萃。温县有着得天独厚的地理环境：周边的沁阳、博爱、武陟、修武等地，全都被山体环绕，只有温县四周无山，丹河、沁河把太行山丰富的矿物质冲刷下来，沉积成垆土土壤。这种垆土特别适合铁棍山药的生长。垆土土质紧实，山药需要历经磨难，奋力冲破垆土生长，从而形成紧实的口感。悠久的历史和灿烂的文化孕育了古老而珍贵的温县铁棍山药。温县铁棍山药富含皂苷、胆碱、氨基酸及多种维生素和矿物质，滋补作用极强，被誉为"神仙之食"。

1. 独特环境，冠绝天下

河南省地处中原，是我国的农业大省，生产条件优越，农产品资源丰富。其中焦作市北依太行山，南临黄河，被山河环抱，这里的气候环境"春不过旱、夏不过热、秋不过涝、冬不过冷"，此处土壤的形成以黄河冲积为主，并吸纳了太行山岩溶地貌经雨水冲刷渗透而来的营养成分，形成了疏松肥沃、与众不同的黄土地，特别适合山药、地黄、牛膝等根茎类中药材的生长，山药以根状茎入药，喜温暖，耐寒冷，喜阳光，忌荫蔽，喜湿润，忌水涝，其生长环境与该地的气候与地理环境相吻合。独一无二的天时、地利，使得焦作市的著名特产——四大怀药冠绝天下。而温县铁棍山药,就是四大怀药中最为著名的一种。

2. 实践创新,突破铁律

温县铁棍山药据记载已有近3 000年的种植、加工历史。温县铁棍山药直径1.5~3厘米,水分少,密度大,久煮不散,体质坚瓷,手感压重,两根相撞,铿锵作响而不碎断,故得名"铁棍山药";又因含大量氨基酸,而味道鲜美,口感"甘、绵、甜、香"。温县特殊的地理环境和气候条件孕育了铁棍山药,然而大自然的馈赠总是独特而神奇,铁棍山药的种植不能重茬这条"铁律",曾是影响温县铁棍山药发展、限制农民增收致富的"拦路虎"。面对困难,温县创新"麦药轮作"种植模式,即同一地块第一年种山药,第二年种地黄,第三年种菊花,第四年和第五年均种小麦、牛膝。比起传统的种植方式,"麦药轮作"模式5年亩均纯收益2.5万元,是传统粮食生产收益的5倍。

3. 擦亮品牌,蹚出富路

温县启动了铁棍山药统购统销工作模式,在种植、加工、销售、品牌整个产业链体系下,政府职能部门和县四大怀药协会进行统一服务、统一监督管理。重组四大怀药协会,发挥其在市场与农户之间的桥梁作用;建设怀药博物馆,彰显温县在怀药发展方面的成就;出台温县铁棍山药绿色种植、有机种植等5个技术标准,在全县筛选建立4个种苗繁育基地进行提纯复壮,确定18个"十统一"统购统销标准化种植基地,确保符合标准的优质铁棍山药进入市场。目前,温县铁棍山药种植面积常年稳定在2 000公顷左右,从事山药种植、加工、销售的农户在3 000户以上,年销售收入超4亿元。全县共有怀药农民专业合作社868家、山药加工及销售企业696家、国家及省级农业产业化龙头企业9家,培育了3个省著名商标、2个省名牌产品,累计开发药品、休闲食品、饮料、保健品等深加工产品60多个,远销全球30多个国家和地区。

4. 拓宽渠道,走出深闺

温县政府不断加大品牌宣传力度,中央电视台《健康之路》《致富经》《远方的家》《每日农经》《消费主张》等栏目多次以20分钟以上时长介绍铁棍山药;高质量举办温县铁棍山药文化节等系列特色活动,引导企业和合作社参加全国各类农产品展销会、农交会、绿色食品博览会、有机食品博览会,产品连续多次荣获金奖；积极开展农商对接、农企对接，联合龙头企业、电商平台、连锁超市开展订单种植、预定销售和托底收购，在稳定市场的同时，也使铁棍山药由季节性销售实现订单预售。

随着电商销售的不断深入，温县多措并举，助力铁棍山药"云销售"。组织传媒公司、直播网红到铁棍山药采挖现场开展直播带货活动，成功培育和孵化一大批电商达人；在怀药产业集聚地岳村街道建设铁棍山药市场，为电商平台提供储货空间，使线上购货的客户更直观地浏览选材、装箱、发货等现场。温县武德镇苏王村举行的"青耘中国 秋收硕果"铁棍山药直播助农活动，两天销售额达 147.28 万元，达成销售意向 124.8 万元。

5. 触网蝶变，直达快享

以抖音平台为例，越来越多的新农人开始出现在抖音电商之列，他们不仅发挥了重要的电商人角色，也通过自己的努力和扶持来帮助家乡实现增收和乡村振兴。其中，通过短视频账号进行铁棍山药线上销售的商户数不胜数。要释放农产品电商市场的潜力，短视频和直播成了一个很好的选择。一方面是因为短视频和直播已经成为当今电商市场的重要渠道；另一方面则是在短视频直播电商平台，如抖音平台上，涌现了许多优秀的农产品销售案例，这些案例当中有许多返乡创业青年，也有许多带领村民致富的普通乡村村民。

贺贯全，1994 年出生，原本是一名月收入 2 万~3 万的金融行业白领。2019 年，公司资金链突然断裂，贺贯全因此失业，这时他动了自己创业的念头。起初，贺贯全是去江浙地区做电商，后来看到国家重视三农的相关新闻报道，加上在抖音上经常刷到农产品直播带货，联想起自己老家的特产铁棍山药，于是他就决定回家乡去卖铁棍山药。贺贯全从 2019 年 11 月开始在抖音直播带货，当时只是想试试，之后不错的效果让贺贯全看到了山药销售的新出路。贺贯全在短视频中记录着山药种植和采挖的场景，也分享自己助农卖大蒜的视频，年轻的新农人扎根土地，用新思维、新方式在垆土地上追逐着自己的梦想。其实像贺贯全这样的"新农人"还有很多，他们用直播电商的方式为自己家乡的"土特产"插上了新翅膀。

■ 案例点评

近年来,为加快推动铁棍山药高端化、品牌化发展,温县提出打造"食品药品之都""特色农业之乡"的目标,积极扶持龙头企业、打造标准化园区,在全力做大增量上做"加法",在加快转型升级上做"减法",在强化科技赋能上做"乘法",在破除卡点堵点上做"除法",推动温县铁棍山药发展从"产业集链"到"统购统销",逐步驶入标准化、规模化、产业化、信息化的快车道。

线上销售为铁棍山药产业发展插上了"云翅膀"。进一步强化科技支撑,提升产业新效能;进一步提高营销水平,展现品牌新形象;进一步发挥龙头带动作用,培育发展新动能;进一步促进产业融合,拓展发展新空间;进一步优化服务体系,激发市场新活力;以统购统销为突破口,在线上做宽度、在线下做深度,圆群众发家致富的"云上之梦",谱乡村振兴的"云上之歌"。

案例五：争当农业社会化服务排头兵

河南农吉农业服务有限公司位于河南省驻马店市遂平县，隶属河南农有王农业装备科技股份有限公司。河南农吉的前身是河南农吉耕种防收作业服务队，由河南农有王联合驻马店市农业机械合作社联合社的 30 家会员单位于 2017 年共同筹划成立，成立河南农吉是河南农有王由产品研发生产、农机设备销售延伸到农业社会化服务，以服务促销售的探索。公司自成立以来，以农业生产服务为主要业务，以"公司 + 县级分公司 + 农机合作社 + 机手"为基本模式，以新装备新技术应用、高素质专业队伍、标准化作业服务为基本保障，在河南、湖北、安徽等 13 个省份开展多环节专业化托管服务，闯出了一片农业社会化服务新天地。

1. 发挥品牌优势，构建网络化服务模式

"农有王"是有 30 多年历史的老农机品牌，主要生产销售播种、收获等农机具，在河南及周边地区具有较高的知名度和良好声誉。公司依托"农有王"完善的销售和服务体系，建立了"公司 + 县级分公司 + 农机合作社 + 机手"的服务网络，开展大面积、跨区域作业，统一调配农资、农机和农机手。服务公司负责全面运营及资源整合，县级分公司负责培育本区域乡镇农机合作社、组建作业服务队、协调开展"耕、种、防、收"全程托管服务，农机合作社和机手根据作业调配任务负责本区域内生产服务。服务网络密集、服务形式灵活、服务内容多样，满足了不同生产主体的服务需求。

2. 利用技术优势，开展标准化服务作业

公司将农机作业服务队细分为耕整、种植、植保、收获 4 大类 11 小类，实现专业化分工、标准化作业。针对当地不同农作物种植特点，采取不同作业方式，积极推广小麦带状、宽幅和玉米洁区、错位及花生垄上播种等高产播种模

式，实现增产10%~15%。在全国花生种植第一大县正阳县探索形成了秸秆离田、深翻、旋耕、垄上播种的耕作模式，被河南省农业科学院确定为花生高产栽培技术"四改"之一，进行广泛推广应用，受到普遍欢迎。参与制定了小麦、花生等全程机械化作业质量地方标准，填补了驻马店地区作业服务标准空白。

3. 强化人才优势，打造专业化服务队伍

坚持把打造高素质专业化服务队伍作为提高服务质量的根本。一是注重严把机手入口关，在机手加入农机合作社时做到"一训、二带、三管"，即必须接受公司组织的培训并取得结业证书，必须经过老机手一对一帮带，必须严格遵守各项管理规定。二是注重维护公司形象，所有作业车辆必须统一安装队旗队标，开展服务必须统一签订作业合同、统一质量标准、统一作业价格、统一售后维修、统一作业调度，保持了客户零投诉纪录。三是注重增加机手收入，稳定机手队伍，加快服务主体成长。随着公司规模的扩大，跨区作业时间不断延长，集中连片作业效率不断提高，在增加机手收入的同时，也推动了农机合作社快速发展。

4. 延长服务链，全面提升经济和社会效益

一是发展壮大服务主体。目前，公司已在豫、皖两省设立县级分公司19家，加盟农机合作社67家，拥有各类机手3 000多人，作业范围遍及13个省份，年作业面积达1 100万亩次以上，年服务收入超过3亿元。加入公司服务网络的服务主体得到迅速发展。

二是致力多元化种粮托管服务。公司通过规模化、专业化、高效化、优质化、多元化托管服务，有效降低了农户种粮生产成本，增加了其经济收益，一些种植大户纷纷扩大粮食种植面积并逐步加深与公司的合作，如遂平县军红农业种植专业合作社，2018年粮食种植面积5 200亩左右，2020年与该公司合作，扩大到8 500亩，粮食生产收益亩均增加15%以上；平舆县徐万庄村徐新民家因无劳力，家里15亩地原由亲戚代种，2019年托管给该公司后，每年亩均粮食产量提高20%以上、增收200元以上。

三是多措并举，节本增效。公司通过集采、集服、统销和新型机械设备的应用，有效降低服务成本，如农资采购成本降低10%以上，机械作业成本降低

10%~15%，全程托管服务每年亩均节本增效在 200 元以上；通过订单和优惠价收购，如订单的粮食购价高于市场价格，吸引更多农户合作，扩大服务范围；村集体经济组织也通过参与组织农业生产托管，获得了一定收入，全程托管每亩可提取服务费 5~10 元，部分村集体年收入可达 5 万元以上。

■ 案例点评

河南农吉农业服务有限公司是一家集农业机械销售、耕种防收全程机械化作业服务、土地托管、订单农业为一体的农业服务型公司，其发展定位主要分为两个阶段。第一阶段是实现以培育乡、镇农吉农机专业合作社为主线的发展目标，第二阶段则是实现土地全程托管。当前，河南农吉正处于第一阶段转入第二阶段的关键时期。河南农吉提出了整村集采的社会化服务新模式，即以村为单位组织农户向服务组织集中采购农业生产社会化服务。这种运行模式，不仅可以提升农业生产科技水平和生产效率，还可以拓展小农户农业生产增值增效空间。河南农吉创新提出的整村集采农业生产社会化服务模式，不仅促进了小农户与现代农业之间的有机衔接，还为当地农户带来了切切实实的经济效益。其开展的农业生产托管和社会化服务事例不仅屡次被中央电视台报道，更在 2021 年被农业农村部确定为"全国农业社会化服务典型"。

在过去几年的实践中，整村集采的农业生产服务新模式至少可以为当地带来"三重效益"。当前国家大力支持农业生产社会化服务组织的发展，河南农吉将乘着这股东风，为实现农业现代化贡献力量。

案例六：企业文化建设助推仲景宛西制药再创辉煌

过去的十年是仲景宛西制药飞速发展的十年。恰逢国家推进健康中国建设，把保障人民健康放在优先发展的战略位置。仲景宛西制药抓住机遇，创新发展，担负时代赋予的神圣使命，同时也遇到了疫情、自然灾害等严峻的形势考验。仲景宛西制药在机遇面前快速反应、稳抓实干，在考验面前迎难而上、不畏艰难。其秉承济世初心，克服一切困难，实现企业的跨越发展，并积极履行社会责任。

1. 坚守承诺，做品质好药

"药材好，药才好"，是仲景宛西制药始终坚守的价值理念。依托八百里伏牛山独特的资源优势，仲景宛西制药提出"第一车间不是生产车间而是药材基地"的理念。为了从源头保证产品质量，仲景宛西制药陆续在河南武陟、温县，安徽南陵、岳西，四川彭山等道地药材产地建立山地黄、山药、牡丹皮、茯苓、泽泻等五种中药材的规范化种植基地，"仲景"牌六味地黄丸所用药材均源于自建药材基地。

围绕经典名方，做好核心产品。近年来，企业通过承担六味地黄丸国家标准化项目，共建立38个标准和生产技术规范，实施了从药材地道产区选择、选种、育苗到采收的中药材标准化种植，增加了指纹图谱检测项目，制定总灰分、浸出物等成分指标，从而保证了六味地黄丸内在质量均一性、批间一致性；建成从药材种植到生产过程，再到销售终端的中药全流程质量追溯系统，实施全链条可视化、制度化的可追溯管理。在南阳市第六批非物质文化遗产代表性项目名录公布时，"仲景"牌六味地黄丸炮制技艺入选传统医药目录。

"仲景"牌六味地黄丸、逍遥丸、天智颗粒，"月月舒"牌痛经宝颗粒……仲景宛西制药生产了超百种消费者耳熟能详的中药产品，以过硬的产品质量获得了消费者的高度认可。面对全国数百家六味地黄丸厂商的竞争，"仲景"牌六味地黄丸销量常年保持该品类第一。

2. 科技赋能，创新中医药文化传播

张仲景中医药文化是中华文明的瑰宝，仲景宛西制药一直致力于向广大消费者普及和宣传张仲景的中医药文化，让更多人了解中医，相信中医，并且喜欢上张仲景中医药文化。

2018年，仲景宛西制药提出了科技赋能的企业战略，建设仲景宛西制药的中医药大健康平台，实现科技和中药产业的高度融合，积极推进产品、业务、组织和思维模式的升级。在科技赋能背景下，"三分钟讲透经典"项目度势而出，在科学的基础上，研究经典中药、生产经典中药、使用经典中药，促进企业转型升级。以读本、绘本、短视频等生动化的推广载体，提升经典名方的科普认知。以"好体质，养起来"为传播理念，每年分为春秋两季，在各地举办仲景健康节，邀请名老中医走进社区，与老百姓一起交流、科普中医药文化知识，引导广大消费者形成关于健康的科学消费理念，努力让中医药成为民众健康的文化自觉。筹资拍摄并在四大卫视及腾讯、优酷等多个网络平台同步播出的电视剧《医圣》，以张仲景生平为背景，加以艺术创作，讲述了张仲景自小潜心学医，济世救人，历经磨难终成一代名医的故事。剧集上线22天，全网播放量近6 000万，连续3周登上剧集热播榜单，"医圣张仲景到底有多牛"冲上微博话题热搜榜，话题累计阅读量突破1.6亿，参与讨论人数超3万，引发年轻一代网民对张仲景的典籍、文化典故、经方应用等的关注热议，开辟了中医药文化的宣传新路径。作为张仲景中医药文化的传承者与创新者，仲景宛西制药以丰富多彩的中医药文化主题活动为载体，在全社会掀起中医药热，成为中医药经典文化的引领者。

仲景宛西制药从2020年开启"三分钟讲透经典"项目以来，围绕六味地黄丸、香砂六君丸、左归丸、天智颗粒等多个产品开展研究，为传统经典名方的现代应用，尤其中西医结合解决疑难疾病提供多样本的理论数据支撑。仲景宛西制药中药配方颗粒的开发及产业化项目，填补了河南省配方颗粒生产市场的空白。新冠疫情期间，其协助南阳中医药管理局生产九味清瘟饮颗粒，多方调度、加班加点、全力稳产保供。仲景宛西制药坚持"传承、创新、责任、诚信"的价值观,秉承"让老中医放心,让老百姓放心,让老祖宗放心"的社会承诺和"药材好,药才好"的制药理念,实现产业化经营和规模化发展。如今,仲景宛西制药已经形成了仲景工业、仲景农业、仲景商业等7大板块联动发展的新格局,其"药材好,药才好"的企业理念更是行业标杆。

3. 勇于担当,积极履行社会责任

仲景宛西制药积极履行社会责任,多年来,企业先后拿出上亿元不遗余力地参与社会公益活动。产业扶贫,助力乡村振兴,以标准化中药材基地为依托,带动3省6地近百万名药农、菇农走上致富之路。捐资助学,累计为10万多名西峡高考学子捐送益智保健类药品,助力山区孩子梦圆高考。慈善救助,抗击新冠疫情的关键时刻,主动捐款捐药超过千万元;郑州"7·20"特大暴雨发生后,仲景宛西制药第一时间捐款捐药超千万元。

企业先后荣获全国"万企帮万村"精准扶贫行动先进民营企业、全国抗击新冠疫情先进民营企业、国家绿色工厂、抗疫保供责任担当企业、中国医药社会责任媒体观察工艺柱石奖、2020河南社会责任企业、2021社会责任优秀案例奖等多项荣誉。仲景宛西制药既是仲景文化的实践者,又是中医药文化的传播者。企业打造了仲景中医药文化科普宣传教育基地,建起了中华医圣苑、仲景百草园、仲景文化广场、仲景公园等一系列弘扬仲景医药文化的硬件设施,不断丰富仲景文化有形载体;连续承办15届张仲景医药科技文化节,全程参与"中医中药中国行"大型科普宣传活动,协办首届"仲景杯"全国中医药文艺汇演,先后组织"21世纪张仲景国际思想研讨会""仲景文化笔会""医圣故里寻根",打造"三分钟讲透经典""仲景健康节",拍摄《医圣》电视剧等,通过精心策划的活动让仲景文化活起来、动起来;在全国10所中医药大学设立张仲景奖学金、助学金,与河南中医药大学共建仲景传承班,投建仲景小学6所,帮助11所学校改善环境等,让仲景文化深深扎根于年轻人的心中。仲景宛西制药研发仲景方剂,制造仲景名药,打造仲景品牌,仲景文化在企业品牌建设中得以传承,企业品牌在传统中医药文化的浸润中得以升华,以仲景七大产业为载体,使张仲景中医药文化的传承与弘扬取得了显著成效。

■ 案例点评

中医药文化是由数千年来人民与疾病对抗后总结出来的珍贵经验,是我国优秀传统文化瑰宝。在现代医学飞速发展的今天,中医药文化并没有因为现代医学的发展而逐渐消亡,反而更加生机勃勃,在我国的医药养生领域做出了不可磨灭的贡献。近年来,国家正在积极振兴我国的中医药文化。只要民族的文化还在,民族的血脉就还在。同样,繁荣优秀的文化也会孕育出一个优秀的企业。仲景文化悠长久远,是中医药文化中的璀璨之星。地处医圣故里,仲景宛西制药多年来以弘扬仲景文化为己任,让仲景文化在企业文化建设中得以新生;同时,仲景文化也助力仲景宛西制药行稳致远,不断突破自我,蜕变成如今的知名药业,成为新时代建设中医药文化的一支强有力的生力军。

案例七：财政金融协同支农，助力种业高质量发展

目前，全国农业信贷担保体系已成为担保支农领域的重要力量，涌现出一大批优秀的农担公司，他们政策定位准、风险防控好、产品"接地气"、业务"服水土"，为促进乡村产业兴旺和农民就业增收，助推实施乡村振兴战略做出了积极贡献。

农业现代化，种子是基础。为推动小麦良种技术攻关，培育小麦种业龙头企业，助力河南种业由大变强，满足河南农业高质量发展要求，河南农担公司联合当地政府、金融机构共同推出"良种担（小麦）"产品，受到当地种子企业的广泛欢迎。

1. 瞄准种业急需，开发"良种担（小麦）"担保产品

（1）种子是农业的"芯片"。保障粮食安全，关键在于落实藏粮于地、藏粮于技战略。粮食是社稷之本，种业是粮食之基。我国粮食供需一直处于紧平衡状态，加上外部形势的不确定性和不稳定性增加，在粮食安全问题上丝毫不能放松警惕。在我国耕地有限的情况下，要想增加粮食产量，更加需要现代农业科技自立自强，用科技推动种业发展。

（2）种业存在"卡脖子问题"。总体上，我国种子供应有保障、风险可控，但与国际先进水平相比较，我国种业发展还存在"卡脖子问题"。一是种子行业自主创新能力弱，经济作物对外依存度高。尤其是蔬菜种子和大豆种子，高端蔬菜种子和大豆的进口量占比高达80%以上。二是同质化问题突出，派生品种占比高。种子行业原始育种能力弱，大部分的种企依赖派生品种来降低育种成本。三是粮食生产规模化程度低、商业化育种水平低。中国的大豆和玉米的单产量远低于美国。四是种质资源保护利用不够。有些地方土种、珍稀濒危的种质资源消失风险还在加剧；缺乏一些高品质的、有特殊功能的品种和产品。

(3)打好种业"翻身仗"。2020年以来,由于受到疫情、洪涝、台风等外部灾害的影响,国家密集出台种业政策,高度重视种子及粮食安全,中国种子行业"卡脖子问题"也受到前所未有的关注。"打好种业翻身仗",加强育种领域知识产权保护,支持种业龙头企业建立健全商业化育种体系,加快建设南繁硅谷,加强制种基地和良种繁育体系建设,研究重大品种研发与推广后补助政策,促进育繁推一体化发展。

(4)打造河南的"农业芯片"。河南省是农业大省,也是种业大省。作为全国小麦第一大省,河南省育成小麦品种的数量和质量均居全国领先水平。河南省拥有种子繁育基地430万亩左右,年产小麦种子9亿千克以上。2009~2019年期间,河南省共有102个小麦新品种通过国家审定,占全国的比例近1/3。从应用面积来看,河南省育成的豫麦13、郑麦9023、矮抗58、郑麦366、郑麦7698、周麦22、百农207、郑麦379等多个品种年应用面积均在1 000万亩以上,大面积推广应用的品种数目居全国首位。截至2020年年底,河南省小麦持证育种企业392家,全国"育繁推一体化"企业6家,全国AAA级种子企业9家,全国AA级种子企业6家。河南省小麦育种水平虽然总体领先,但种子企业也存在小而散、品种同质化严重、核心技术创新不足等问题。2022年,河南省人民政府印发《"中原农谷"建设方案》,明确要求举全省之力打造种业创新高地,打造千亿级种业和粮食产业集群,打造河南的"农业芯片"、中国的"种业硅谷"。

2. 创新商业模式,防控担保关键风险

(1)商业模式。见图9-2。

(2)行业特点。我国种业育种资源高度集中在科研院所,品种审定制度改革后,商业化育种逐渐增加,但影响力有限;品种授权转让逐步成为种业常态。根据品种授权范围不同,可将小麦经营品种分为自育品种、买断品种、授权经营品种、代繁品种。根据商业流程的阶段性,可将小麦种子商业流程分为育种、繁育和推广。小麦育种行业有以下三个特点:

一是行业监管严。种子行业属于国家监管重点行业,监管责任主体为持证种子企业。监管部门对种子企业的经营情况,留存有比较客观的记录备查:县

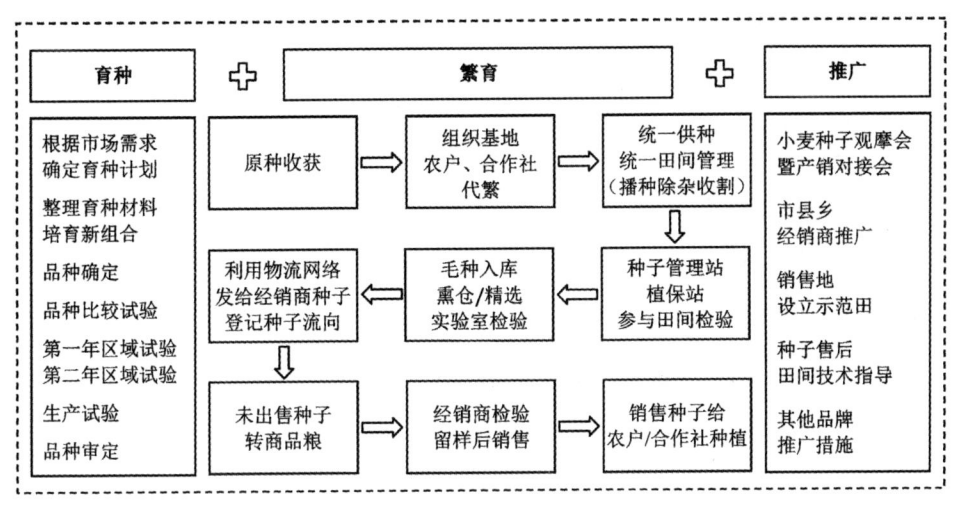

图 9-2 小麦优良品种育种、繁育、推广一体化

植保站产地检疫记录种子企业繁育的品种、面积、位置；调运检疫记录种子销量、销售方向等；县种子管理站记录种子企业基地情况；种子质量检验机构留存企业的种子质量等信息。持证种子企业应安排专门质量检测人员，建立种子质量追溯体系，提供种子质量追溯二维码印件，并向当地监管部门备案。

二是准入门槛高。第一，前期的固定资产投入较大。持证种子企业具备种子生产、加工储藏及质量控制的各种设备设施，如精选机、仓库、晒场、实验室等。第二，流动资金需求较大。持证种子企业通常在6~11月期间库存量较大，占用资金较多。持证种子企业向经销商销售种子时，一般采用现款交易，仅对长期合作客户有少量应收账款；种子收购时由于资金压力等原因，会有一定账期，产生大量应付账款；种子企业会就账期给予农户一定补偿。

三是市场风险小。为引导农民合理种植，加强田间管理，促进小麦稳产提质增效，国家在小麦主产区实行最低收购价政策。近年来我国小麦产量总体稳中有升，小麦价格围绕国家最低收购价上下波动，通常不会出现大幅偏离情况。小麦毛种收购价格与商品小麦价格差别不大，即使出现麦种转商用，风险也相对可控。

（3）主要风险点。

第一，自然灾害风险。目标销售地自然灾害导致需求增多；繁育基地自然灾害导致原料供应减少；小麦品种推广过程中出现因灾减产后缩短品种生命周期。

第二，种子质量风险。种企与农户之间容易因种子质量问题引发纠纷，加上国家对种子行业的严格监管，种子企业长期经营存在不确定性。

第三，新品种经营风险。小麦品种更新较快，老品种一般经过5~6年都会退市，不论是自身进行新品种研发还是独家买断经营新品种，都无法准确判断新品种的销售前景。

第四，市场竞争风险。通常种企买断经营的小麦品种，市场占有率并不高，如果无法在品种研发、销售网络、营销服务等方面不断提升、适应市场变化，将无法应对激烈的市场竞争。

（4）风险防控关键点。

第一，项目准入审查。申请主体应具备两个以上小麦品种权；种子生产经营许可证在有效期内；流转土地作为试验田，经营场所权属清晰；有仓库、晒场、铲车等设备。

第二，项目还款意愿评估。作为试验田的土地流转费用及农户麦种款是否按约定支付；小麦种子繁育经营积累的上下游资源及对市场的预判情况；仓库、经营场地等固定资产投入及检测等专用设备投入情况。

第三，项目还款能力评估。一是应调查种子企业向农户、基地管理员支付麦种款的方式，确定入库后立即结算、6~10月陆续结算、11月以后结算的金额及比例。二是根据借款用途不同区分高峰期收储用款、其他日常经营用款；根据客户实际经营情况、不同借款用途设定贷款金额、期限、还款方式，确保营运现金还款金额、还款期限匹配。三是在期限匹配调查评估时，应充分考虑销售回款账期及采购支付账期，合理判断高峰期收储用款与日常经营用款额度，保证现金流的平衡。四是持证种子企业的核心资产一般包括品种权、经营场所、种子生产资质，这些资产均在种子企业名下。

（5）担保要素。

担保额度：10万（含）~200万元（含）。

担保期限：最长不超过24个月；循环支用时，授信额度使用期最长不超过24个月，单笔支用期限不超过12个月。

融资成本：贷款利率按照公司与银行约定执行，年担保费率0.5%，年综合贷款成本（包含贷款利率和担保费率等在内的贷款总成本）不超过8%。

反担保措施：借款人为自然人时，持证种子企业应提供法人保证反担保，其他反担保措施包括但不限于追加自然人反担保、抵质押反担保等。

分险比例：优先采用"政银担"分险模式开展业务，合作银行分险比例应达到20%（含）以上。

贴息政策：试点县符合条件的担保主体在结清担保贷款后，向河南省农业信贷担保有限责任公司申请贴息（2%）。

保险要求：鼓励借款主体积极购买农业保险，防范自然灾害风险。

3. 推出系列担保产品，为种子企业保驾护航

"良种担（小麦）"产品，担保手续简便，担保方式灵活，贷款利率低，额度相对较高，易被广大优质种子企业接受。截至2022年8月底，公司在"良种担（小麦）"产品项下累计担保超8 000万元，未发生逾期风险；贷款年利率最低3.85%，最高利率7%；单笔担保金额均在100万元以上，惠及持证种子企业50余家。2021年，郑州"7·20"特大暴雨发生后，部分种企受灾严重，河南省农业信贷担保有限责任公司联合合作银行第一时间推出"豫农担—救灾贷"，财政贴息2%，公司免收担保费，实际承担融资成本仅为2.25%，为受灾种企提供了低成本的贷款资金，帮助受灾种企尽快恢复生产。

河南省农业信贷担保有限责任公司以新型"政银担"建设和数字化转型为抓手，推动健全三级金融服务组织，依托自身产品体系的丰富性和完整性，最大限度满足育种产业链上下游主体的融资需求。如针对育种企业上下游的种植大户、收购大户及农资经销户等分别开发了"种植担""丰收担""农资担"等产品，计划通过开发优势特色产品，形成优势互补的产业链式协同发展，并通过"政银担""银担"等多种合作模式，充分发挥政策性担保优势，引入资金"活水"，服务广大优质种子企业，提高种子企业的综合生产能力，培育种业龙头企业，助力河南种业做大做强，推进河南省农业高质量发展。

同时，河南省农业信贷担保有限责任公司积极参与"中原农谷"建设，为打造河南"农业芯片"贡献力量。目前，河南省农业信贷担保有限责任公司已

与"中原农谷"所涉 5 个县（市/区）政府签署《农业信贷担保助推农业高质量发展合作协议》，共同搭建"政银担"合作模式。"中原农谷"所涉 5 个县（市/区）政府设立风险补偿金 1 949.09 万元，其"政银担"业务在保 4.27 亿元，实现在保规模对风险金放大 21.9 倍。下一步，河南省农业信贷担保有限责任公司将针对"中原农谷"内的良种产业链上下游企业，创新开发"农谷担"等系列产品，进一步延链降费，携手银行提供优惠担保贷款支持；联合合作单位，共同创新投担联动支农模式，助力"中原农谷"建设，为打好种业翻身仗做出应有的贡献。

■ **案例点评**

近年来，农业担保服务下沉到基层，联动财政、银行等部门为农业经营主体提供纯信用、低门槛的信贷服务，着力解决农业产业化过程中的贷款难问题，引导金融资本投入农业生产领域，对确保粮食安全、特色产业发展起到了关键作用。加大支农方式的创新力度与"真金白银"的投入力度，持续释放财政金融协同机制的活力，才能全面推进乡村振兴。